弓道読本

弓道範士八段

唐沢光太郎

鏡鑑はいにしへの道標なるべし

中央公論新社

序文

この度、唐沢範士が「弓道読本」と題する本を出版された。まことに結構なことである。

室町期以後武術の研究が盛んになり、多くの書物が出されたが、その七割は弓術に関するものである。なかには今日の科学的見地からみても正しい研究の跡がみられ、その合理性に驚くことが多い。

このためか、大正以後六十年間は深く掘り下げた研究はほとんどなく、時の大家といわれる人たちの教えを遵奉《じゅんぽう》することに留まっていた。その傾向は現在でも残っており、指導者のなかには、本など書くことは堕落であると極言するものさえいる。

しかし、近年急速に進歩した体育学の上に立って弓道を見直す時代が来ていることは否めない。私もこの立場から昔の技術や指導法を見つめ、その正しい面を生かすことに努力して来ているが、唐沢範士の今回の研究発表も、弓道の「自然の流れにおける動きの美」を科学的に究明する態度には大いに賛成である。

科学の目で見た時、弓道は弓技の物理的、力学的研究も必要である。また、体の構造とその作用、運動などの身体工学的、生理学的さらには心理学上から追究していくことも重要である。

この複雑・難解な問題の解明に長年取り組み実践・体験を重ねた成果を発表されたことに敬服するとともに、今日あるいは将来の弓道に多大の示唆《しさ》を与えるものとして、その功績は極めて大きいものがあると信じ、新しい時代に生きる弓道家に一読をすすめたい。

昭和五十年九月十六日　鶴ヶ岡八幡宮　流鏑馬の日

明治大学教授・全日本弓道連盟理事範士
小笠原流弓馬術礼法教場
家元　三十世宗家
小笠原　清信

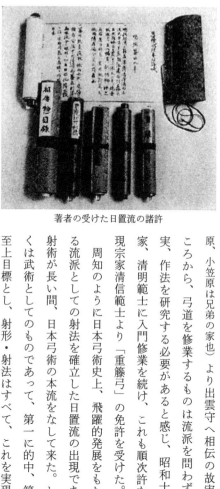

まえがき

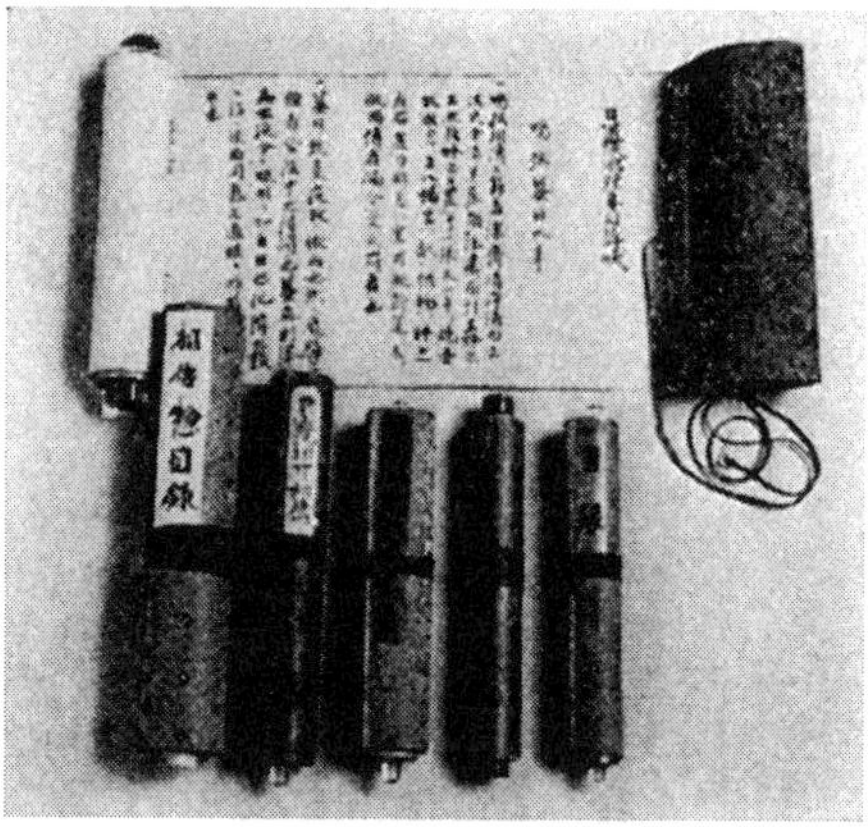

著者の受けた日置流の諸許

筆者は大正の初めより日置《へき》流印西《いんさい》派に入門、先々代免許皆伝、河合龍節、先代の山本甚兵衛義行、両師より弓射法の指導を受けて修業に励み、順次許を受けて昭和十三年五月印西派の「免許皆伝」を相続し、以後も弓道の発展・向上のため研究、実践に努力を重ねて来た。また他流への入門まかりならぬという、日置流の許の中に「当流は用法第一といいながら作法の修は、上原豊前守高家（多賀上原、小笠原は兄弟の家也）より出雲守へ相伝の故実作法なり」とあるところから、弓道を修業するものは流派を問わず小笠原流を学び、故実、作法を研究する必要があると感じ、昭和十年小笠原流先代の宗家、清明範士に入門修業を続け、これも順次許を受けて昭和三十六年現宗家清信範士より「重籐弓」の免許を受けた。

周知のように日本弓術史上、飛躍的発展をもたらしたのは、いわゆる流派としての射法を確立した日置流の出現であり、以後この流派の射術が長い間、日本弓術の本流をなして来た。しかし、その射法の多くは武術としてのものであって、第一に的中、第二に矢飛びの強さを至上目標とし、射形・射法はすべて、これを実現するためのものであ

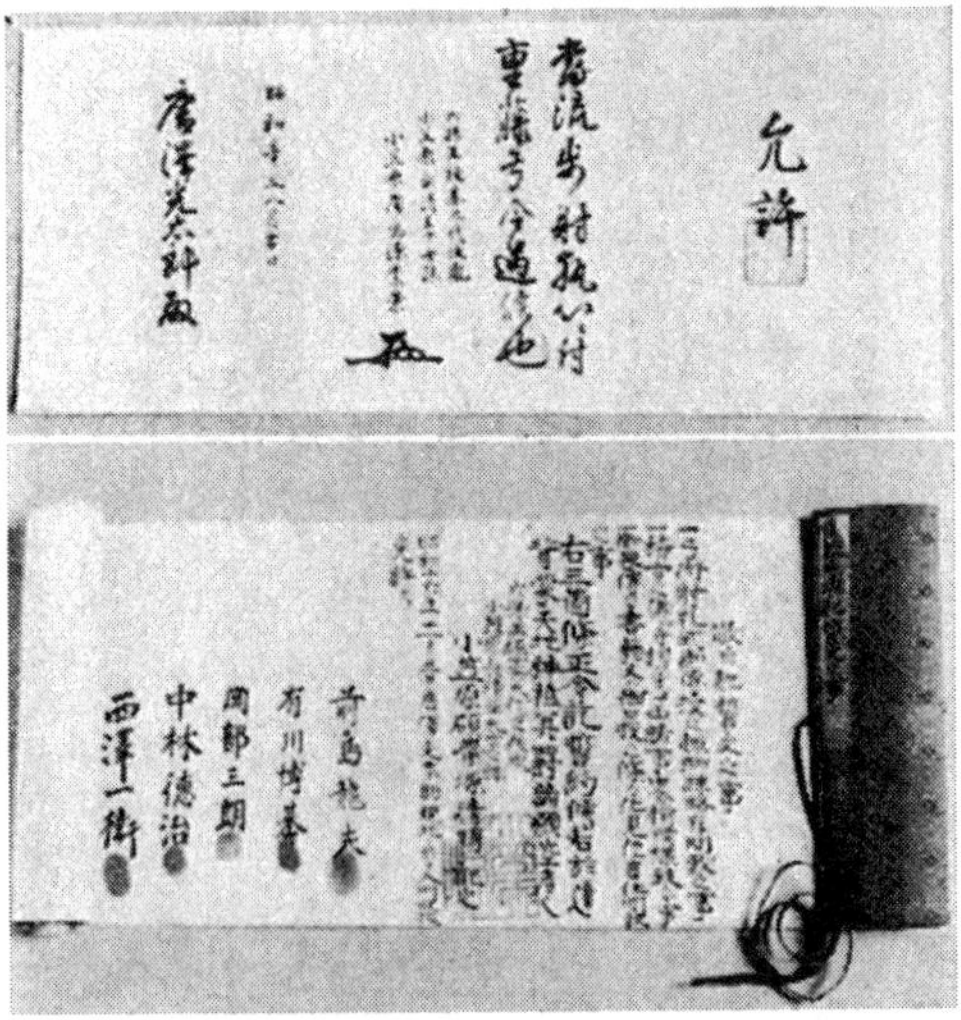

小笠原流重籐弓免許と取立の免許

った。特に印西派では左肩を下げ、右肩を上げて固めるという、筋骨の働きを歪屈《わいくつ》した射形、これより生まれる小離れの射法がよしとされたのである。

昭和に入って間もなく、自ら修業してきたこのような流派的弓射法について、これが現代の、はたまた将来にわたる日本の弓道に果たして適したものであるかどうか、疑問を抱くに至った。というのは、精神の修養とともに、体育としての弓道が要求されている今の時代に、流派的弓術がこの要請にこたえるものとは考えられなくなったからである。

このような流派的射形に代わるものを求めるために、まず弓射に作用する人体の生理の実体を把握する必要があると考え、その研究を行うとともに、正しい人体の働き・生理的作用に適応した射形・射法はどうあらねばならないかを、自ら実践を重ね、新しい射形・射法の創造に努力した結果、ようやく満足すべき成果を得るに至った。

これを一言でいえば「自然体」の射法ということである。本来自然に備っている人体の働き、生理的、心理的作用を基礎とした射形・射法の意味である。しかも、これによって、流派の弓術が目指した、的中・矢飛びの鋭さが得られることは、理論的にも、実践上からも可能なのである。

その研究の一端は早くも昭和十八年八月より「過渡期に於ける射法改善の一考察」と題し、「日本

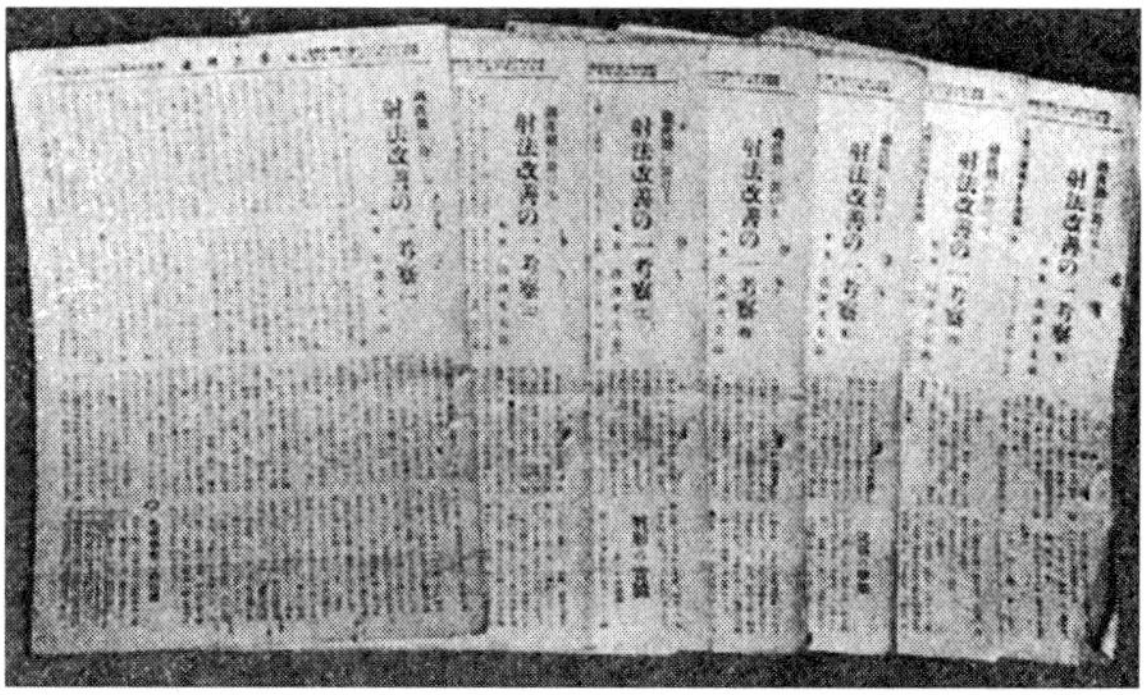

昭和18年「過渡期に於ける射法改善の一考察」日本之弓道紙

之弓道」紙（桑村常之助氏発行）に発表した（上写真・日本之弓道紙）。以後なお流派的射術の多いなかにあって、昭和三十七年二月、当時の全日本弓道連盟会長、故宇野要三郎範士が「弓道の基本体型」と題して「自然体」の射法を主張されている。また、同連盟も各流派の長所に新しい要素を加えて総合し、あるべき現代の弓射法として制定した指導書「弓道教本」第一巻改訂版にも「自然体の射法」が採用されて普及を計っているが、筆者もまた、この「自然体」の射法こそ現代のあるべき正しい射法と確信するものであり、またその認識は日を追ってひろがりつつある。

本書はこれまで筆者がこの「自然体」の射法について「弓道」誌に発表して来た論説に新稿を加えて、研究の成果をまとめたものである。これを理論的に解明するために、特に前半はごく簡単に生理的な説明から出発したので筋、骨格の説明の上でわかりにくい点もあると思われるが、体の技を解明するためにあえてこれを採用したことを断っておきたい。浅学、非才のこととて、完璧は期しがたいが、大方の参考になれば幸いである。

昭和五十一年春

唐沢　光太郎

目次

弓道読本

一　あるべき現代の弓道

①動・姿貌

昔から弓道の先覚者の射技についての錬磨と研究のあとをたどると、実に詳細を極めている。このような先人の遺産は現在にはもちろん将来にあって、どのような角度から弓道を研究するにしても、参考としなければならない貴重なものである。しかし受け継がれた射術は、すべて戦闘における武器としての目的のもとに成長してきたものであって、射容、体形は第二義的なものとされ、人体の働き、生理的作用との関係、影響などは、ほとんど論外とされていたものである。

すべて飛び道具の主たる目的は、目標に射当てることにあるのは昔も今も変わっていない。

②現代の弓道

弓にあっても昔から射当てるための射術が研究され、それが流派となって伝承されて来たのであるが、現代の弓道はただ目標に射当てるだけでなく、無心、静止の的を相手とした、精神が動揺することなく、身体の活動を全面的に発揮し、加えるに射技の修錬による心身一体の鍛錬を目的としたスポーツ弓道でなくてはならない。それには人間に自然に備っている生理的、心理的、さらには物理的理論の裏付けが必要であるのは当然のことであろう。

この人間本来の生理的、心理的作用を基礎として、弓の物理に適合する射法、これが「自然体」の射法なのである。

すべてスポーツは外来、日本古来のものを問わず、基本体、基本動作から出発し、その上で技術を身につけなければ大成しないといわれている。

現在の弓道の基本、基本動作は、もとはといえばわれわれの先輩が残したものであるが、それは、いわば原型であって、現代ではこれをより正しく生かしていく必要がある。

射法にあってもまた同じであり、足踏みから残身（心）に至るまで、それぞれの動作、それに伴う体形、技術は八節に定められているが、単に弓を引くという形を追い、的に当てればいいというものではない。

③正射必中

弓射は「正射必中」が目的であって、昔はわれわれの先輩も、この目的に向かって、それぞれ実践、研究を重ねて流派を生みだし、その射技を「正射」といっていたのであった。

しかし、それはその時代々の条件に左右されるところが多く、必ずしもすべてが現代に適応するものではなくなっている。

現代の弓道にあっては、その基本は自然な体の動き、すなわち縦・横十文字を構成して、上下左右に無理なく伸び、そしてこれが完全であれば必ず的中するということである。それは、研究の結果明かになった最も合理的な弓射の体勢と離れであって、現代ではこれを「正射必中」といってよい。この縦・横十文字をより正しく構成し、上下左右に真に伸びるためには、人体の生理に合った筋骨と気息の働き、そしてその働きを十分発揮させるための意志力とによって構成される「自然体」の射法を基礎としなければならない、と考えられるのである。

④動きの美

形や動きの美しさは、内容が伴わなければ生まれない。弓道にあっては、正しい筋骨と気息の働きによって行射が無理なく、自然のうちに行われてこそ美しく勇壮なのである。形や動きが自然に逆らっては、八節は乱れて円滑を欠き、美しさを失うことになる。

自然の流れにおける動きの美、これを生み出すのが「自然体」の射法なのである。

二　昔の射法

①著者の体験から

本書では過去の射法や射形を論ずるのが目的ではないが、昔の射技、体勢の内容もたしかめずに、伝書や伝説をそのまま現代の射技の中に取り入れようとする人も見受けられる。その危険をさけるためにも、大正の初期からではあったが、伝来の射術を学び、身をもって体験した一人として、その内容と現代のあるべき射術との相違を説明しておきたい。そしてこれからの弓人の射技研究の上で、少しでも参考になれば幸いである。

「現代の弓道は学生青年にとっては体育的となり、精神的愉悦にひたることのできる――高い指標を持つものである。この意味で弓の現代性があり、昔の弓道と決して同じものではなく、またあってはならない。目標がまったくとりかえられているからである」（弓道教本・大衆の弓道34ページ）

また、

「射の眼目は、自然の理を動作の上に表現することである。故に自然を無視して射は成り立たない。したがって体の構えも、動作も合理的な運びでなくてはならない」（弓道教本・射を行う態度59ページ）

と現代の弓射の目標を明らかにしている。従って今の時代でいう弓射の基本となるものは、伝来の流派という形にはめこむのではなく、自然な身体の動きが基本にならなくてはならない。そして、

「弓道は古代に発生したものであるからといって、古代にかえるものではない。弓道は復古するのではなく、前進するものである。時代が進むとともに進まなくてはならない。伝承の古いものは経験を尊重しなければならぬが、その伝承した経験から、新しい経験を引きだすことが、さらに必要である。古いものの上に新しいものが積み重ねられて、昔よりは

一層よい、新しいものが生まれるのである」（弓道教本・弓道の倫理性37ページ）と述べ「弓道もそういう意味で常に進化してやまないものでなくてはならない」と諭《さと》している。

しかし、昔の射技の中には現代も取り入れられ実際に役立っているものもあるのは当然であり、その長所を生かすことは筆者も大いに意を用いていることをつけ加えておきたい。

②日置七派　昔の弓術の主流であった日置《へき》流には「日置七派」といって七つもの派があった。

現実にはこれ以上の分派があったといわれている。

もちろん、これらの派は一度に生まれたものではなく、

日置弾正正次（明応の頃　号琉璃光坊）から

吉田上野介重賢（正次の弟子　号 道 宝）へ、そして

吉田流の創始者

吉田助左衛門重政（重賢長男　正次の弟子　号一鷗　永正の頃）

一、出雲派　吉田出雲守重高（重政長男　号 露 滴）

二、雪荷派　吉田六左衛門重勝（重政次男　文禄の頃　号 雪 荷）

三、竹林派　石堂藤左衛門（重政弟子　慶長の頃　号竹林坊、後仕尾州侯）

四、寿徳派　木村寿徳（重網の弟子）

五、道雪派　伴喜左衛門一安（重勝弟子　天正の頃　号 道 雪）

六、印西派　吉田源八郎重氏（業茂の弟子　慶長の頃　号一水軒印西）

七、大蔵派　吉田大蔵茂氏（業茂三男　元禄の頃　仕加州侯）

のいわゆる日置七派が形成された。この外

左近派　吉田左近右衛門業茂（重高三男　文禄の頃　号 木 反）

大心派　田中大心秀次（重高の弟子）

山科派　片岡助十郎家清（家次孫－家延子　元和の頃）

など、いずれも長い年月の間に生まれているが、**日置流という一本の親木**から分枝したものであって、技術的に多少の違いはあっても、内容の大部分は大同小異なのである。

流々になりかゝりこそかわるとも
極意のすじはおなじみなもと（日置流）

筆者はこの中の印西《いんさい》派を学んだのであるが、その射法、射形が伝書とあまり変わっていないので、ある程度、昔のままの姿をお伝えできると自負していいかと思う。

昔の弓射が「一射必殺」、この矢一矢で敵を斃《たお》さなければ、敵の矢に自分が殺されるという、真剣な戦場における武術としての射であったために、次の三つの事が重視されたのであった。

第一　敵合徳損の事

第二　物の抜ける事

第三　矢の働く事

これを伝書では、

「敵合徳損とは千万騎の大軍の内一人たりも手をつかねて、此方《こちら》ばかりに射られている者はなく、敵方にても打も射もする也《なり》、是敵味方同じ事なり、さるを大将の賢と不肖又兵のつたなきと賢きとにて勝も負けもする也。よって敵合の徳を考へる事第一也。

③踞《つくば》い

先ず当流の射方は軍陣にては皆「つくばい」のみ射る也、「つくばい」の射法は跪坐より左膝をつき腰を立て、右膝を開いて立て、左膝頭と右足先とを的の一直線上に置き、胴造りは上体を正しく起してその上に据えて射る（17ページ写真参照）。

つくばいは左の膝を下につき
右の膝をばさし立ていよ

つくばいは弓手の膝と妻手《めて》の足
内くるぶしを矩《ろく》とするべし（日置流）

（つくばいは左膝をつき、右膝を立て、上体を真っすぐにして腰を据えて射る。その時の弓手《ゆんで》の膝と妻手の足のうち踝《くるぶし》を的と一直線にすることが規矩であるというのである）

跪《ひざまずき》て射る時は身の丈ちぢまり敵方よりねらいよからねば是徳なり、また弓をつよくひかんには甲をぬくといへり、具足甲にさわらぬよう射出す事流儀の肝要なり。是第一の敵合の徳の内なり。

踞い（つくばい）の離れ

踞い（つくばい）の会

④射の実体

第二の物のぬける事とは**妻手の肩を上げ弓手の肩を下げ**ぬれば、いか程強く押すとも弓手の肩口くちけず、つよき弓も心安くひかるる故に自からかたきものもぬくる也。是《こ》れは物のぬけるばかりに非《あら》ず、**総体射の実体也。**惣《そう》じて、弓は折角射中つるとも射抜くこと出来ずはそのかひなし、是れ、当流射徳の第二、主たるヶ条に上る謂所《ゆえん》なり」

と記している。

以上の前半は弓射の目的と、今日で言う「会」の形作りの方法で、右肩を上げ、左肩を落とすことによって強い弓も肩で受け止めて引けるから、当然、射抜く力も強くなる。そして、**これが射の実体**だというのである。

特にここで注意したいことは、敵から狙いにくいから「つくばい」だけを戦陣の射としていた点である。次の各項とともに実利（現実的な効用）の射であってみれば当然なことと言えよう。

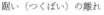

⑤矢の働き

「第三矢の働くというのは、塀のかげ、森蔭、藪《やぶ》蔭、切きし（きり立ったようなけわしいがけ）の上、切岸の下或は水底または遠く近く自由に射出すを矢の働くという。またねらいものあつるも矢の働く内也。されど射の第一義にあらず第三ヶ条に出されたるにて心得るべし」

以上の「三ヶ条を箇条の親として、それよりかずかずのヶ条を産み出し」たもので、現代の的を相手とした心身鍛錬のための弓道の射形・射法と違い、昔のそれは実に窮屈なものであり、戦場における的中至上主義から臨機の射技が、こと細かに織り込まれている。弓射の第一の目的を敵合徳損。第二に弓手肩を落とし、妻手肩を上げ（縮め）た体構えを**惣体射の実体である**とし、矢の働くことも大切だが、第一義ではない、と教えている。では、このような射法、射形とはどのようなものであったろうか。

⑥足踏み

足踏みでは今日同様、足踏みの大切なことを説き、矢束だけ開くことも変わりはないが、その矢の着点によって、左右いずれかの足を踏み替えて「あてる」ことを伝えている。目的が違うとはいえ、現代の弓道であるべき自然体の体構えでは、思いもよらない方法で、当時は体の歪《ゆが》みよりも的中の方が先行していたことがわかる。

⑦胴造り

胴造りは五つの胴を説明し、中の胴（中運の身）といって中（前）へはこぶみ（身）をよしとしている点、今日も変わるところのないものの一つである。

しかし、ここでも矢の着点により、足踏みの踏み替えをして当たりを取るのと同じように、矢の釣り合い（引き分けての位置）によって胴を前後左右にして当てるための四つの直し方を述べている。

足踏みと胴造りは、それ以後の諸動・操作の基礎であり、弓道八節としては準備動作の部類に入るが、今日では昔のように当てるために足踏みや胴造りを変えることは許されない。

⑧弓構え

現代の弓道では想像もつかない構え方ではあったが、これが戦陣においてわが身を守る、の構えで「三徳」（三つの特徴）の一つに数えられていた。

日置流が、左斜めに構えることは周知のことであろう。けれども今日のように弓手を伸ばして大きく構えるのではなく、弓をもっと体に近寄せて構え、**わが身を守る**ことに重点を置いていたのである。

弓構えの事

「当流のかまへは左の肩を落し、右の肩をすくめ（縮め）両手もろ合せ、両ひぢ直に向へ構える也。

如此致せば四寸の内へ（身の内四寸といって後に説明する）左の手（弓手）とくと入り右の手（妻手）身に添う故に徳也（21ページ写真参照）。

四寸へ手の入りたるを知るべし、手はつがいたる矢と弓の入すみにて、ねらい物をはさむと心得て入すみの真上にねらい物の有る様にかまへ候へば、四寸の内へ八重に入る也」

身の内四寸の構え

⑨身の内四寸の構え

身の内四寸の構え方とは、敵から見て四寸の内のわが身があり、前方の敵とわが身の中間に終始弓が立っていなければならない、ということである。

この構えについて、安永のころの皆伝、大橋主殿正真は、

「左の手に弓を持ち、かまへ候時、弦と腕との間四寸にさだまる（肘《ひじ》を折り後に引く）（右写真参照）。

右手を弦にかけ両手ともに四寸の内に成る也。わ

肘を張り胸のあたりで取り懸る

拳を高く上げ袖をはらう

きざま（わき向き）にかまえ候故、人の脇の身の厚さも四寸のもの也。弓も身も四寸の方を表（敵の方）へむけ候てかまへる也」

といい、寛政のころの皆伝、木野利兵武住は、

「弓を射向き四寸の内にかまへ候事大切成る事、ためし候へ」

と述べ、

「昔、島津元龍造寺澄信と肥前の国有馬において戦の時、印西の弟子、上原三右ェ門弓構えし時、握りより五、六寸上に鉄砲の玉ありたることありしとや」

と記されている。

敵と自分との間に弓構えたことが、このように幸いをした、というのである。もちろん19ページ写真の構えの時は妻手も自分の腹の前に構えたものであるが、今日のように弓手を伸ばして構えるようになってからは、当然妻手も「弓道教本」の弓構えのように右腰の辺に持って来るように改めたのである。

⑩取懸け

身の内四寸の構えに対して、妻手も四寸の内での操作であるから、弓は体に近く左わき胸のあたり（背の高さによって多少は違うが）で取懸ける。

この時妻手拳を一度肩より高く上げ（袖をはらう意味もあった）肘を張り弦を取る動作をしていたのである（20ページ写真）。

元日置流印西派免許皆伝・河合龍節師の弓構え（当時三島町々長）

現在では、このような取懸けかたを見ることもないが、元全弓連会長、故宇野要三郎範士（竹林派）が射礼の時この形を見せていたことはよく知られている。

⑪離れ・残身

妻手肩をすくめ（縮め）て上腕二頭筋（屈筋）＝後述＝を極度に緊張させ、上腕を堅めてしまうので安定感はあるが、この場合離れを誘導する働き（伸）は弓手の押し伸ばしにしかない。

つまり**堅めた妻手には自由がない**ため、弓手の押し伸ばしによって矢の線を生かす（張合う）＝後述＝ことになる。そこで昔は弓手を伸ばせ、押せ—押せ—とこの押し伸ばしによって、矢の線に張りを持たせ、同時にギリギリっと指先の操作で（かけほどき）を行い弦枕から弦の抜けていくれる離れを「軽い離れ」といっていた。

当たりも強かったが、離れは今日でいう小離れよりもなお小さく、弽の帽子（母指《おやゆび》）が耳朶《みみたぼ》に向かっていなければ、上手とはいわれなかったものである。

これが残身になるのであるから、昔の射形の想像もつく。以上によって昔の弓術と現代の弓道とは、目的が変わったように射形・射法も全然変わって来ていることが知れよう。

三　生理より見た射形の実態

①射形の実態

射形の実体を生理的に解剖すれば、骨格の正整と筋の収縮伸展による上肢の相対的位置の変化と、肢体の静的均整とを以てその基調根本体形としている。

つまり、この様な体形を形成する動作は、所謂《いわゆる》随意運動によるものであって、意志の衝動を以て発足点とするのである。

われわれは意志の働きであらゆる目的に適応するように肢体を変化させることが出来ると共に、意志または知覚によってその方向・程度または範囲を調節することも出来る。

しかし、弓射に際し変化する肢体の働きにいかなる筋が関与し、また関与するそれぞれの筋がどれだけ収縮または伸展すべきかは、いちいち意志による命令がなくとも適当に遂行されている。これは全く鍛錬の結果によって、弓射の動作を指し示す意志の衝動に適当な筋の収縮調整が行われるからである。

この随意動作の調整には、種々の求心性衝撃に基く反射過程が根本要因をなしている。

そして中枢神経系全般の活動と意志の監督が行われて、身体の他のあらゆる器官が直接間接に何等かの形において関与しているのである。その最も著しい器官は呼吸器（これは内呼吸といって生物の組織におけるガス交換）を中心として効果的に行われている。

（注） 弓射の際の呼吸に動作を合わせるという呼吸

は、外呼吸といって（生物と外界とのガス交換）すなわち息合、気息である。呼吸器の活動につれて、他の循環器を初め生体活動の全機能が遺憾《いかん》なく発揮されるもので、身心の渾然《こんぜん》たる協調的活動は、実に呼吸器を中心として効果的に行われるものである。

しかし、此の際これに関与する多くの筋は、各方面に、それも同時に働いているものではない。元来筋は各々活動範囲に制限があって、一個の目的を達成するためにはともに行動する他の筋があり、そして運動方向の転換等に際し、此の主力筋の働きが他の主力筋へ移行することから、合理的にその目的が果たされて行くもので、まことに造化の至妙である。

もしわれわれが自己の意志または知覚によって、これらの主力をなす各個の筋を自由に収縮または伸展することができれば弓射の技は自ら容易なものとなり、お互いにその苦練から解放されるであろう。

もちろんこのような場合があり得るとしても、弓道は肉体的訓練、さらに大いに精神的訓練にまつものが多いのであるから、肉体的な苦痛から離脱したとしても、それだけで弓道の真諦《しんたい》を把握し得るものではない。

同時に抽象的に弓理を学び知的方面からのみこれを解決しようとしても、決してその目的を達し得ないのである。

②基礎体形

弓射は人体活動の全機能が渾然一体となって協調し行われるものであるが、その基礎体形は骨格の正整にある。そして部分的筋の緊伸の程度により形態に変化を現すもので、その相違が流派と称する各種の射形となり、それぞれ適応する技術をも兼ね備えて今日に伝え残されているのである。

骨は骨自体動く力は全然ないが、骨と骨とに付着している筋の緊伸によって動くように関節が出来ている。人間は大体二百二十有余の骨が互いに組み合わされて骨格を形成し、その一種関節も二種に分かれ、形状によって運動する範囲が限定されていることはもちろんである。

筋は大別して骨格筋と内臓筋に分かれ、前者は骨格に付着し大部分は意志に随《したが》って収縮するから随意筋ともいい、後者は内臓器官壁の構成にあずかっているもので、働くとき意志の支配を受けないから不随意筋ともいう。これらの筋の収縮伸展が人体の活動を起こすものである。

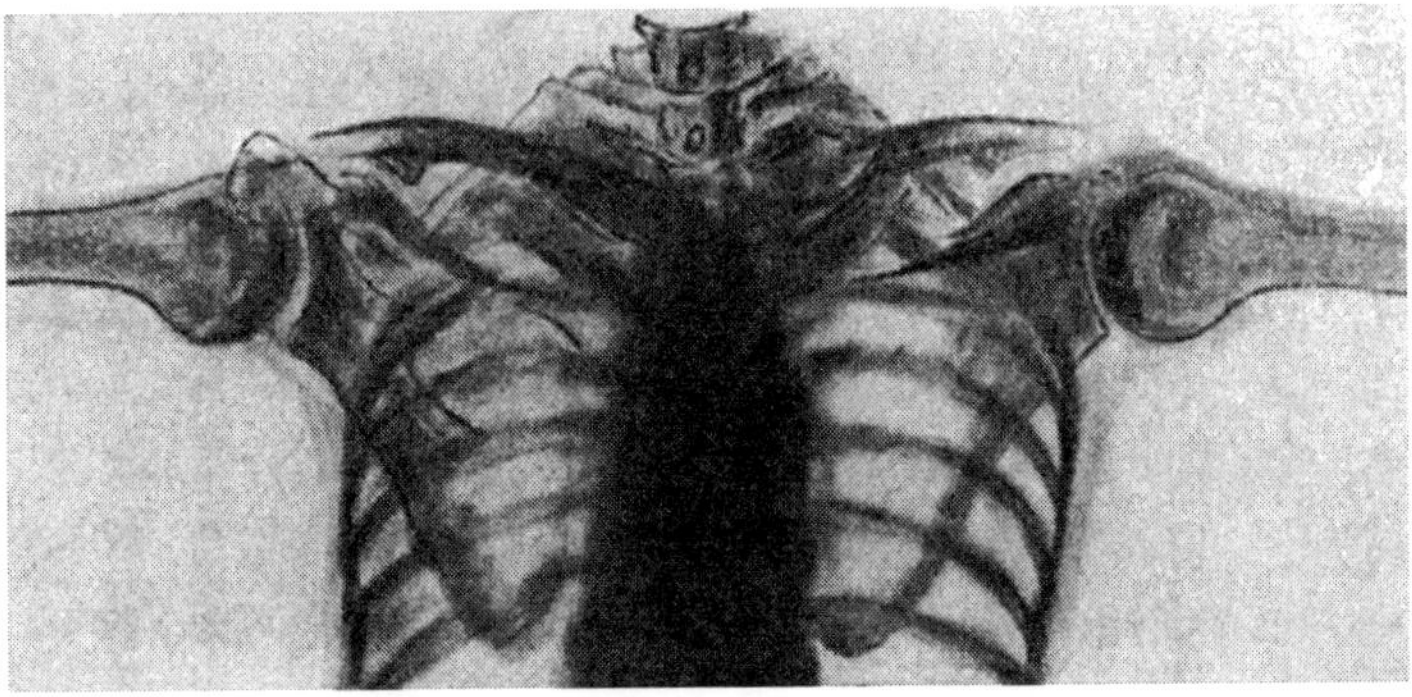
筆者が創案した基礎体形のレントゲン写真

弓射の際主として上肢の伸・屈筋の緊張の差が形体に変化を表し、流派と名付けられたものであるとするならば、射形もまた解剖生理の見地から骨格の基礎を創案し、射形を形造るに必要なそれぞれの筋の収縮伸展の程度とその度合いを究明して、これを取り入れ、結実させることによって初めて完全なものとなるであろう。

さて筆者が創案した基礎体形は、弓を持たない自然体で、背柱を真っすぐにして、左右の上肢（腕）を正しく均等に左右に開き両肩を背面下方に引き締めた、弓力も受けていない骨格である。

上肢を肩の線まで左右に開いただけで肩胛骨は幾分吊り上げられるが、これを平常の位置に下げるために、両肩を背面下方に引き締めたのは、行射の時弓力を受けても肩根の浮かない堅固な形（かたち）を形成するためである（上段写真参照）。

これを生理上からみると、肩胛骨関節窩と相対する上腕骨頭（丸く見える骨）は正しく合理的に納まり、鎖骨および肋骨（横に五、六本見える骨）は左右均衡がとれて自然である。ということは両上肢に関与する諸筋の働きが平均している証拠である。

この骨格のまま、肘《ひじ》の下がらぬよう右前腕（肘から先の部分）を曲げれば無理のない射形の骨骼（基礎体形）となる。弓力を受けた時の諸筋の働きについては後述するが、以上の基礎体形に、行射を可能ならしめる諸筋の収縮伸展の度合いとその方法を解明すれば、自ら生理的に正しい自然体の射形とその運行が完全となるであろう。

③諸筋の働き

すべてそれぞれの骨の組み合わせである骨格と、それに作用を及ぼす諸筋の働きと納まり方について、日置流目録二十一ヵ条のうちの「骨合筋道之事」に次のように述べられている。

「骨合いと言うは骨はふしぶしにてつづかざるもの也。

筋にてつづき居るもの也。さるにより筋道《すじみち》違い、一ヵ所くじけてもその次のふし合いの障《さわり》になり、惣体のくじけになるものなり。

されば、左の手首合い悪しければ肩口くじけ、それより右のひじもさがり悪くなり、右のひじさがればば右の手首も上にたちくぢける也」

また安永のころの皆伝、大橋主殿正真は、

「人の骨合い筋道は、両の手の十指を折り中節と中節とを間々につき付合せたる如《ごと》く組合せあるもの也。

其上弓手の腕首または肩先にても上へも下へも左右へも少しなりともゆるみ候へば弱みにて弓も引がたし、また見悪し、いかにも正直なるがよき也。譬《たと》へば矢の篦（の）を中より一文字に切りそれをつぎ合せろく（直）に押し候へばくちけぬなり。少しにてもゆがみ候へばそのまま脇へくじける如く也」

また寛政のころの皆伝、木野利兵武住は、

「弓手の大指のさきのふしにても折り候へば根の節のゆるみ也。

それより折目のふしくぢけたる手の方まで違い候へば惣身の違ひとなり申間、少しにても大指のふしより心を付すべし」

全て骨合（関節の接合）を正しくすることを力説し、

自然体の背面射形

少しでもゆがむと総体の崩れになると教えているのである。

さて創案した基礎体形は八節の内の「会の形」であって、弓射そのものが肉体的にも精神的にも「会」の完全にして奥深きことを極めつくすことにあるので、この「会の形」を中心として前後に順を追って解説することにしたい。要は目標とする「会の形」による射行をいかにして実現するかの研究であるからである。

理想として創案した基礎体形（骨格）をもって弓を引くと（26ページ写真参照）のような射形となる。

これを特に注意して観察されたいのは、

一、右上肢の前腕（肘から先）は折られているが両上腕（肩から肘先までの部分）は各個の筋が大体同一に働いている。

二、右上腕は左上腕と同じように三頭筋（伸筋）――下すじが主力となって左右に伸びている。

三、従って背柱は真っすぐであること、二頭筋（屈筋）が働いていない証拠である。

四、両肩関節は完全に背面下方に引き締まり、背面筋も左右に開いている。

五、従って後の残身は少しも崩れない。

四　二本の線

①縦・横十文字

弓道は弓具はいうまでもなく、射法も形式の上では至極簡単な動作であり、内容も八節で説明づけられるものである。これを人体の構成から見ると、

（一）　縦の線（踏み開いた両足と胴体の線）

（二）　体の横線（胴体より分かれる左・右両腕の線）

（三）　矢の線（右肘先から前腕を通した矢の線）

の三本の線の構成であって、大三から会までの矢の線（三）を引分けるのは、手先のように見えるが、実は手先ではなく体（上腕下筋「腋《わき》の下から肘《ひじ》まで」の働き）

で引分けるものであり、会における伸び合いも体が十文字に（一）と（二）の働きで伸びることであり、また会の伸とともに矢の線（三）を生かす（張合う）のも**手先ではなく、同じ体の伸びが矢の線の張合いとなって生かされなければならない**。そしてその張合いが生き、止まらないで離れに繋《つな》がれば理想的である。

　とすると体の横線（二）と矢の線（三）は、伸び、そして、張合うという働きの上から考えると、縦の線（一）を軸とした一つの輪のようなもので、これをつぶした形が体の横線を主力とした矢の線であるから、この二つの働きは実は一つにならなければならない。結局**弓射は縦の線一本と横の線一本の二本の線の伸張でしかない**ことになる。

　ところが伝来の射法は「昔の射法」でも説明した通り、多くは左肩を落とし右肩を上げた形であり、多少その差は少なくなったが、現代でも根強くこの形が残されている。

　体の横線についていえば、数多くある手指の関節を始め両肘・両肩など約二十以上の関節がある。この関節の一か所でも崩れれば、そこの崩れだけではすまなくなる。たとえば、昔のように右肩一つ上吊れば必然的に肘は下がる。肘が下がれば弓力は手首で引くことになる。肩一つ上吊ったことで肩・肘・手首の三か所のバランスを取らねばならぬことになる。しかもその三か所の関節は、それぞれ異なった動きのもので、一定した動きのものではないために、この操作も一様ではなく、人によって多くの変化があるのは当然である。その辺に何年たってもまとまらない、むずかしさの原因があったと考えられるのである。

　ところが体の横線を一本に伸張する自然体の射法は、崩れさえしなければ、このような面倒な操作から一切解放され、正直に天地左右に伸張することによって矢の線の張合いに生かし無理なく離れればよいのである。

　こう考えてくると弓射もすこぶる簡単なようであり、また簡単に考えたいのである。なぜならば、正直に縦・横十文字に伸びるのが自然体の伸びであるからである。ところが旧来、肘を締め付けて妻手安定のよりどころとしていた関係もあって、ここを締めないと不安定だと考え、なかなかここから抜けきれないのが現状である。

　だが、それはその人が正直に一文字に**伸びていない**からであって、正しく伸びれば、少しも不安はないものなのである（156ページ、④肘先の締め参照）。

　一方、弓・矢の運行の諸動作も、動作の上からだけ見れば、正面から斜め上に運び、左右に引き分けて離す、これもそれほど面倒な動作とはいえない。また、動作は全て最短距離を運ぶことを理想としている。ということは必要以上に引いたり、送り込み過ぎたりせずに、次の動作を無理なく行いよい位置に運べということである。

　結局、弓射は自然体の法則による。

　「足、腰、背柱、頸椎、を軸とする縦の線と左右を支配する肩、両腕、両肘、両手指の横の線の組み合わせ、すなわち、縦・横十文字の規矩が基本体形となる」（弓道教本・基本体形100ページ）

　であるから窮極の目的は、この縦の線と体の横線との正しい十文字の伸びによって張り伸ばされる。矢の線の張合いが生かされ、左右伸のバランスがとれて離れれば、矢は正直に着いているところに飛ぶように出来ているものなのであるから、あまりむずかしく考えないで基本を守り、引分けて会に入るまでは縦の線を生かす（縦に伸びる）ことと、体の横線を左右に張り伸ばす、すなわち背柱を中心に左右の上腕下筋（腋の下から肘先に向かって）を、これ以上は伸びられないところまで伸び合うことだけを頭に置き、**完全に伸びたところで、初めて矢の線の張合いを考えるようにする**と、案外全てがうまくいくようである。それは体勢を主体とした、矢の線の操作であり横線の問題は縦の線（胴造り）の正しさから生かされるからである。

　以下本書で述べる全ての内容も、実はこの縦一本、横一本の二本の線の伸張を目的として起こるいろいろの点を、筆者の体験から掘り下げて見たものであって、結局はこの**二本の線の完成に集約**されなければならない。

以下随所に**縦の線**、**体の横線**、**矢の線**という言葉を使うので承知しておいてもらいたい。

五　自然体と十文字の伸び

天地左右への伸び、上下左右に伸びる、などみなこの十文字の伸びであるが、自然体の伸びというと、「自然とは自由放縦の動作や、本能に依存する態度ではない」といい「射の眼目は、自然の理を動作の上に表現することである。故に自然を無視して射は成り立たない」（弓道教本・射を行う態度59ページ）と教えている。

従って自然体の伸びとは特にひねくらない構えから天地左右に伸びることであろう。

①自然の理

しかし、いかに正しく伸びられたとしても、弓射には的という目標がある以上、射形の美ばかりでは意味がない。やはり当たりを無視した弓射は考えられないのである。ところが自然の理は正直なもので、多少弓手・妻手の操作も必要ではあるが、正しく天地左右に伸び、矢の線の張合いが生き、拳《こぶし》を矢の延長線に抜いて離れれば、着いているところに飛んでくれる。つまり的に着いていれば必ず当たるということが、数多くの事実によって証明されている。

ただし、この伸の自由を得るためには、弓手の手之内の作り方に理想的な方法があるように、妻手の手之内の取懸け方も、ただ弦を持てばよいというのではなく、体全体の自由を生かされるような取懸け方（妻手）と手之内作り（弓手）が必要であることは、いうまでもない（92ページ、弓手・鉤の手之内参照）。

それでは自然体の天地への伸びと左右への伸びとはどのようなものか、どうしてこの線が作られるかにつ

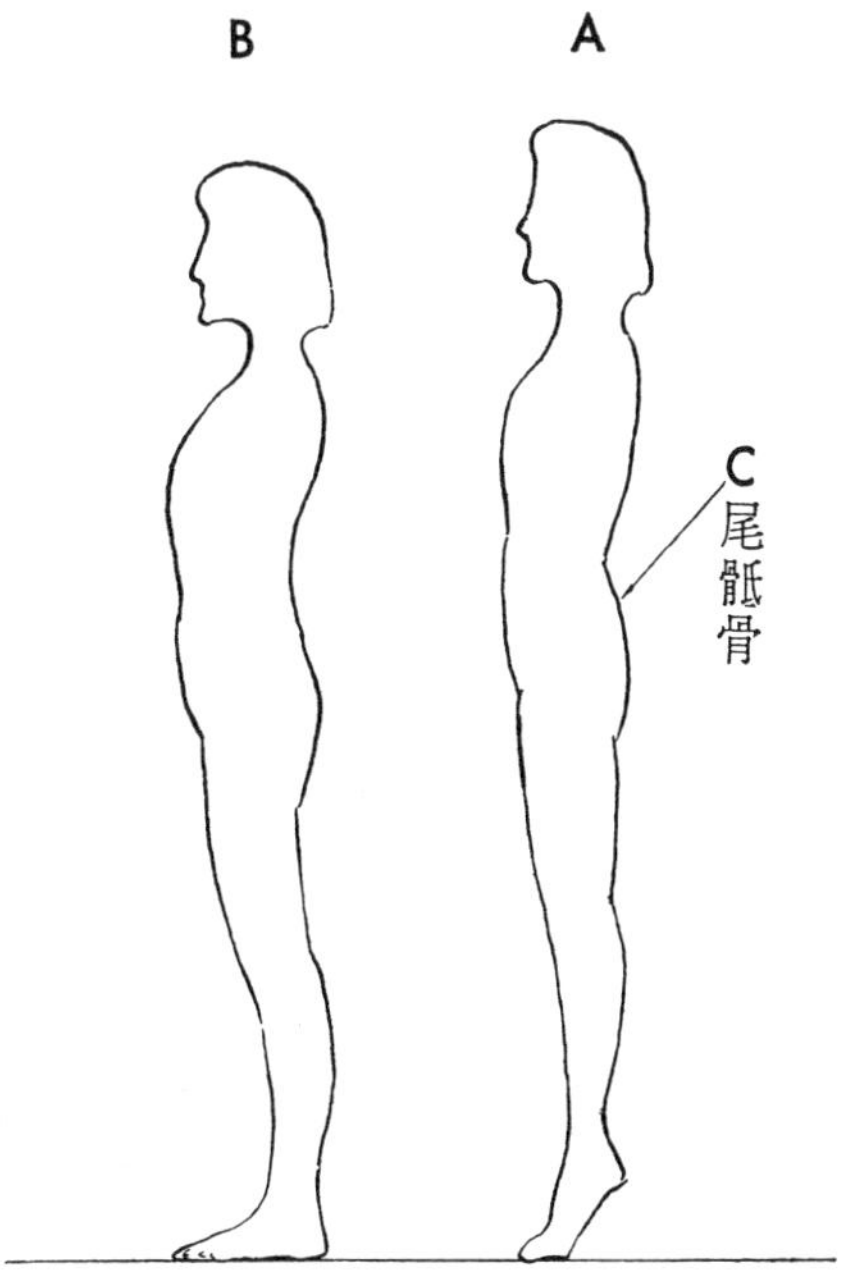

A　両上肢を高く上にあげて両脚を伸ばし背伸びになる
B　伸ばした両脚の力を抜かないで踵をおろす
C　尾骶骨の辺10センチを上に張り伸ばす

いて、ごく簡単にその感じを会得できる方法を述べてみよう。

まず、縦の線であるが、弓・矢は持たなくてもよい。

②縦の線の伸び

正しい足踏みのあと上体を真っすぐに保ち、両拳を弓構えの時のように前に出し、脇腹から腋の下あたりの筋肉まで使って、打起しの時のように両上肢を真上に張り伸ばし、続いて両腕で体を引き上げるように体全体を上に吊りあげながら、両足の踵をあげ爪立ち、背伸びになる（右図A)。この時、特に尾骶骨《びていこつ》（通常四小骨からなり、先端は肛門の後方に位する、尾椎《びつい》、かめのおともいう）の辺（同図C)すなわち、背柱の一番下から上に一〇センチほどを意識して張り伸ばしつつ上体を前に送って腰を入れ、両脚が緊張したところで、両脚の力を抜かずに静かに踵をおろす（同図B)。そして両膝頭を裏側におし伸ばす。つまり膝の裏筋を上下に張り伸ばすようにして腰（上体）を前に送ると、少しの無理もない縦の線、およびその伸びとなる。

このように縦の線が十分伸びて腰が入り、両脚を緊張させることによって脚部が強固になれば、上体の安定は保たれ、引き分けのみならず、会にあって胸を開き、両肩を落とし、左右に伸び合う働きが自然自由に軽くできるようになる。ただし、この場合の脚部の強固さに対して、縦線全体が自由であるためには、足の踏み方と足関節の「柔らかみのある強さ」が重要な役割を果たすのであるが、これについては八節の足踏み胴造りの項で触れることにしたい。

③体の横線と矢の線

次は体の横線と矢の線であるが、矢の線は、縦の線を基盤として成り立つ体の横線の伸びによって生かされるものであるから、まず、体の横線の働きとその方法について述べてみよう。

これも弓・矢はなくてもよい。一人でもよいが人数が多ければ全員を三列に立たせ、中央の一列だけが正しい足踏みのあと、両上肢を左右肩と平行の線にあげ、手首の脈どころを左右の人に軽く持ってもらう。そして最初に首を縮め、両肩に力をこめて思い切り上にあげる（写真上）。

今度は逆に前述縦の線の伸びと同時に顎《あご》を引いて首を伸ばし、胸を開いて両肩を後ろ下に締めつつ**腋の下から肘先に向かって左右に強く張り伸ばす**、これが下。

上　首を縮めて両肩を上に張り上げる
下　逆に両肩を落とし，胸を開いて両肩を下に締めつつワキの下からヒジに向かって下筋を強く張り伸ばす

筋の伸びである。この時、伸びの感じをよく出すために、左右の人にごく軽く手首を引いてもらう。そしてもう一度伸びてみる（前ページ写真下）。感じがつかめたら今度は左右の人を使わず、自分一人で伸びてみる。何回でもよい、そしてこの伸びの味をつかむことである（53ページ図、肩根伸縮のバロメーター参照）。

以上の背伸び・爪立ち・腰入れの操作と、この横線の操作による二つの伸びを合わせたものが、筋骨を使った生理的にも正しい**自然体の天地左右への伸びなのである。**

次は矢の線である。これは手首で引くものではなく以上二つの線の伸合によって矢の線の張り合いが生き、弓手と妻手の釣り合いがとれることになるのであるから、体の横線の伸びと矢の線の張り合いは、前項で述べた通り一つの輪になって働くなかで、**矢の線が生かされる**ものでなくてはならない。

この十文字の体勢による、弓射を目標として研究したものが、本書の中心をなしているのである。縦・横十文字の伸びかたはよくわかるが、旧来の習慣もあって弓を持つとなかなか思うようにならないのが普通であるが、根気よく稽古《けいこ》を続ければそうむずかしいものではない。なぜならば無理のない自然体にかえるのであるから。

六　弓射における筋の生理的分類

射形にあって、最も問題の多いところは肩根である。

肩関節の軀体と上腕骨とを結ぶ上肢諸筋が、他の関節のように一対の骨格（関節）に対する屈伸のみであるならば、極めて簡単なのであるが、幾種かの関節を成す骨格が集まっている肩は、筋もまた軀体から直接上腕骨に付着しているもの（34ページ上図A）と一応上肢帯（胴にあって上肢を支える骨格。肩胛骨・鎖骨・烏啄《うたく》骨

上肢諸筋の連繋

からなる肩胛帯）に付着しているもの（同図B）上肢帯から上腕骨に付着しているもの（同図C）の三種類がある。

　このように肩関節には軀体からの筋が三角に走っているので人体の関節のうち一番大きく自由に働く。しかもこれに肩鎖、胸鎖関節が一緒に働く時は上腕の運動は一層大きくなるものである。このように大きな自由をもつ関節があることが、肩根の位置の決定的な極め手を見出すことの非常にむつかしい理由の一つになっている。

　しかし、ひと度、生理的に正しく自然な体形としての骨格と位置とそれを形成するのに作用する諸筋の働きが決定されれば、その骨格の位置は特に病癖のあるものでない限り、一定の位置に限定されるはずである。すなわち自然体形における骨格の位置である。

①肩関節と上肢諸筋の連繋

　以上肩関節の諸筋と上肢諸筋との連繋を図示すれば左図のようになる。

1　軀体から直接上腕骨に停止（筋の一方を起始「筋頭」といい、一方を停止「筋尾」という）しているもの（上図Aに当たる）

2　軀体から上肢帯に付着し（上図Bに当たる）

3　上肢帯か

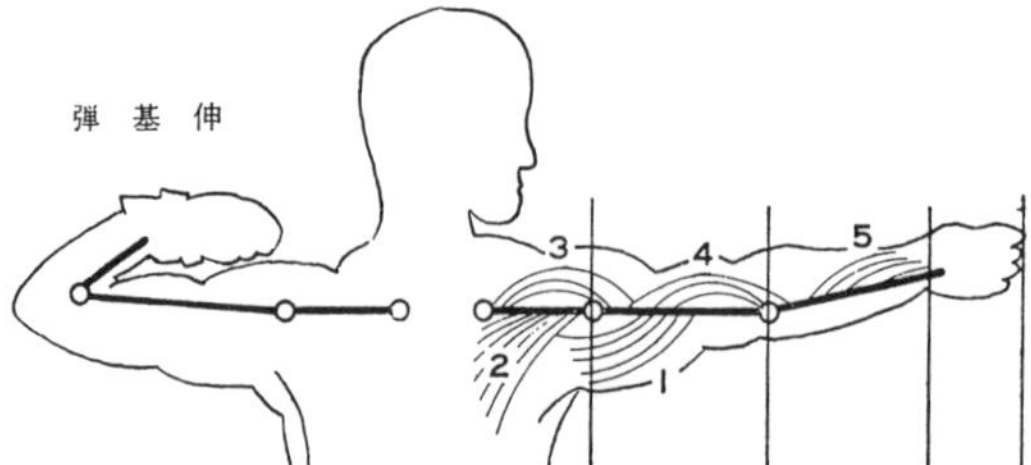

肩関節と上肢力の分布

ら上腕骨に停止しているもの（同34ページ上図C）

4　上腕の諸筋は前腕を支え

5　前腕の諸筋は手筋が働いて弓（弓手）弦（妻手）を支持するのである。

以上**1**と**2**の諸筋の大部分は肋骨から起こって肩根と上腕の働きを司どり、**1**と**3**の諸筋はともに直接上腕の働きに関与して、弓射における諸動作の重要な役割を果たす。**4**は弓手・妻手によってその働きを異にするが、ともに**1**、**2**、**3**の各筋の働きと相まって、その働きは強固となるのである。**5**の諸筋の大部分は手腕に関与するもので、弓射の際には極めて微妙な影響を受けるので、その働きをよく知っておく必要がある。

また**1**、**2**、**3**、**4**の諸筋の強固な働きに対し、**5**が柔らかみのある強さ（21ページ写真参照）、強靭さを必要とすることは、射手として手之内の働きについて考えて見れば、よくわかるであろう（92ページ、鉤の手之内参照）。

この強さ、柔らかさ、しなやかさ、そして固さは、直ちに逆に上腕諸筋の働きに影響し、互いに果となり、縁となって射の死活を左右するものである。

②上肢に関与する諸筋

いま上肢に関与する諸筋をあげれば次の通りである。

（一）、（三）に作用する諸筋

1、軀体筋

闊《かつ》背《ばい》筋（上肢を後方に引く）

2、胸筋

大胸筋（上肢を内前方に引き寄せる）

3、肩胛《けんこう》骨

三角筋（上肢を水平まで上げる）

棘《きょく》上《じょう》筋・棘下筋（棘上、棘下筋共に後方に回転し、また関節嚢《のう》を緊張させる）

小円筋（関節嚢を緊張させる）

肩胛下筋（上腕を内転する）

大円筋（上腕骨を後内方に引き、また囲む）

上腕筋（上腕骨を前方に上げる）

（二）に作用する諸筋

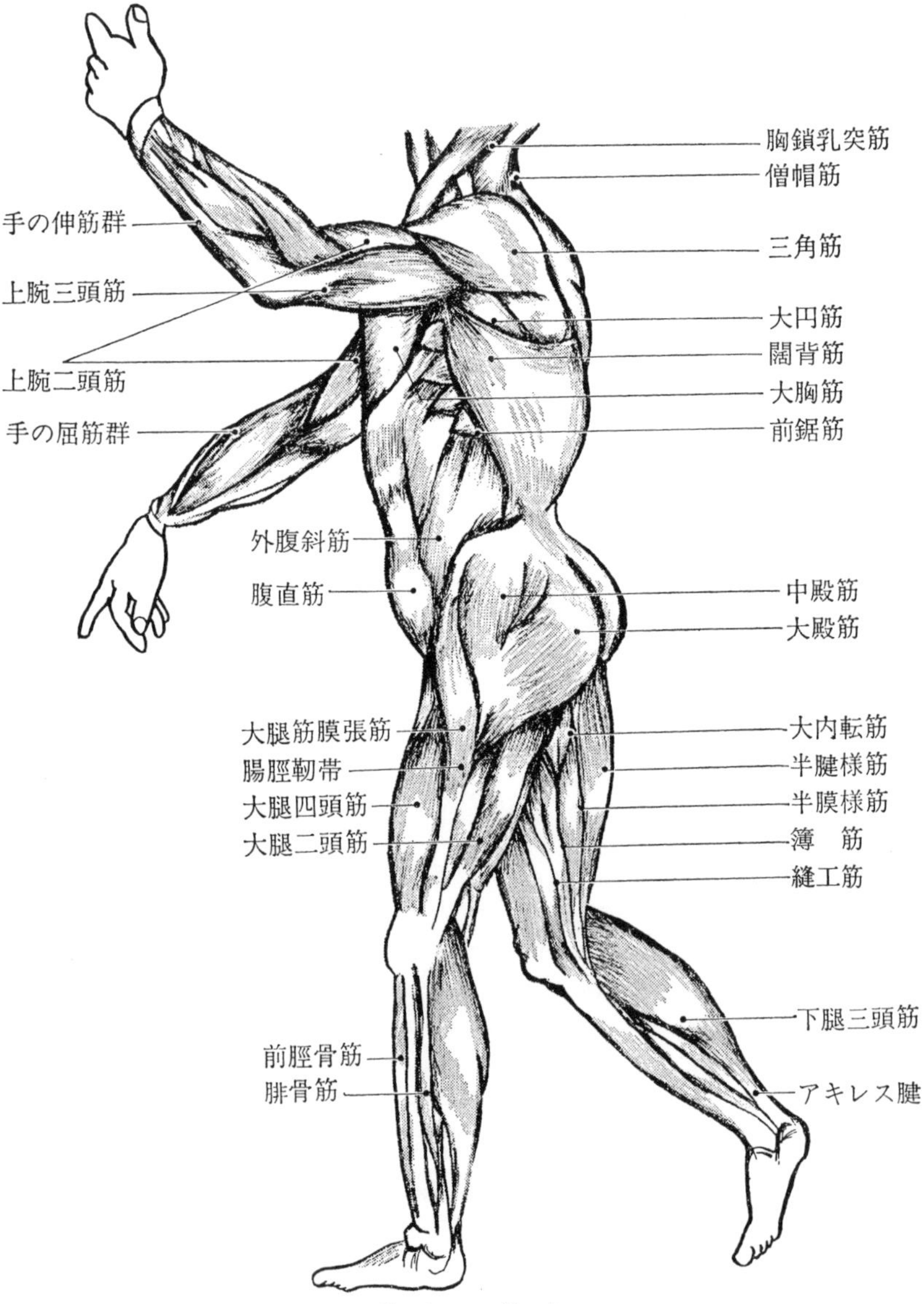
胸鎖乳突筋
僧帽筋
手の伸筋群
三角筋
上腕三頭筋
大円筋
闊背筋
上腕二頭筋
大胸筋
手の屈筋群
前鋸筋
外腹斜筋
腹直筋
中殿筋
大殿筋
大腿筋膜張筋
大内転筋
腸脛靭帯
半腱様筋
大腿四頭筋
半膜様筋
大腿二頭筋
薄　筋
縫工筋
下腿三頭筋
前脛骨筋
アキレス腱
腓骨筋

体表の筋肉

上肢筋右側上肢帯筋および上腕筋
（後面・三角筋を除く）

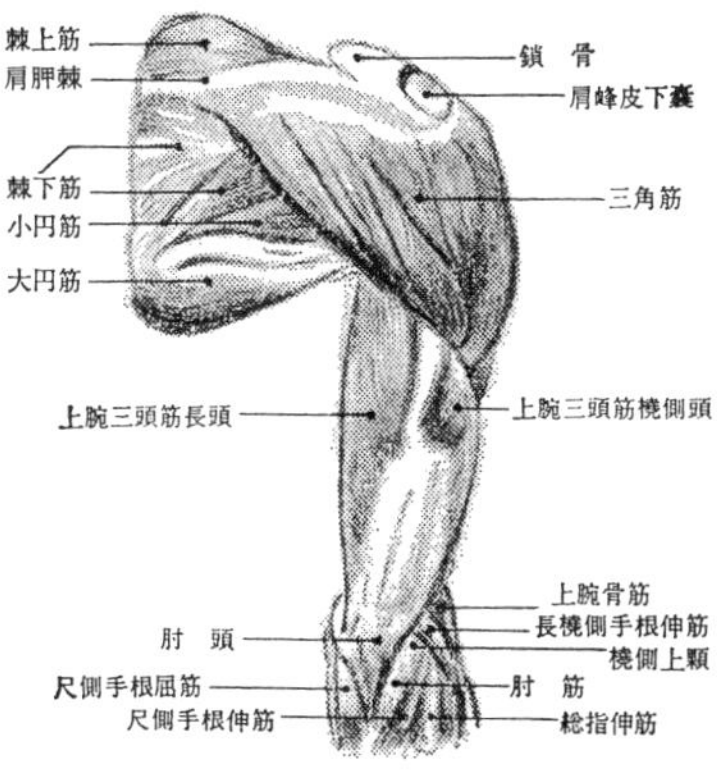

上肢筋右側上腕筋（前面）

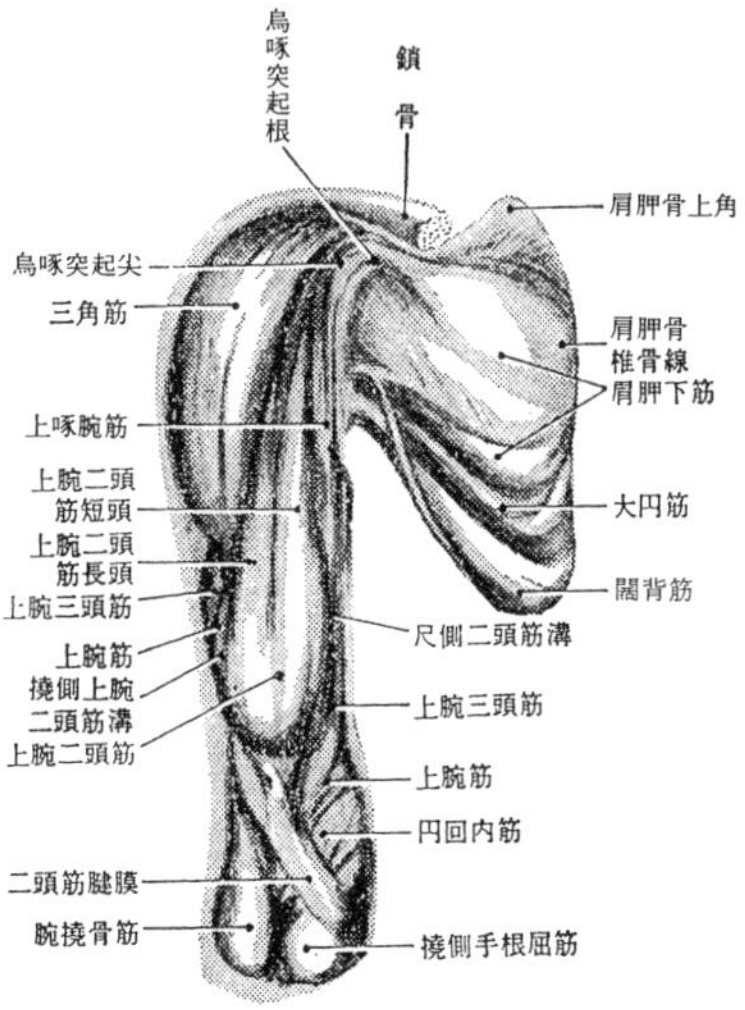

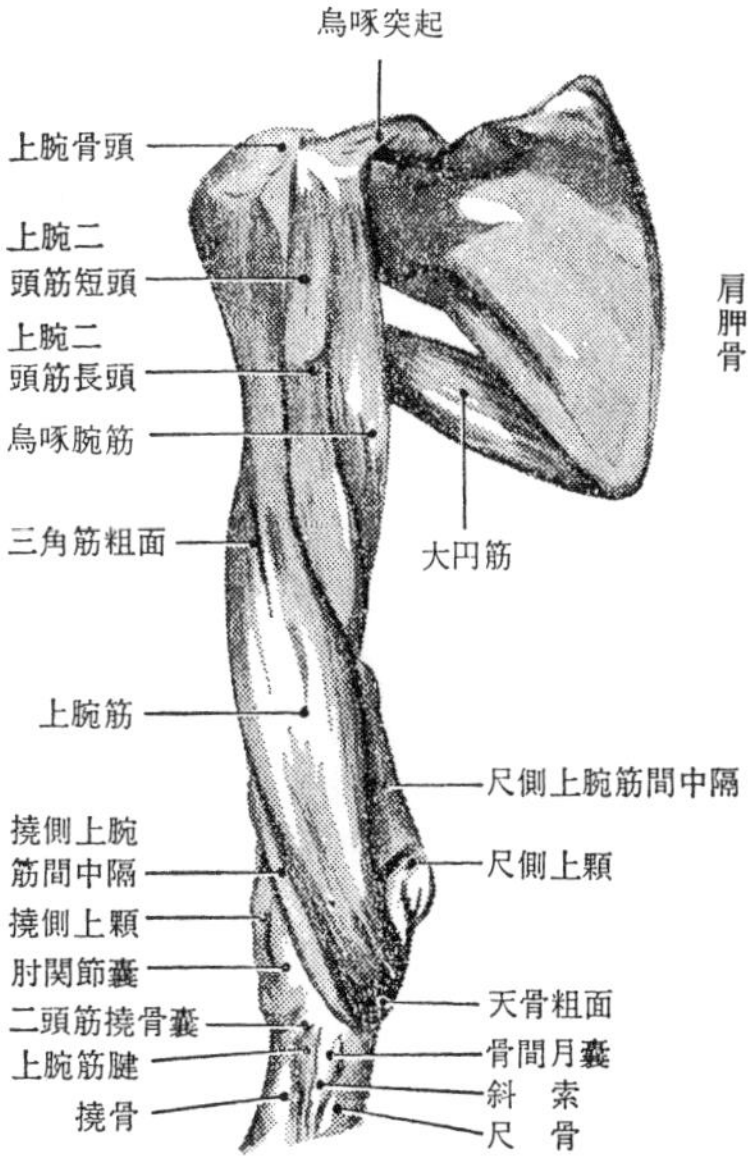

右側上腕筋深層（前面）

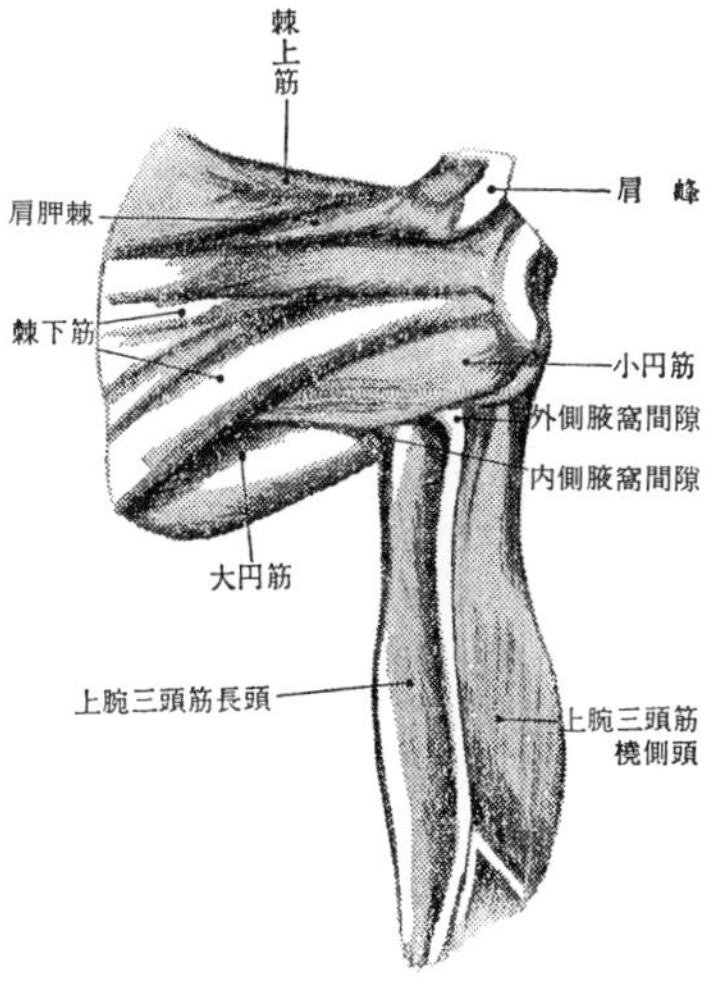

右側上肢帯および上腕筋
（後面 三角筋を除く）

1、軀体筋

僧《そう》帽《ぼう》筋（肩胛骨と鎖《さ》骨を上げ、また背柱に向かって近づける）

大小菱形筋（肩胛骨を前下方に引く）

2、胸筋

小胸筋（肩胛骨を前下方に引く）

鎖骨下筋（鎖骨を固定する）

前《ぜん》鋸《きょ》筋（肩胛骨を前方に引く）

3、頸《けい》筋

肩胛挙筋（肩胛骨を上げる）

（四）に作用する諸筋

上腕筋

二頭筋（前腕を屈し僅かに外方に回す）

上腕筋（前腕を屈す）

三頭筋（前腕を伸展する）

肘筋（内側頭の一部にして外上髁より鶯嘴《おうし》突起に至る）

（36、37ページ図参照）

（五）に作用する諸筋

前腕筋

円回内筋（前腕を回前する）

回内方形筋（前腕を回転する）

回外筋（前腕を回後する）

腕《わん》橈《とう》骨筋（前腕の前屈、回後する）

橈側手根屈筋（手を屈する）

長掌筋（腱膜を緊張させる）

尺側手根屈筋（腕を屈し、また内転する）

長橈側手根伸筋（手腕を伸し、やや橈骨側に屈する）

尺側手根伸筋（手掌を伸展する）

短橈側手根伸筋（手腕を伸し、やや橈骨側に屈する）

（五）に作用する諸筋の内指の屈伸に作用するもの

1、前腕筋

浅指屈筋（指を屈する）

深指屈筋（指を屈する）

長母指屈筋（母指を屈する）

総指揮伸筋（指を伸展する）

固有小指屈筋（小指を屈する）
固有示指伸筋（示指を伸展する）
長母指伸筋（母指を伸展する）
短母指伸筋（母指を伸展する）
長母指外転筋（母指を外転する）
短屈母筋（母指を屈する）
対小母筋（母指を小指の方に向ける）
内転母指（母指を内転する）
長外転母筋（母指を外転する）
短外転母筋（母指を外転する）
掌側骨間筋
背側骨間筋

2、中手筋
中様筋（指骨第一節を屈する）

3、指球筋
短屈小指筋（小指を屈する）
対母小指筋（小指を母指内方に向ける）
（39、40ページ図参照）

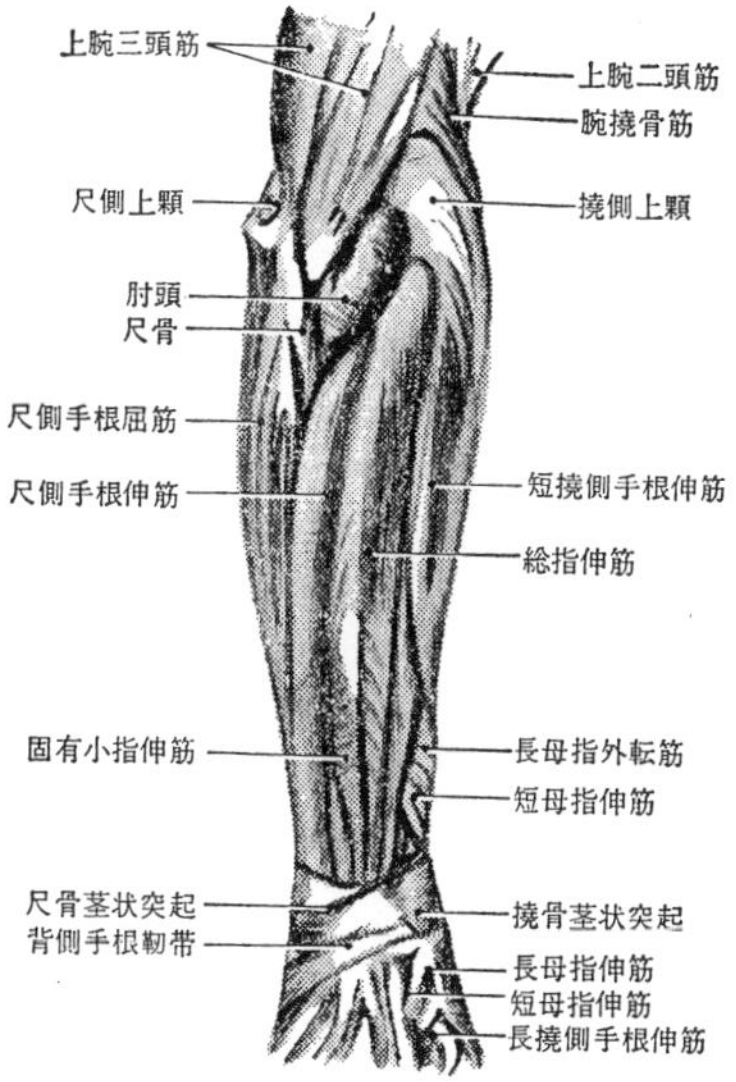

右側前腕筋（後面）浅層

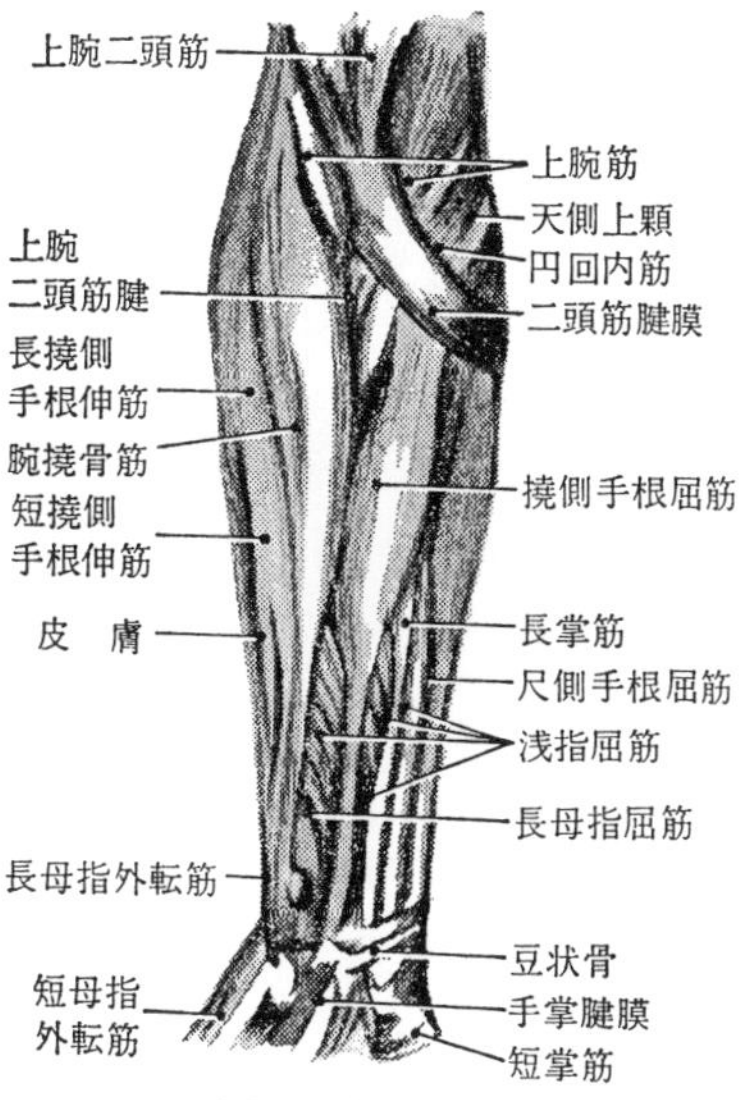

右側前腕筋（前面）

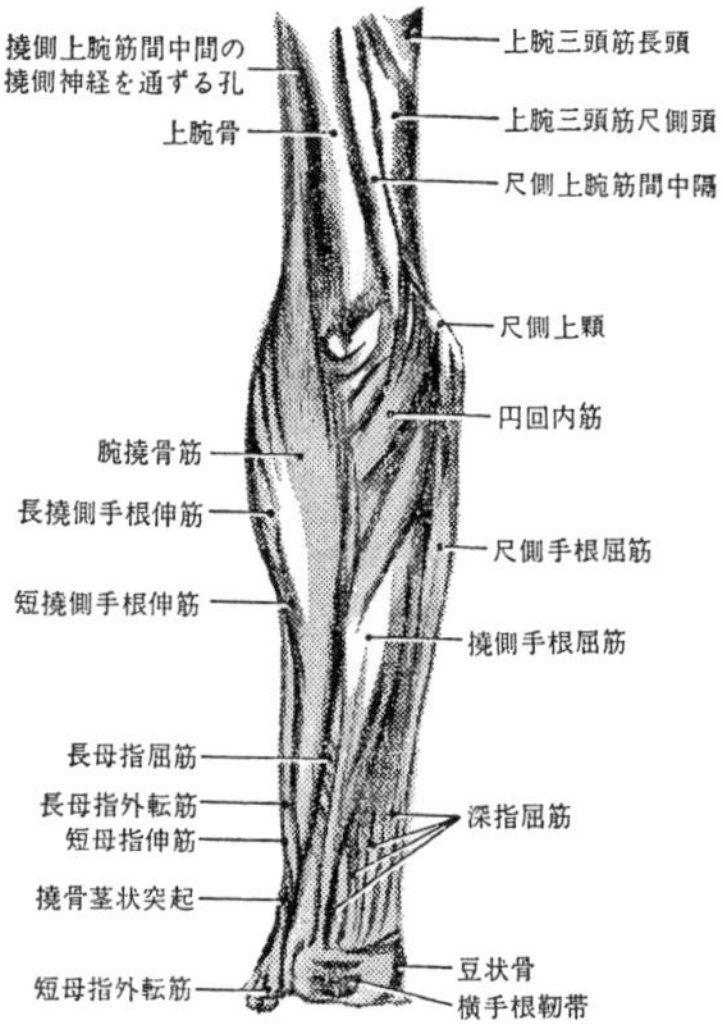

右側前腕筋第二層（前面）（上腕二頭筋，上腕筋，長掌筋，浅指屈筋を除く）

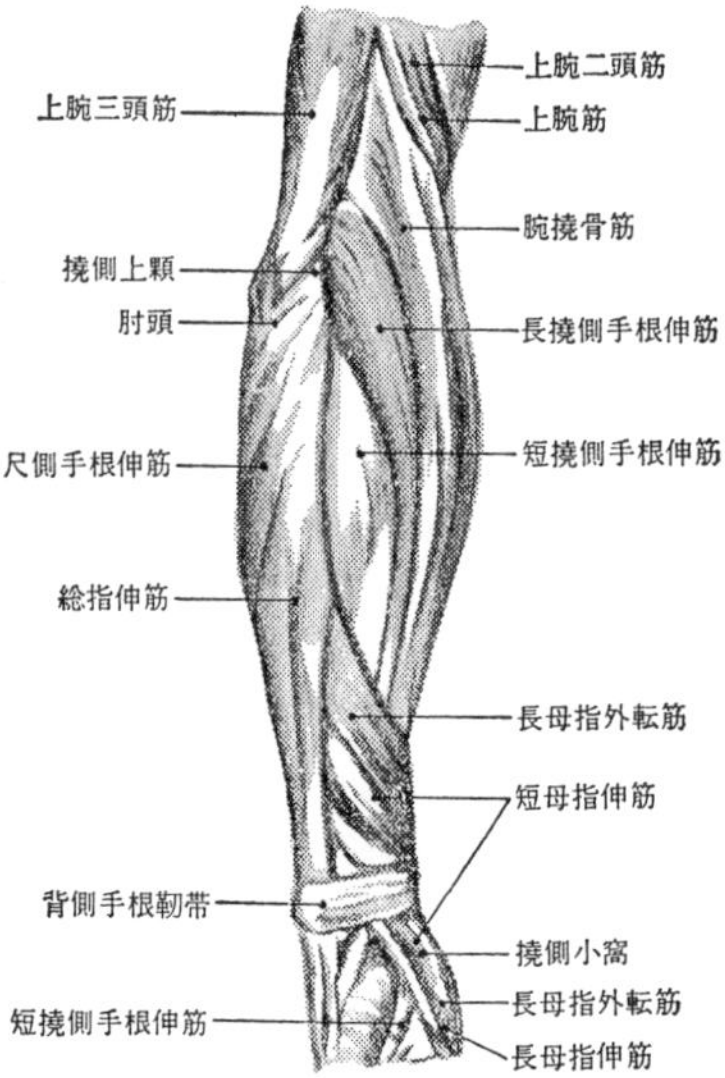

右側前腕筋（橈側から見る）

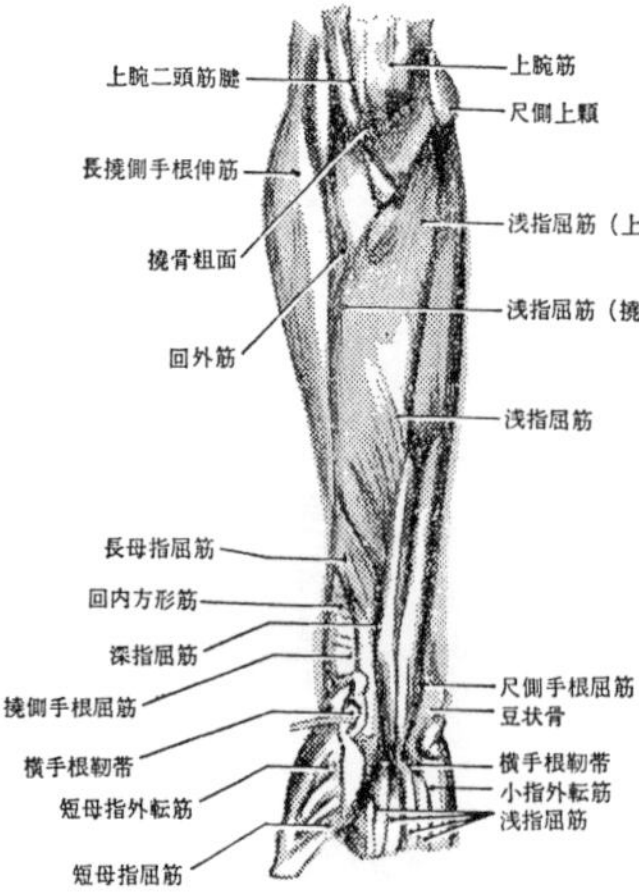

右側前腕筋第三層（前面）（腕橈骨筋，円回内筋，橈側手根屈筋，長掌筋，尺側手根屈筋を除き，横手根靭帯を縦断して左右に開く）

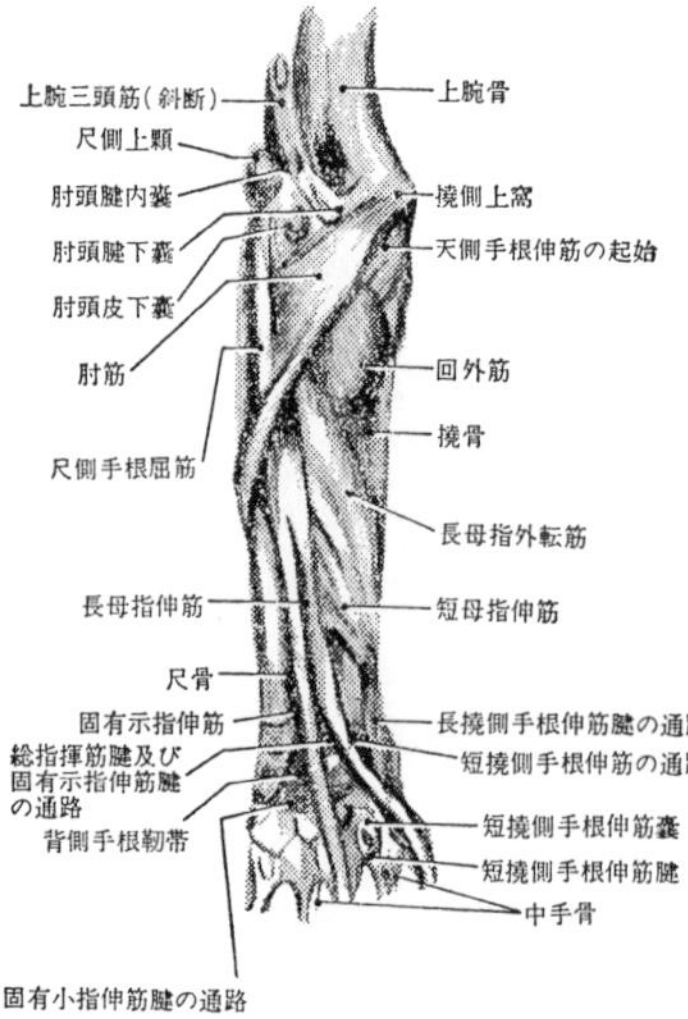

右側前腕筋（後面）深層。（手根伸筋，総指伸筋，固有小指筋を除く）

さて㈠、㈡、㈢のように肩関節に分布している諸筋が、前に述べた基本体にあって正しく働けば、肩根の骨格としての位置は一定となり、弓・矢の運行も合理的となるのである。

また、弓射の最も重要な左右上肢の骨格の運動と形成にあって、その働きをするのは軀幹筋、上腕筋、前腕筋、手筋等であるが、会における伸や働きの度合い（程度）などにより、これを射技の上から分類し、それぞれの名称をつけてみると

一、主　伸――背柱を中心とした左右両肘まで
二、助　伸――弓手の前腕
三、弾基伸――妻手の前腕
四、弝《は》　――弓手の手之内の鉤《こう》
五、鉤　――妻手の手之内の鉤

の五種となり、これを図示すれば34ページ上図のようになる。

もちろんこの五種類の働きは一本となって働くものであることは前に（27ページ、二本の線参照）述べた通りである。背柱を中心に天地左右に崩れない体勢を作るためには、生理的に全然働きの異なる諸筋を一本にすることは、まことに困難であるばかりでなく、前腕のように左右の働きを異にするものに対して、出来るだけ詳記することを重点にして分類した。

七　主　伸

主伸とは背柱を中心とした上腕（左右両腕の肘先まで）の骨格が正しく整い、そこに働く諸筋の作用による**正しい伸の主力となる**ところ、つまり行射の中心である縦・横十文字のかなめとなる伸びのことである。

従来、伸びについてはいろいろいわれているが、それはあくまで軀体から上肢への真の伸張でなければならない。天地左右に伸びるという境地も生理的にはこれが基礎である。

天地左右といえば当然、縦の線、すなわち背柱線の縦と、両上肢の十文字が左右同じ形と力で伸びることを意味している。つまり、正しい自然体の骨格と、**左右均等な筋の活動**を無視して、生理上正しい射形は論じられないものである。

主伸における筋の作用は、特殊なものを除き、いずれも左右均等の働きが前提となっている。またそうでなければ左右バランスのとれた**自然体の体構え**にはならないからである。

主伸としての軀体から上腕への伸び方に下筋《すじ》の働きによる「背面、筋の緊締《しまり》」Aと、そうでない上筋の押し伸ばしによる「前面、筋の緊締」Bとが考えられるが、ここでは前者を正しく整えて伸びるということで「整伸」とし、後者は「押伸」として区別した。

（A）　**整　伸**（背面筋の緊締に関与する主な筋）

1、闊背筋　2、三角筋　3、棘上筋　4、棘下筋　5、小円筋　6、大円筋　7、三頭筋（以上の諸筋の作用は33ページ、弓射における筋の生理的分類参照）。

これはまた各筋の作用から、肩根を背面下方に引くもの（イ）と、もっぱら腋の下から左右に伸びる伸合の主力となるもの（ロ）に分けられる。

（イ）軀体から発している闊背筋。肩胛骨下角から発している大円筋などで、肩根を背面下方へ引き締める働きをなす。

（ロ）上腕三頭筋および肘筋。ともに下筋で、軀体から上腕に関与する大胸筋やその他の筋とともに強力に伸張する働きをする。

（イ）の働きによって肩根を背面下方に引き締めるのは、会・離れにあって、肩関節を堅固にするためであって、この肩根の締めを崩さず、正しい位置に納めるためには、（イ）の働きがなければならないのはいうまでもないであろう。

次に（ロ）の下筋が緊張し、伸展すると、胸郭を拡げ、上肢を骨格に従って真っすぐに伸ばす作用をする。この（ロ）の下筋が弓射における横の線の真の伸びの働きをするのであって、これを左右均等に、最大限に緊張、伸展させる、つまり伸を効かせることによって縦・横十文字を正しく整え、軀体から肩関節を通じて上肢を、のびのびと伸ばすことができる。

だが、ここで重要なのは(ロ)による伸びは、肩根の締めを崩さない(イ)の働きがあって初めて効果的になるということである。ということは、(ロ)の諸筋の緊張、伸展に従って、(イ)の諸筋を緊張させる働きがなくてはならないということになる。いかに(ロ)の筋の緊張・伸展によって、左右の伸びを完全にしようとしても、(イ)とのバランスが崩れ、肩根が浮いては、(ロ)の伸びは望めない。

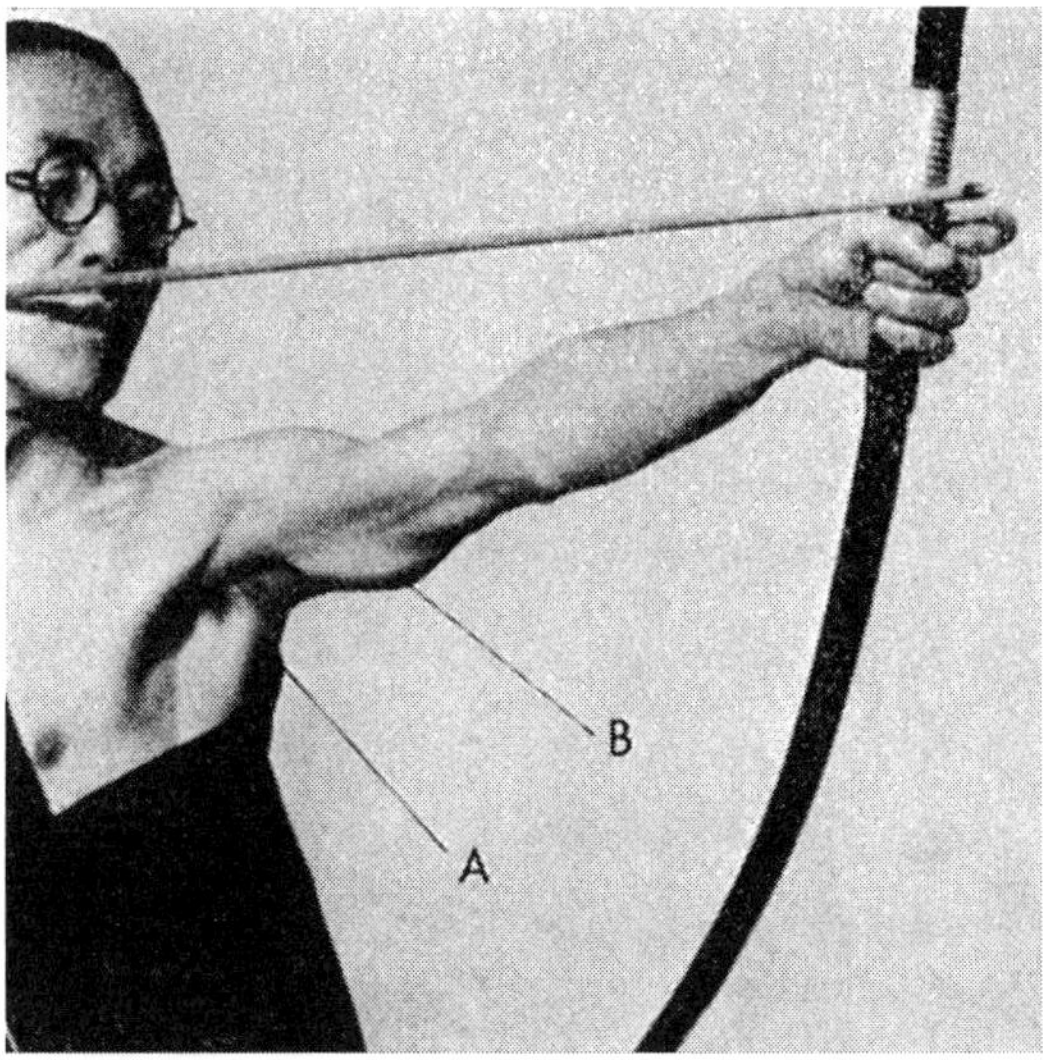

肩根を背面下方に引き締めた締(イ)の働きAと，体の横線の伸の主力（主伸）三頭筋の緊張（伸）Bとなる。

真の縦・横十文字の伸びは(イ)の締めと(ロ)の下筋をどのように働かせるかにかかっており、自然体の正しい会・離れもここから生まれるのである（上写真）。肩根を背面下方に引き締めた(イ)の働き同図Aと、体の横線の伸びの主力（主伸）となる三頭筋の緊張（伸）B、背柱を中心とした左右両肘までの諸筋の緊張による伸びは、崩れず、縮まず、緩まないことを最大の条件とする、行射中の最も重要な働き、伸の主力となるところから、これを「主伸」と名づけたのである（30ページ、自然体と十文字の伸び参照）。

①上肢力の分布

それは基礎体形にあって、両肩根が浮かず堅固なものとするため、両肩を背面下方に引き締めることを主力とし、左右へ伸ばす上腕伸筋の伸張する力は、それより弱くなくてはならないということである。

つまり締めることも伸ばすことも背中に近いほど強く、先に行くほどそれより弱くなくてはならない。先が強くなれば肩根の締めは必ず緩み、離れの肩根も浮き、崩れるという生理作用を起こすからである。

筆者の研究では、その伸張力の配分は、肩根を背面へ引き締め、そして伸びる力、34ページ図(2)(3)を**10**とすれば同図(1)の上腕下筋を伸ばす力は**9**でよく、前腕(助伸)の働き(4)は**8**、(5)手首の緊張は**7**の力で伸びるのが最も合理的であると考えられる(34ページ下図参照。下部の黒色の濃淡は力の強弱を表す)。

こうすることによって縦と横の十文字が強固となり、それが維持されるのである。

左手之内(弓手)は母指根(角見)を最後まで伸ばすもので、他の四指をも含めて(上肢力の分布)それぞれの筋の働きにはなんら関係なく、自由に手之内を締めも緩めることも出来るものなのである。これの理想的な手之内の作り方については弓手、手之内十文字として後述することにしたい。

また右手之内(妻手)は肘先から前腕を折るために左腕のあり方とは全然違い「上肢力の分布」を構成する力に逆う筋力が少しでもあれば、この構成は破壊され絶対に完成されない。その最も強い破壊力を持つところが(5)及びそれより先の手指の働きで、左右母指《おやゆび》を屈する力及び手首に入る力(凝ること)である。母指を屈する力を使わず、手首の力をも抜く方法として後に述べる「鉤の手之内」がある。弓手・妻手とも鉤の手之内が出来れば、妻手は無理なく弓力を肘先に受けることが出来、弓手上肢にも無理がかからない。そして体全体の自由を得ることが可能となる(92ページ鉤の手之内、104ページ指をかける手之内＝鉤＝参照)。

このように各部の筋力の度合いを調整すれば、規矩に合った縦・横十文字が維持される上に主伸は十分に力を発揮して、肩根は正しく納まり、躯体から上腕および助伸と弾基伸(前腕の働き)である上腕から前腕への働きも完全となるので、会は堅固となり、離れは弾力を持ち、軽く胸の中筋からバランスを保って離れ、残身は少しも崩れない体勢となるのである。

弓手・妻手の手首の力を7としたのも同じ理由からで、手首に必要以上の力を入れ、いわゆる凝らすと、左右ともに主伸の働きが萎縮して伸びられず、総体のバランスが崩れるからである。

なお、主伸のうちに押し伸ばしによる「前面、筋の緊締」というのがあるが、以上に述べたような正しい、整然としたものではなく、弓手を肩もろとも的の方に押し伸ばすもので、前肩受けのものに多くみられる形で、背面筋の緊締と似たように見えるが、肩関節はかみ合わず（納まらず）僅かに腱（骨格筋を骨に結びつける組織）で吊っていることになり、実は不安定で内容は全然違うものなのである。

（B）**押　伸**（前面筋の緊締に関与する主な筋）

1、大胸筋　2、小胸筋　3、肩胛下筋　4、三角筋　5、僧帽筋　6、大菱形筋　7、小菱形筋　8、肩胛挙筋　9、上腕二頭筋（以上諸筋の作用は33ページ、弓射における筋の生理的分類参照）。

これらの筋のうち肩関節に関与し主力となっている軀体より上肢帯および上肢帯より上腕に付着する諸筋の働きは、肩関節を前面上部へ押し上げ、肩根を浮かせる作用をするので、多くは横隔膜（腹腔と胸腔とを境する筋肉性の膜）が上吊って重要な丹田（臍《へそ》の下――下腹部）の力も浮く傾向があるばかりでなく、縦・横十文字の体勢総体も上吊って崩れがちとなることが多い。これは鳩尾《みずおち》（胸の中央前面のくぼんだ所――胸骨の下方）を屈して構えるものに最も多く見える形である。

②主伸の生理的観察

射形における骨格はすべて生理的に自然で無理のない位置と組み合わせをとらねばならないが、基礎体形による肩根――上腕の伸びの骨格をレントゲン写真によって観察してみると、基礎体形を目標として弓を引く場合、引き分けから弓力を体に受けるに従い、以上に述べた各筋の働きを十分発揮すれば、会にあってはレントゲン右写真(A)で観察されるような骨格が形成されるのである。

　この場合、レントゲン写真では骨格と筋の働きを同時にとらえることは難しいので、骨格の形成によって、筋の働きを察知していただきたい。

　肩の上部にある鎖骨(胸骨と肩とを連接する上肢帯の一部をなす骨)同写真Aは崩れず、すんなり一文字に伸び

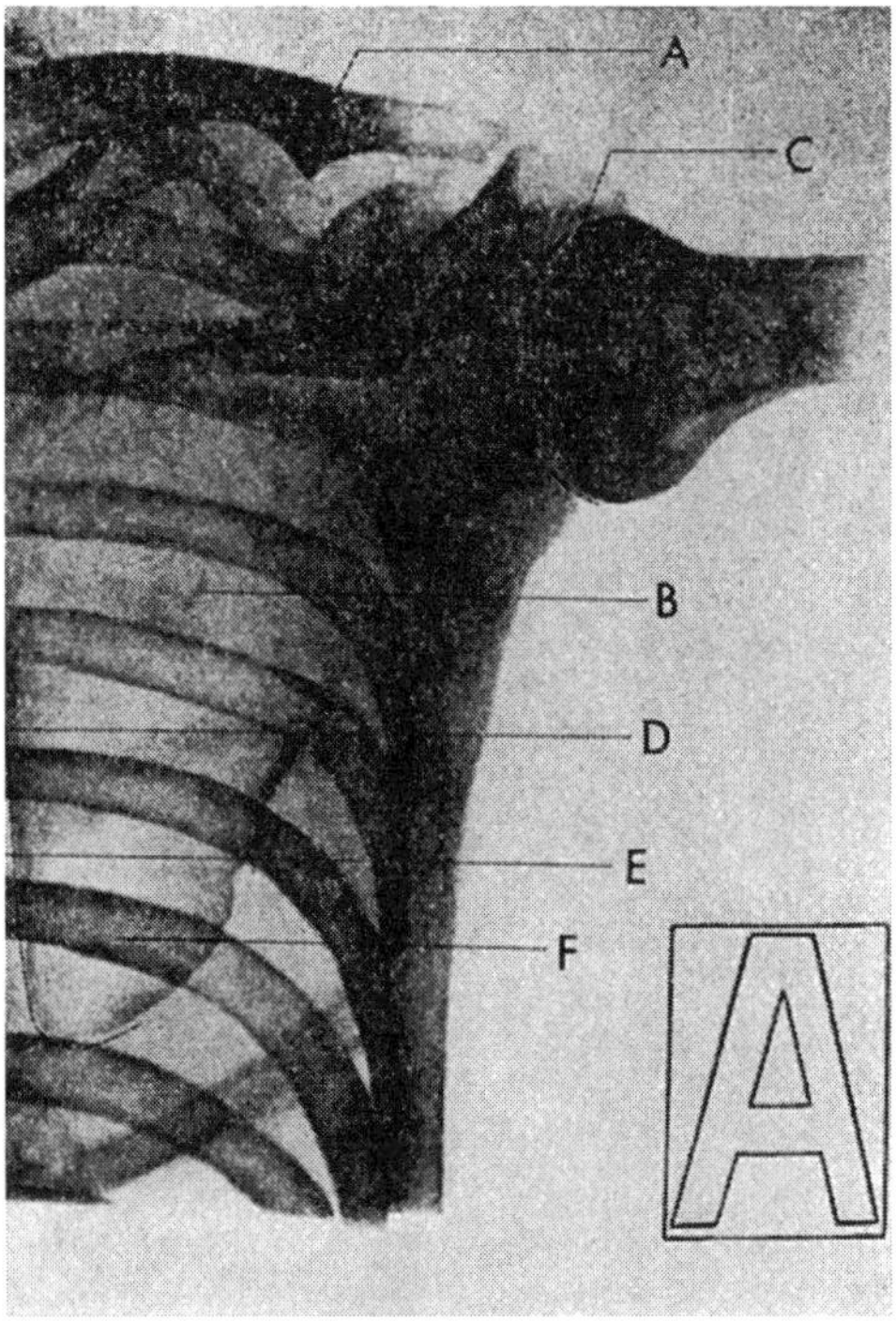

主伸整伸(弓手肩)
鎖骨はいかにもすんなりと伸びている——A
丸い球を二つ並べたような肩関節——C
肩胛骨(かいがらぼね)——B
肩胛骨の内側の線下部——D
背柱線——E
肋骨(五, 六本横に見える骨)——F

ていることによって知れる。

　特に上腕骨頭(上腕を形成する骨、上は肩胛骨に連なり、下は尺骨及び撓骨に接する)と肩胛骨(胸郭の背面上部左右に一個ずつある、逆三角型の扁平骨《かいがらぼね》)同写真B上部の外側端(関節窩)とで作っている肩関節は双方が、あたかも丸い球を二個並べたように正しく相対しており、同写真Cまた肩胛骨同写真Bの左側端に縦に見える線同写真Dは、背柱の線同写真Eの上部より下部の方が僅かに広く開かれているが、これは弓を持たずに上肢を肩の線まで上げただけでも多少開くもの(24ページ写真参照)で、この下の方を背柱に接近させ隙間《すきま》が少なくなるほど、肩根を背面下方に引き締めた証明となる。

　つまり、主伸整伸(右上写真)Aの働きは、肩根の上吊

ることを防ぎ正常な位置へ引き戻す働きをするのであるから、肩の締め方と伸び（43ページ（イ）（ロ）参照）の操作が問題となる。前述したように（ロ）の伸びる力より、常に（イ）の肩根を引き締める力の方が強くなくてはならない。もしもこの働きが逆になれば肩根は浮き、外観からも見ることの出来る肩根の崩れとなるのである。

その他肋骨（胸郭を構成する骨）横に五、六本見える骨、同写真Fも胸部の上吊る程度によって、上部に彎《わん》曲《きょく》するが、ここではそれも少ない（以上全て次のレントゲン写真と対照すれば違いがよくわかる）。

基礎体形におけるレントゲン写真（24ページ）は左右上肢を肩まで上げ、肩根を背面下方に締めた弓力を受けない構えであるが、現実に弓力を受けた46ページのレントゲン写真の方が肩根も締まり総体の骨の位置も納まって感じられる。

以上のことは右肩についても同じくいえるのであるが、前腕を肘から折り曲げて、しかも弓力を受ける関係もあって、会の時の外見は左右バランスがとれているように見えるが、鎖骨A、肩関節の丸い球C、肋骨など総体に幾分上吊り、当然肩胛骨の内側の線下部Dも僅かながら46ページのそれより開いているB（47ページ写真参照）。

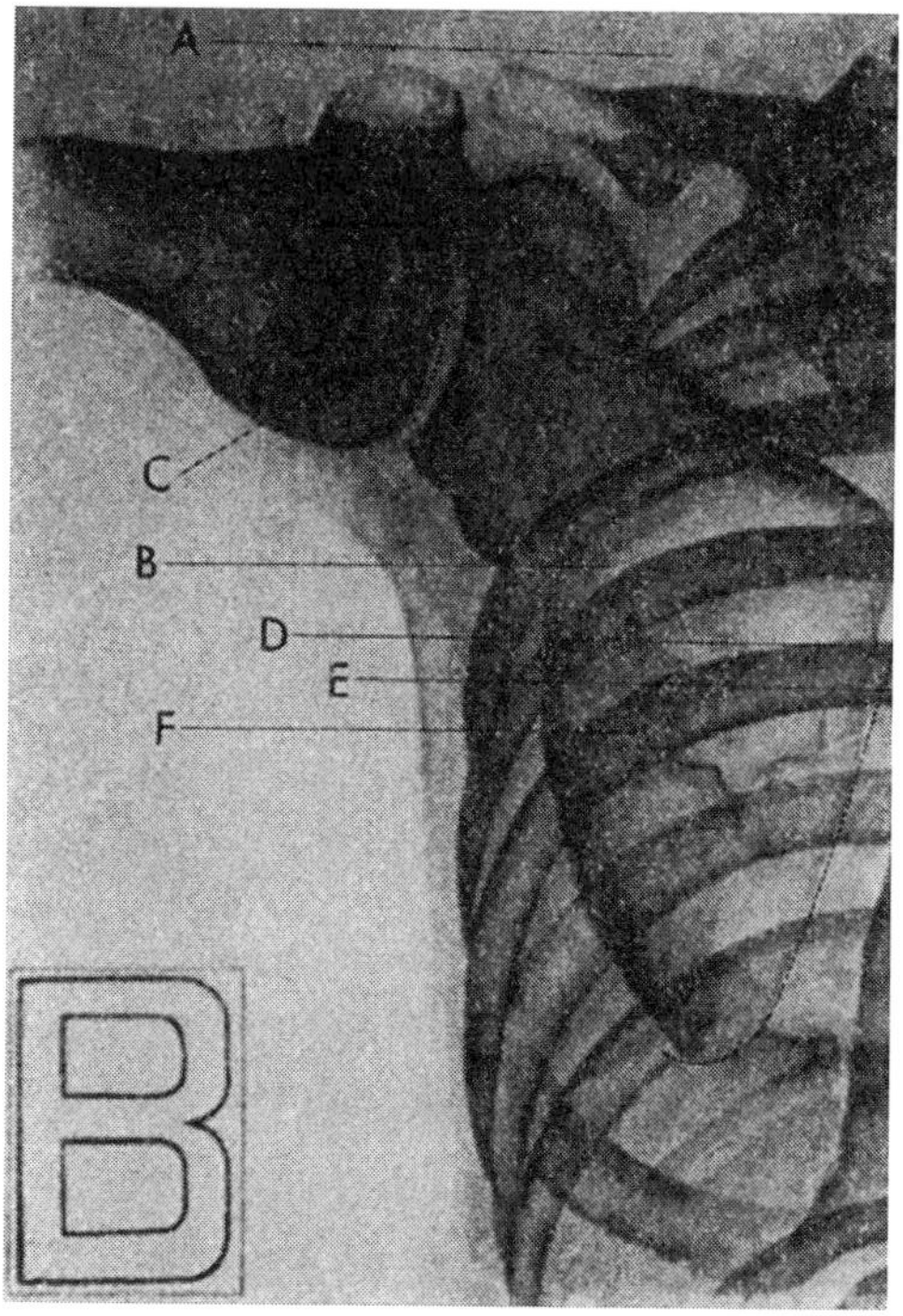

右　肩（妻手肩）
鎖骨はだいぶ崩れている——A
丸い球二つも上に崩れ——C
肩胛骨内側の線下部も背柱線Eから離れている——D
肋骨も上部に彎曲している——F

もちろん、この程度では肩根も浮かないのであるが、理想としては左主伸（46ページ写真）に合わせて納めることであろう。

なお、同じ弓手主伸の働きにあって、以上述べた正しい伸におけるものと違う押し伸ばし（主伸(B)がある右写真C）がその形で、肩関節は上吊り関節の二つの球は崩れて全然合わない（同写真C）。

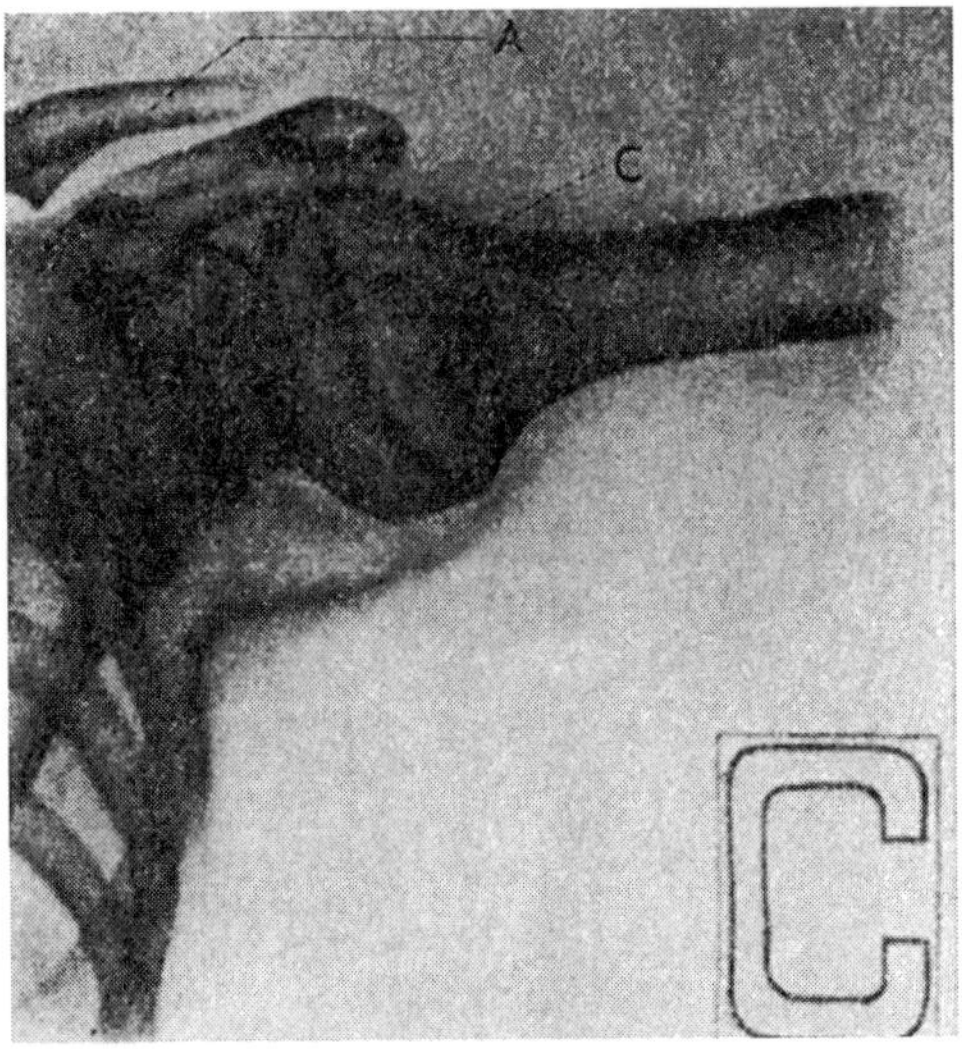

主伸（B）押伸
鎖骨は飛び上がり——A
肩関節は上吊り関節の二つの球は崩れ全然合わない——C

この弓手肩で引いている人を最近でも時に見ることがあるが、これでは骨格の正整はレントゲン写真に見る通り不可能であるばかりか、二つの球（関節）は腱《けん》（骨格筋を骨に結びつける組織）だけで支えられることになり、肩根はきわめて不安定となり、美感も劣る。伸びの時、肩根ごと的に向かって押し伸ばすものにこの形が多い。

③押伸

押し伸ばしは骨と筋（肩関節）を、ひとかたまりにして的に向かって押し出すが、これを伸びと誤解しているのではなかろうか。正常な生理的骨格のありかたから考えても、伸びとはいえず、そこでこれを押し伸ばしとして分けたのである。

④理想の伸び

理想の伸びとは、矢の線を引くことでもなく、正しく十文字に納まった骨格に、腋の下から左右に向かって働く下筋の伸びによって生かされる矢の線の張り合い、これが自然であり正しいのである。

肩を上げ、肘先を下げた昔式の右肩D（次ページ写真）は、鎖骨は飛び上がり（同写真A）、関節の二つの球は上吊って合わず（同写真C）、肋骨も46ページ写真肋骨Fよりなお彎曲している（同写真F）、肩胛骨の内側の線下部の先端は背柱線から極端に開かれている（同写真D）、46ページ写真の弓手肩またはそれ以上に左肩を落とし、この右写真の妻手肩と組み合わせたものが昔の流派の型であった。

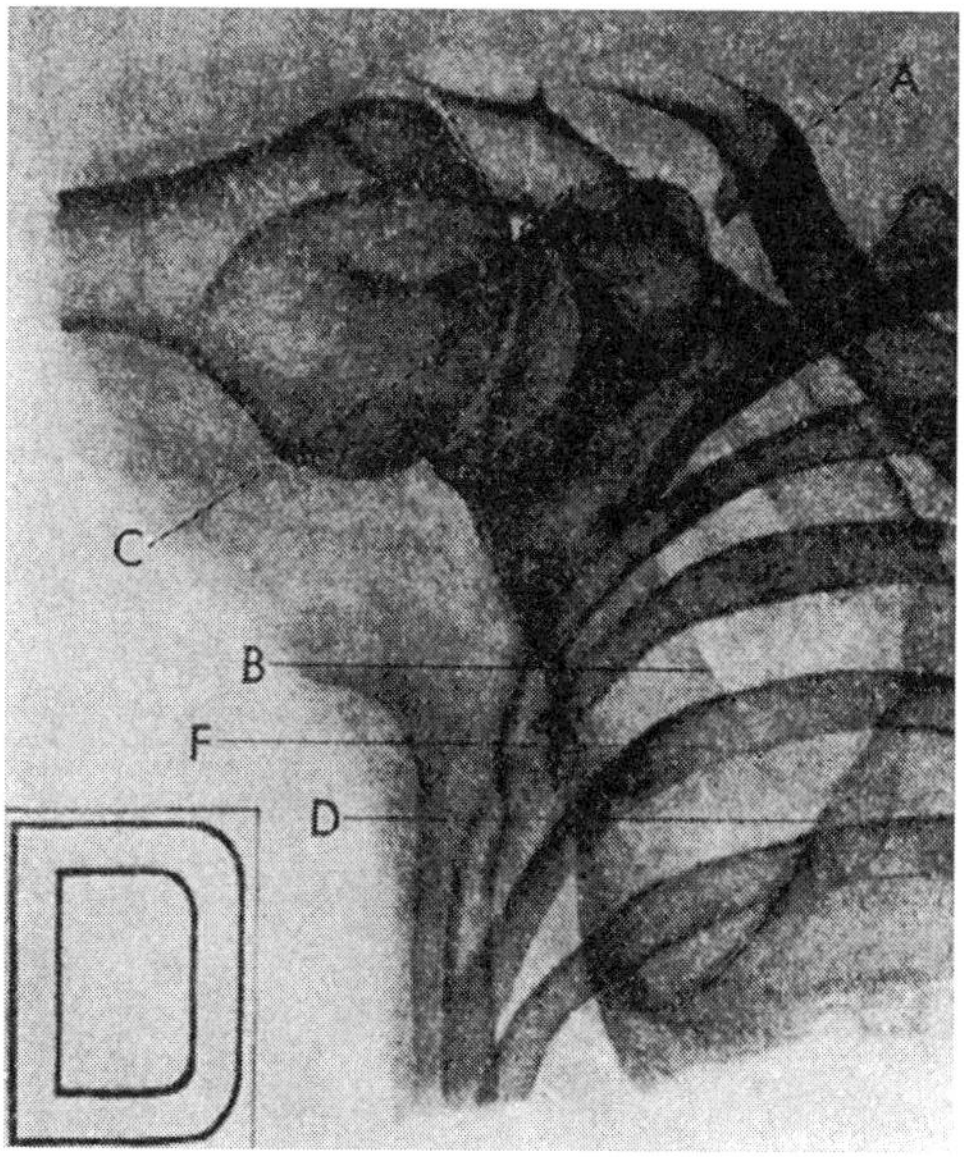

不同伸の右肩根（昔式妻手肩）
鎖骨は飛び上がり——A
関節の二つ球は上吊って合わず——C
肩胛骨の内側の線，下部先端は極端に背柱線から開かれている——D
肋骨も34ページ下図よりなお彎曲している——F

⑤不同伸

このように左右の肩のバランスのとれないものを「不同伸」というのである。

また、左右上肢の伸びばかりでなく、両肩のバランスも取れない伸びを不同伸というが、それは弓手は主伸A（46ページ参照）による伸び、あるいはBの押し伸ばしであるのに、妻手は拳《こぶし》や手首を固くして弓力を受けることにより、上腕二頭筋が緊張して、右肩は上がり肘を下げて、肩で右上肢を凝り固める射形である。

これがいかに生理的に無理な射形であるかは、これまで述べて来た筋と関節の作用からも、明らかであろう。これでは体の横線はいうまでもなく、縦の線も均衡を失い、正しい十文字を構成することはできない。

昔の射形にはこれが多く、印西派では武器としての目的から、むしろこれを一つの誇りとし射の実体であると教えていたものである（49ページ写真はこの不同伸の妻手肩である）。

八　上腕二頭筋と三頭筋の作用

前述のことから体の横線の伸びにおける最も重要な働きの一つが両上肢であろう。特に上腕には屈筋（前腕を肘から折る時に働く筋）と伸筋（上肢を伸ばす時に働く筋）があり、この働きには表（屈）裏（伸）の違いがあるから、この使いわけようによって、射形に大変な違いがでてくる。加えて上肢は屈・伸ばかりでなく、これと関連をもつ軀体筋、胸筋、肩胛筋、上腕筋（33ページ参照）など、体から上肢に連繫を持つ全ての筋が何らかの形で関与するので、作用いかんによって、つまり、その緊張度や方向、形態などにより上肢の働きも変化するから、その内容を知ることができれば、現在の自分の射形を判断することも可能であろう。

これら諸筋との関連において体の横線の伸びの主力となって作用するのが、主伸すなわち上腕三頭筋（伸筋）で上腕の下側（裏）にあるので、これを下筋といい、会の時に上肢を的の方に伸ばす働き（弓手）と体から肘先までの伸びに働く筋（妻手）とその反対側にあるのが上腕二頭筋（屈筋）で、上側（表）にあるのでこれを上筋という。これが緊張（縮む）すると前腕を肘から折る作用をする（36ページ写真・体表の筋肉――上腕二頭筋と三頭筋参照）。

三頭筋は三頭に、二頭筋は二頭に分かれているところからこの名がある。そして上腕骨を中心に表と裏の一定の個所に両端を付着していて全然反対な働きをする。片方の筋が働けば当然一方はそれに引かれて緊張するが、骨の表裏に付着している関係で動くもので引かれる方は働きではない。その収縮（屈）伸展（伸）作用が骨格の働きとなるのである。

これら上肢に関与する筋は意志によって働く筋であるから、骨格筋、すなわち随意筋であるが、この働きは動作を指し示す意志の働きによって動くものであることは、前に述べた通りである。

以上の生理的作用から受け渡し（大三）より引き分けて会に入るとき、妻手は肘から先を折るので、当然二頭筋（屈筋）を使って折ると考えられると思うが、それでは伸筋（下筋）によって伸ばすだけの弓手上腕に対して、妻手が屈筋（上筋）を使えば、左右伸びのバランスを重視する自然体にはならないのである。

前腕を意識的に肘から折れば、当然上腕二頭筋は緊張するが、これを**他動的に折られた**とすると、二頭筋はほとんど緊張しないのである。他動的に折られる操作については後に受け渡し（140ページ）で説明したい。

従って三頭筋が強力に働き上腕が伸びると、屈筋は前腕を折っていても軽い緊張はするが、前述の通り引かれる方の動きであるから三頭筋の働き（伸び）に逆らうことがないので十分に伸びることができる。

このように受け渡しや大三で、妻手上腕の屈筋（二頭筋）が緊張しないという時の多くは、手指や手首の軽さをも表すもので、当然弓力は肘に受けることになるから、以後肘力での引き分けが可能になるのである。

この屈・伸の働きは、とかく自分の意志に反した働きになりやすいところである。原因もいろいろあろうが、特に問題の多いところが、肩との関連および手指、手首などの緊張の度によって左右されることが多く、思うようにならないところである。そこで会における正確な伸を研究する場合、左右の手首の力や両手之内および肩根のあり方まで含めて研究の対象としなければならない。

①妻手肩と肘

自然体の射法で案外問題の多いところは、妻手の肩と上腕を通した肘のあり方である。肩が上がり肘が下がるのは、屈筋である二頭筋が緊張するため、肩の筋が縮められて上吊り、それがために再三述べたように肩が上がれば肘は下がるものである。その原因は多くは妻手の手之内作り（取懸け方）と関係があり、弦を持つ力が強く手首に凝りがくれば上腕二頭筋が緊張する。上腕二頭筋が緊張すれば、肩にある三角筋までが必要以上に緊張するから（53ページ左右図）のような結果が出るのである。

上腕筋であるこの二頭筋（屈筋）は裏側にある三頭筋（伸筋）の拮抗筋（一方が伸びれば一方が収縮する一対の筋）であるが、伸筋を主動して働かせなければならない時に屈筋が緊張してしまうところから、妻手肩と肘の問題が起こるのであるから、最初から二頭筋をつとめて働かさない方法を考えなければならない。

筆者の妻手の手之内「鉤」（92ページ、鉤の手之内参照）も実は以上に述べたいろいろの理由から研究の末創案した一つの方法であるから、取懸けを「鉤」に改め、下筋（伸び）を主体として使えばこのような問題から解放されるであろう。

②肩根伸縮のバロメーター

では、行射のとき三頭筋、二頭筋のどちらが上腕の運動に主力となっているかを知ることができるであろうか。

それはこの二つの筋とその周囲の筋の生理的作用から、それぞれの筋の動きと形態に現れる変化によって知ることができる。その最も著しいものが三角筋である。

三角筋は、左右肩の端から鎖骨の外端、肩峰突起および肩胛棘《きょく》から上腕骨三角突起（上腕骨の中心部）に付着し、左右の肩のふくらみを作っている三角型の筋である（36ページ図・体表の筋肉——三角筋参照）。

そして、この筋と関連を持つ諸筋、ならびに二頭筋と三頭筋の屈伸によって、三角筋の動きと伸縮の形状に変化が現れるからである。

すなわち、軀体から上腕に通ずる上腕三頭筋（53ページ右図C）を始めとした伸筋群が働く（伸びる）と大円筋（腋の下の筋、上腕骨を後方に引く働きをする＝同図B）は極度に緊張し、その作用から、三角筋（同図A）は身体のワキから引いた線（同図E）より外側に出て、肩の上に凹みができる（同図D）。これに反し、上腕二頭筋などの屈筋群が働く（縮む）と三角筋の半分が肩（体

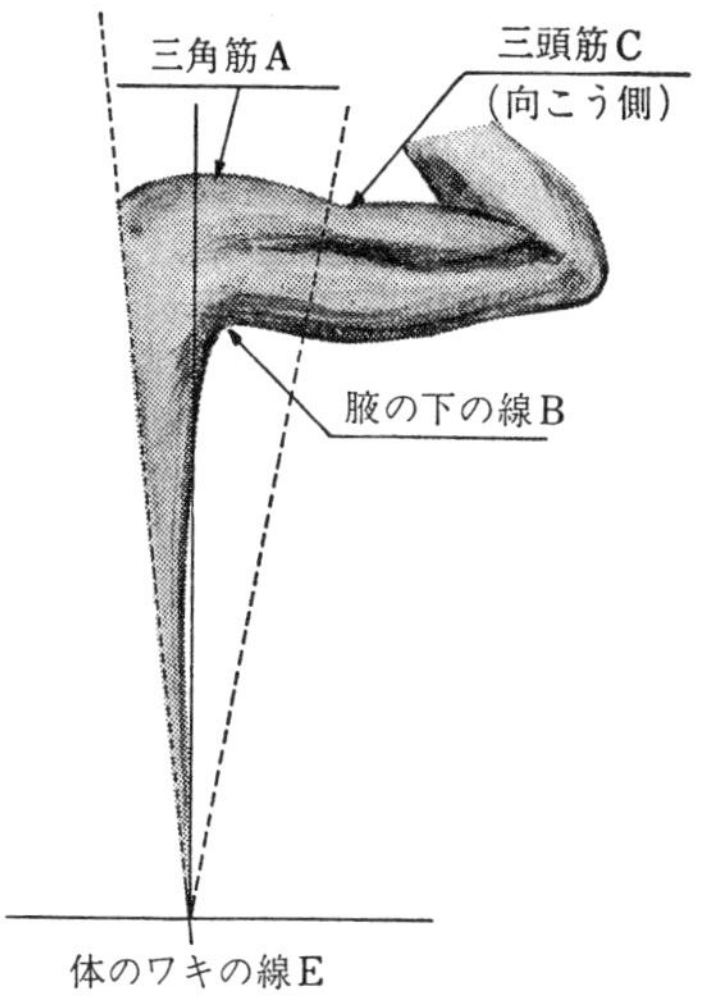

体のワキの線より内側に位置する三角筋A。右図B，Cの伸びが全然見られない縮み肩

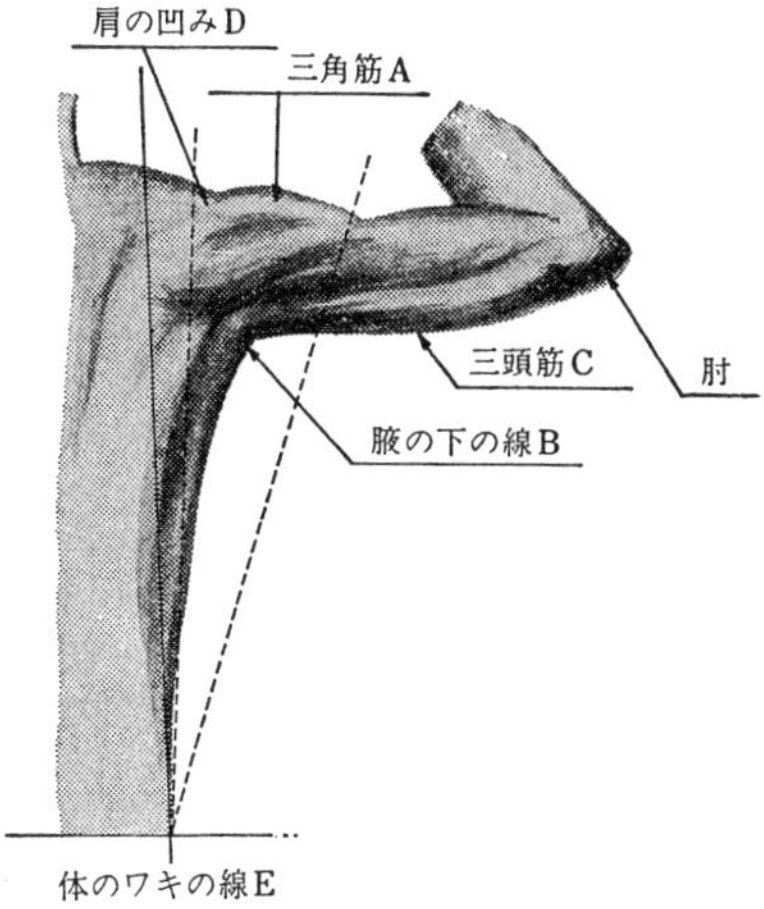

上腕二頭筋と三頭筋の屈伸状態
体のワキの線Eより外に位置する三角筋A，肩を落としB，Cが完全に伸びたもの。Dは肩の上のへこみ

のワキから引いた線＝53ページ左図E）の上に乗って、大円筋は体のワキから引いた線（同図E）と平行か、その線のなかに入ってしまい全然緊張を現さない（上図左右を対照）。

前者（右図）は左右の肩根を、正しく背面下方に引き締め、主に背面伸筋が背柱を中心に左右に伸び合った時の形である。左右均等の伸びとは、弓手・妻手の両肩がともにこのように納まり、正しく横一文字に伸び合えるものでなくてはならない（30ページ、自然体と十文字の伸び参照）。

これに対し後者（左図）は体からの伸びが全くない（伸びられない）ために、三角筋は肩の上に縮んで乗ってしまう。いわゆる「縮み肩」となる。

といって、肩ばかり問題にして伸びようとしても、その主な原因が弓を持ち弦を保つ手指や手首の緊張度、つまり持ち方、取懸け方によって必要以外の筋、上腕二頭筋（屈伸）が働き伸びられなくなるから、注意したいものである。

前者のように腋の下からの伸びによって、三角筋が体の外に出た時、初めて肩の関節が納まり伸びが利いたといえる。もちろんこの伸びは両肘まで左右同一でなければならない（26ページ写真参照）。

このように三角筋の位置と形状の変化は、躯体から上肢に作用する諸筋の働きによって起こるので、その位置と形状によって、肩を通して上肢に働いている筋が、伸屈いずれの筋であるかを知る上のバロメーターとなる。

九　助伸と弾基伸

①助伸　前腕の筋は、前腕をわずかに内側と外側への回転と、屈伸の働きをする以外は、大部分が手首に作用する筋である。われわれが扇子《せんす》を使うのに手首を左右に振るのは、この筋の働きによる。

しかし弓射にあって上肢を伸ばす場合の前腕の筋は、ほとんど上腕の筋との関連において行われるものであり、しかも主伸の項で述べたように、上腕の筋の働きが主力とならなければ体勢は崩れるものであるから、生理的にみても前腕は上腕の助手的役割を持つものであるということができる。弓手前腕の伸びを助伸と名づけたのはこのためであって、躯体からの関連において肩根を下に締める左上腕の下筋が主力とならなければならないのであるから、弓を保ち弦を取る手指や前腕の筋の働きは、上腕の伸びの力に逆らわぬよう心がけたいものである。

もしも上腕の筋の働きより前腕または手首や拳《こぶし》の力が強く働くときは、それがために上腕の伸びは生かされなくなるものである。拳を飛ばして離れを作っている人の多くは、このような力の配分を間違ったことから起こるものといえよう。

昔は左肘を強く使うために、肘の内側を上向きにして、そこに茶碗を乗せ手首をかえし（手の甲を上する）

て落ちない腕を「よい弓手」と称していたが、自然体の射法では、肘を起こし（肘の内側を前に向ける）肘の張りとともに角見の強化に役立てたいものである。

それは、こうすることによって、主伸の伸張と角見の働きを十分に助けることができるからである。

②弾基伸

次に弾基伸（妻手前腕の働き）であるが、左前腕である助伸は上腕の主になって伸びる筋の働きに同調して伸びるのに対し、右前腕は肘から先を折っているのに、離れでは肘を軸にして開飛する運動を行わなければならないので、単純な助伸である左前腕とは全く働きを異にしている。

もちろん、すでに説明したように、背面に肩根を締め、横一文字に伸びる主伸（上腕）が主力となるのは、妻手にあってもなんら変わるところはない。そして実際には弾基伸とは右上肢全体の働きのうちにあるのである。つまり上腕─肘─前腕の関係にあって、

一、軀体から三頭筋による上腕の伸張

二、上腕筋──肘筋の働きにより、肘を回転軸として前腕を開飛する

この二つの働きを同時に行うのであるから、この場合見のがしてはならないのは、一の会の伸合のなかに二の前腕を開飛する働きが含まれねばならないということである。というのは会における伸び合いが、いかに完全であっても、それだけでは離れは出ない。だから多くの人が、手首を飛ばして大きく切っていたのである。

自然体の伸びから生かされる前腕の開飛（離れ）は、そのようなものではない。

会における体の伸び（十文字の伸び）が矢の線の張り合いとなり、その結果が離れにつながるもの、それは引かれた前腕とともに、懸け拳が弦から開放される以前に、すなわち会の伸の中に、すでに離れに開かれる位置（残身）まで開飛される働きが含まれていなければならない。つまりバネの働きである。妻手の働きを弾基伸と名づけたのもこれがために外ならない。

この弾基伸の働きについては、薄い長方形の鋼板を

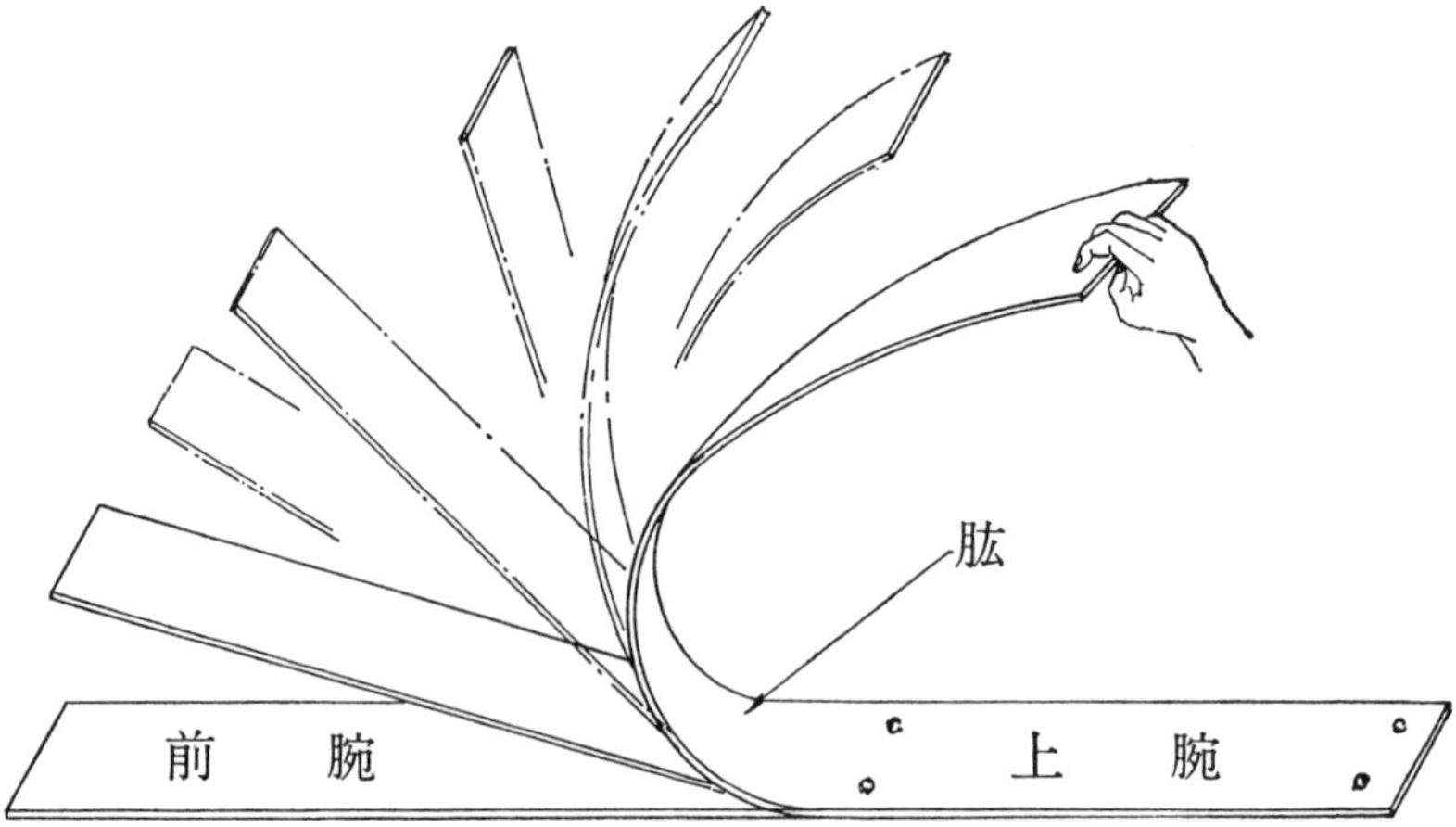

弾基伸。妻手前腕の開飛（離れ動機）

例にとってみるとよく分かる。

この鋼板の一方を固定し、一方の先端に指をかけて折り曲げてから指を離すと、鋼板は強く跳ね返り、一文字の原形に復す（上図・弾基伸参照）。

つまり固定した部分は上腕で、指をかけて曲げられた方は前腕であり、折り曲げた部分は肘先、鋼板にかける指先は妻手の手之内に当たる。強固な主伸の上腕の伸びと、肘を軸に折っている前腕が、折り曲げられた鋼板のように、おさえられた指、すなわち妻手の手之内から開放されれば、何の抵抗も受けずに跳ね飛ぶ働き、この操作を会の伸びの中に生かせば、前腕は見事に飛んで一文字の大離れの残身を残すことになる。

弾基伸は、この原理と全く同じである。

一〇　行射中主に使われる主働筋の左・右差

昭和四十三年六月七、八日、全日本弓道連盟指導委員会科学部の計画により、日本体育協会スポーツ科学研究室で、行射中の人体の筋の働きについての実験が行われたが、その結果を筆者の筋電図を参考にして紹介したい（206ページ写真参照）。

調査の対象となった筋は、

前腕部　右長掌筋、左・右総指伸筋、右尺側手根屈筋、右腕撓骨筋

上腕部　左・右上腕二頭筋、左・右上腕三頭筋長頭、右上腕三頭筋外側頭

肩　部　左・右三角筋、左・右僧帽筋上部

背　部　右僧帽筋下部、右大円筋、右棘下筋、右広背筋

胸　部　右大胸筋

大腿部　左・右大腿直筋

下腿部　左・右前脛骨筋、左・右腓腹筋外側

以上の二十五か所である。

筋の働きは筋電図、呼吸曲線、弓の歪曲線をトレースあるいは、換式化することによって得られたものであるが、左・右前腕伸筋群、左・右上腕伸筋群、三角筋、左・右僧帽筋、左・右大円筋、棘下筋、広背筋等は、弓のひずみ（特種な装置を施した弓を引くに従い、引く力の変化を示す曲線）と筋電図を合わせて見ると、弓のひずみと相応じて、放電しており、これらの筋が弓を引くための主働筋（筆者のいう主伸の筋）であることが確認された。

①主働筋の左・右差

弓を引く時、弓手は伸ばしたままであり、妻手は肘から先を折っているので、引く方の力が強いように考えられるが、事実は次の通り全く逆な結果がでている。

すなわち、主働筋の記録について、左・右総指伸筋、

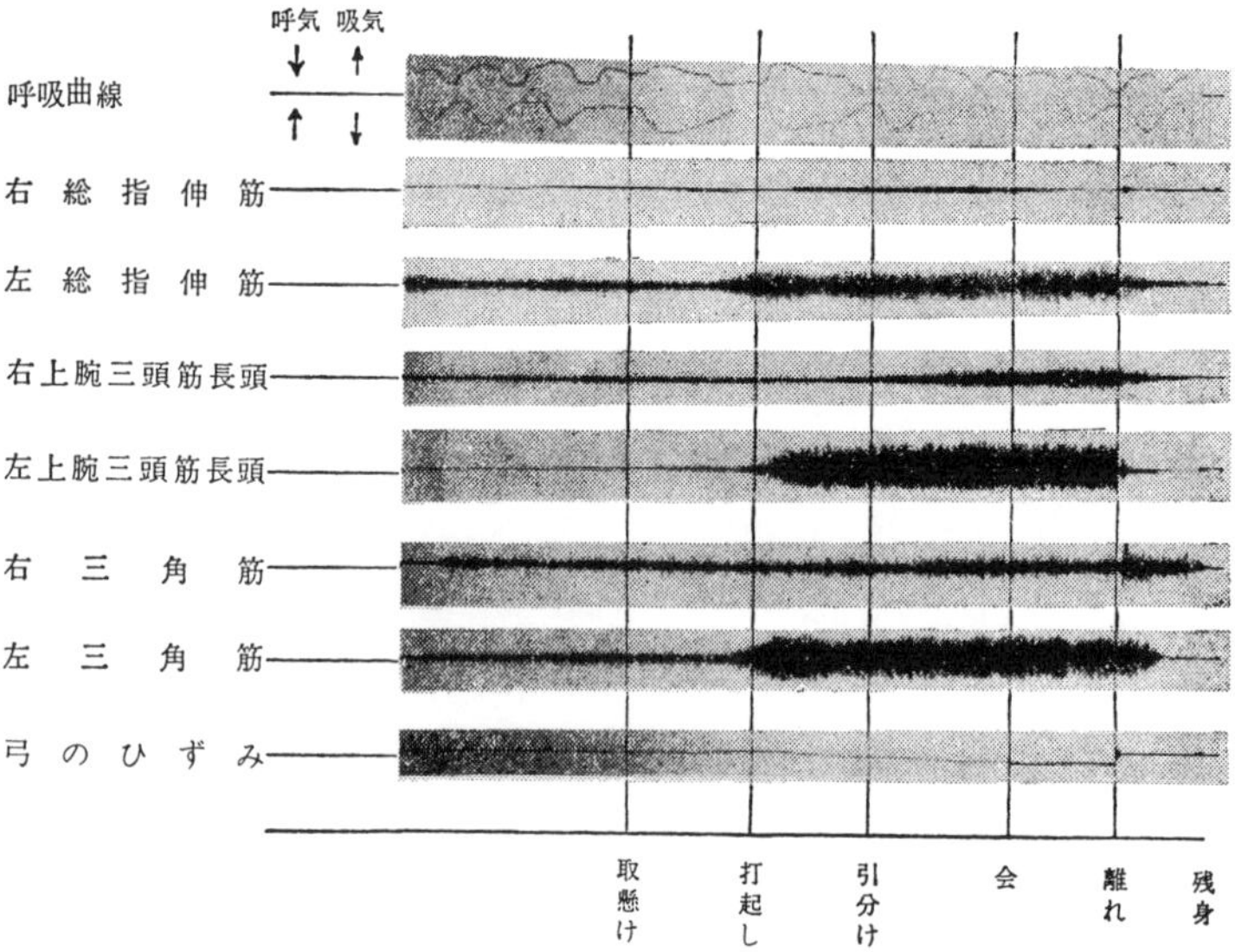

主働筋の左右差を筋電図に見る（被験者・筆者＝43. 6. 7～8）

上腕三頭筋、三角筋の左・右差を見ると、左の活動電位が大きく、ほぼ三分の二が弓手、三分の一が右（妻手）の配分となっている（58ページ筋電図参照）。

これは他の被験者も同一であるばかりでなく、他の研究グループが発表したものとも同じ結果で得られている。

②押し七分、引き三分

また、昔は押し（弓手）七分に、引き（妻手）三分といい伝えられている。形の上での七分押すも、三分引くも結局は、筋骨の働きであることを思えば、ここでも弓手の負担の多いことが知れよう。

これについてまことに興味深いのは、弓道教本・第一巻射法編、吉見順正の遺訓の中に、

「心を総体の中央に置き、而して**弓手三分の二弦を押し、妻手三分の一弓を引き**、而して心を納む是れ和合なり云々」

とあることである。

吉見順正という人は、天下に名を成した射技の名人、

特に三十三間堂における総矢数（三十三間堂の通し矢にて射放した総数）、「通し矢」（堂の縁側と軒の高さで制限されているところで、その六十六間を射通すこと）においても群を抜いて多く、一六五〇年代、今から三百数十年前になるが、科学的知識も定かでなかったこの時代に「弓手三分の二弦を押し、妻手三分の一弓を引き」と、現代の科学的研究である、筋電図の分析によって得られた主働筋の左右差と全く同じことを伝え残されている点である。

　これは順正の長い間の体験と、その実践から割り出し、考察されて得たものと考えられる。

　また、弓手で弦を押し、妻手で弓を引く、というのは現実の動作からは逆のようであるが、これにはまた意味深いふくみがある。これについて故宇野要三郎範士は、

「この言葉によって、押引一如の原理、即ち押すことは引くことであり、引くことは押すことであって、押すを知って引くを忘れ、引くことに捉らわれて、押すことを怠ってはならぬという原理を、しかとわれわれに教えて下さったのである」

と述べている。

③下肢の緊張　下肢の筋は行射中体重を支えているだけでなく、それ以上に軽い緊張を終始保っていることが証明されている。これも正しい足踏みを基盤として弓力を受けた上体の移動（中の胴）に対して当然必要な働きであるといってよい。

（注）　吉見順正という人は、吉見喜太郎経武といって、紀州竹林派の達人、堂前（指矢前の事、京都三十三間堂の椽上にて行う射術）前述の大射士で、徳川四代将軍家綱の時代、後光明天皇の御代（一六四三～一六五四）承応二年から数回、京都三十三間堂で通し矢を行い、記録を更新し、後に台右衛門順正と改め、後西天皇の御代（一六五四～一六六三）明暦二年には重ねて、京都三十三間堂に於て通し矢を行い、射越の誉れ（京都三十三間堂にて従来の射士の通し矢数を乗り越して、天下一の記録を更新した

こと）を荷った人で、後年仏門に入ったという。この時の総矢数は実に九、七六九射で六、三四三本を射通している。
なお、通し矢は差矢弓（定尺は七尺＝二・一二メートル＝であったが、さらに寸詰まりの六尺八寸＝二・〇六メートル＝ものも用いられた。籤《ひご》はよく焙《あぶ》り、村削仕上は細幅で的弓より丸味を帯び、握り下を二尺四寸五分＝約七四センチ＝とし、握り幅八分＝約二・五センチ＝にて、六十六間＝約一一八・八メートル＝を上下前後すること少なく、真っすぐに飛ぶことを主眼として作られたもの）を用い、総矢数は夕方から翌日の夕方までの二十四時間、食事や一肩（矢五〇〇本）毎の休憩のほかはほとんど休みなしに射続ける速射法で、六十六間の堂の軒下を射通して矢数を競うもので、踞《つくば》い、または腰を据えて行射し、打切り（弦を返さない）を行った。

二 「自然体」の射法八節

（一） 足踏み

①広さと角度

足踏みは足を左右に開いて立つだけの極めて簡単な動作であるが、弓射の基礎となるので、踏み方が悪いと胴造り以後の諸動作ばかりでなく、上体を支えなければならない両脚の緊張と、弓矢の運行によって左右される縦の線全体の働きに影響する。従ってこれらを考慮した、最も堅固な足の踏み方でなければならない。

例えば家を建てるに基礎（土台）が必要だからと、計画なしにコンクリートを打つ人はいない。まず地形を調べ、計画を練り、図面を引き、その図面に従って基礎を築く。

弓射の場合も同様で、会における理想的な体勢を想定して見ることが、計画による図面作りであり、その図面に従って必要な土台（足踏み）を作り、柱を立て（胴造り）、家の骨組（横の線との組み合わせ）をしなければならない。つまり理想とする縦・横の十文字と、真に伸びられる体勢を目標として、それを実現するに必要な縦線の働きを発揮できる足踏みは、どのようなものがよいかということである。

出尻鳩胸

足踏みは両脚の緊張により腰を通して肩に通じているので、胴造りと、一体となって縦の線を形成するので、切り離しては考えられない。正しい足踏みにより胴造りが安定して、上体を垂直に保ち、そして弓力を迎えてこれを体で引き分けるのに耐えることができる、ということが前提条件である。

安定とは生理的にはバランスを保つことである。肩から腰までの上体は、人間にとってもっとも大切な諸臓器を一緒に内蔵しているので相当な重量をもっているが、これを支えているのは腰から下の両脚である。そしてたえず動揺している上体ではあるが、腰―脚―足の緊張によって体全体のバランスが無意識のうちに保たれている。

しかし、弓射の際、体の前で弓を引き分けるのは、上体の前面で重いものを持つのと同じで、重みが前にかかれば重心を移動して均衡をとらねばならない。胴造りで、腰を入れ、上体を前面に送ってできる中の胴にするのも、このような自然の理から生まれたものであって、弓力を体の前面で受け、そのために力が前にかかった上体を垂直に保とうとする場合と全く変わらない。だがこれも足の踏み方が悪ければ、上体を前に送ることができないので、胸を出し尻を引いた不自然な形（61ページ写真・出尻鳩胸参照）になるか、体と弓とが一つにならない不安定な体勢になる。この上体の重心の移動と均衡をとる上で重要なのが、足踏み、すなわち両足の位置と向き、ならびに両脚の力のバランスである。

そして、これが縦の線を維持するためばかりでなく、打起し、大三、引分け、会における体の横の線の働きまでも左右するのである。

以上の点を考えてみると、

②両足を開く広さ　両足を開く広さは矢束を標準とするのが正しいのである。これは人体の力学的構造から来ているのであって、それ以上に開きすぎると、左右の安定度はあっても前後に弱く、不自然であり見にくくもある。また、狭すぎると体全体は楽ではあるが、縦の線のバランスが崩れるばかりでなく、体の横線も納まらず、体が動揺する恐れがある。矢束を標準に踏み開くことは今日では常識となっているが、それは現代の射法にあって上体を維持するためにすべての点で理想的であるからである。ところが矢束が標準と知っていながら、案外狭い人が多いのは注意すべきことであろう。

昔、弓が武器であったころの足踏みは、時と所、周囲の条件によって変化があり、一様ではなかったが、それでも平時は「足踏みの広さは左右の大指の先より先まで、其人の矢束ほどなり」（日置流）と今日と変わらない。

また小笠原流では初習・中習・上習の三段階に分け、

初習は　足幅を広く（約九〇センチ）にふみ開き、足の爪先および踵《かかと》に力を入れ、シッカとふみ立つべし

中習は　肩幅の一倍半（約六〇センチ）にふみ開き、両足の爪先に力を入れ軽くふみ立つべし

上習は　自己の肩幅（約四〇センチ）にふみ気を張ら

ず力を入れず、狙物に向かいサット立ちたるを良しとす

と教えていた。つまり体の定まらない最初のうちは足幅を広く踏ませて、上体の安定を計り、安定して来たら、次第に狭く踏んで最後には肩幅でよい、というのであった。

最初のうち足幅を広く踏ませるのは稽古の一つの方法として今日でも役立つが、狭く踏むことは上体の安定を計る現代の縦・横十文字の体構えには無理であろう。従って小笠原流でも現在では一様に矢束一杯に踏み開くよう指導されている。

もっとも遠的の場合には多少違いがある。強い弓を引くことのできるものは六〇メートル位いなら、足幅をあまり変えず、わずかに手先（拳）を高くすればよいが、そうでないものは相当高く拳を上げなければならない。これでは当然縦・横の十文字と、その伸のバランスの崩れとなり、当たりにも影響する。従って横線の伸びをも含めた腰から上の働きを崩さないために近的同様、脚部を緊張させたまま腰から切る（上体をいく分右に傾ける）必要があるので腰部の自由のために足幅を多少狭く踏むのである。

③爪先の向け方

現在一般に見られる足の向け方は、大体次の四つに分けることができる（64ページ図参照）。

足踏みはすべて行射にあって上体の安定を保つためのものであるから、当然前後左右均衡を保つことが必要であることは論をまたない。そして現在は自然体の射法を基本にしていることからすれば、角度は六〇度の外八文字が最も適している（64ページ図足の向き①）。これによって弓射時上体は前後に安定し均衡がとれ、縦の線の伸びと、正しい胴造り「中の胴」（次の胴造りの項参照）を保ち、胸から割り込んで引き分けることが可能となるからである。

試みに爪先の角度を広く（踵の方を内側に入れ）への字型（同図②）に踏んで、腰から上を垂直のまま前へ送ろうとすると、前のめりになって倒れてしまう。これ

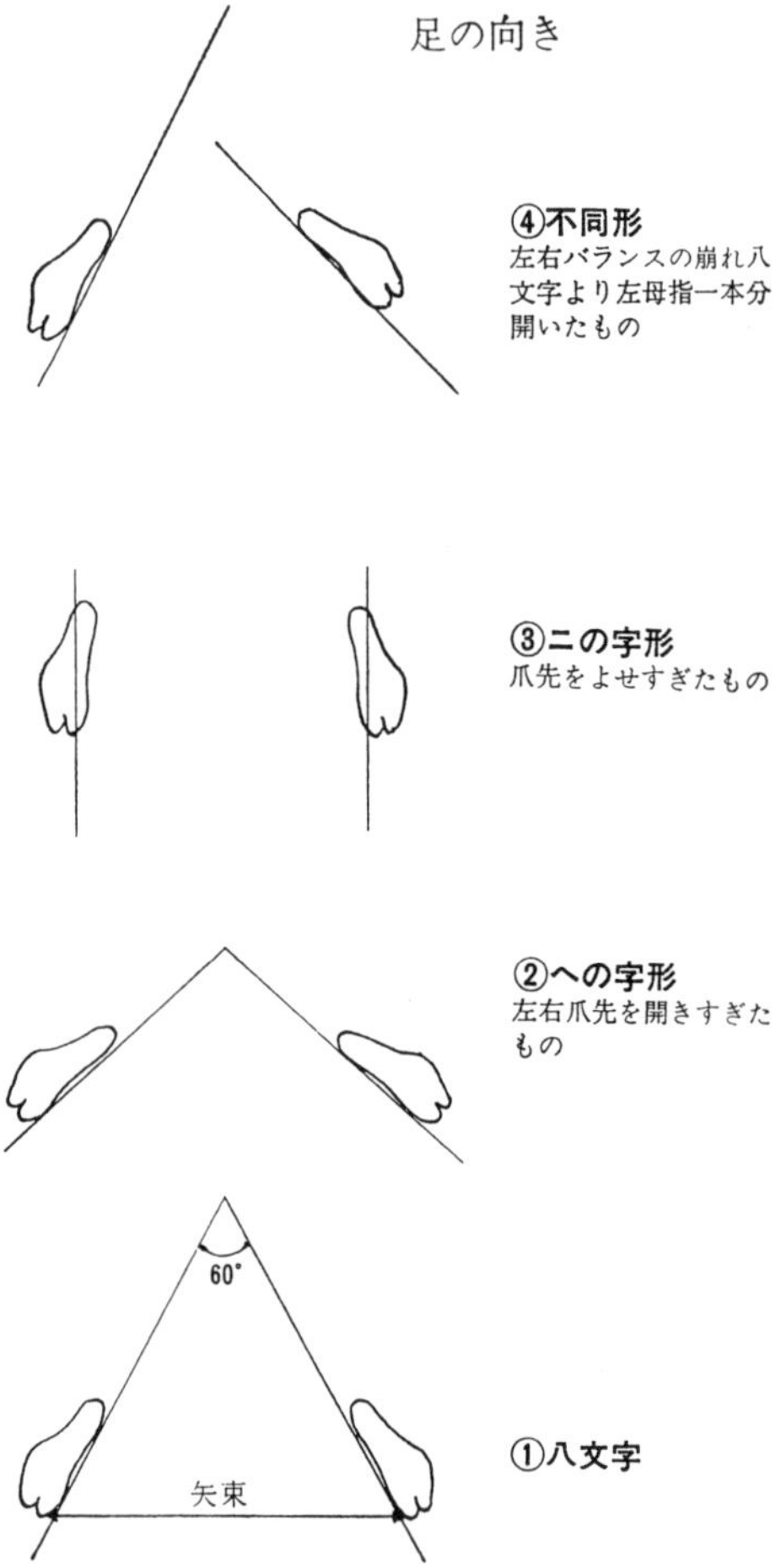

では重心が踵に落ちていて上体の前面への移動を支える構えにならないからである。

以上の理由からへの字型、二の字型、不同型等は、いずれも自然体の行射には適さない足踏みであるといえる。

横の線、特に肩の働きとの関係については、足踏みはただ縦の線を作るためだけではなく、足踏みによって肩の働きが左右されるという事実を利用して、昔から次のような修整法が伝えられていた。

一、肩の高い射手は足踏みを少し広く踏ませれば肩は下がる。

二、肩の落ちすぎるものには、狭く踏ませれば肩は上がる。

三、左肩、前へ出るものには、右足を少し前に出して踏ませれば肩は入る。

四、入り肩のものには、右足を少し後に引いて踏ませれば肩が出る（日置流講談秘書）。

などである。

だがいずれも肩が直ったら元の八文字に踏むように

特に注意している。

確かに足踏みの幅や向きを変えることによって、体の横線である肩の出入りが修整されるものである。ということは足踏みが正しくなければ肩も正しく納まらない、ということであり、縦の線が正しくなければ、当然体の横の線も歪《ゆが》みを生じ、十文字にはならないということがわかるであろう。

また伝書には、八文字に踏んだ左の足先を母指《おや》一本分ほど左に開いて構える足の踏み方もあった（同図④）が、以上の理由から考えても、当然それだけ上体は歪み、体勢の崩れとなるものである。

つまるところ、足踏みとそのバランスの崩れは、胴造りだけでなく、これをも含めた全ての体勢に悪い影響を及ぼすものであるために、軽率になりがちな足踏みの正しさが要求されるのである。

人体の構造は不思議なもので、足踏みのわずかな違いや、両脚のバランスの崩れは目には見えないが、直ちに上体の歪みとなって現れるものである。「静中の動」といわれる弓射に特有の現象といってよい。

④女子の足踏み

なおここで女子の足踏み、特に足幅の問題について一言しておきたい。

女子が大股《また》（矢束一杯）に踏み開いたのでは、慎ましさ、女らしさに欠けるという考慮からと思うが、これまで女子はやや狭く踏んでもよいとされていたことである。けれども行射の場合は男女の別なく上体を安定させるという、重要な役割をもっている足踏みである。外観だけで簡単にかたづけられる問題だろうか。一般に女子は男子より力が劣る。体力の優れている男子が矢束だけ開いてもなお上体の安定を守ることが難しい弓射であるから、女子といえども上体の安定に必要な標準は守るべきであろう。

女子が参加しているスポーツを見ても、走る、飛ぶ、投げる、さらにバレエのように頭より高く足先を上げて飛躍するものや、美容体操にしても結構大胆な動きのものもある。これらはいずれもそれぞれのスポーツが要求する必要な動作であり、少しも不自然ではない。

弓射の場合でも、女子が矢束一杯に踏むことは、おかしくも、見苦しくもない。現に女子でも立派な射手は一様に矢束を標準に踏み開いている。弓射における優雅さもここから生まれるのであり、「教本」も「両足の間隔は、男女の区別なく同様である」と述べている点に留意すべきである。

なお、上の写真は64ページ図の四種を実物で示したものである。ちょっと見るとどれも変わらないようであるが全然違っている。審査などの時、これだけでも上体の良し悪しを判断することが出来る位い顕著なものであるから、日頃から八文字に正しく踏むよう心がけたいものである。上図は順序を不同にしてある。64ページ図と合わせて考えて見るとよい。

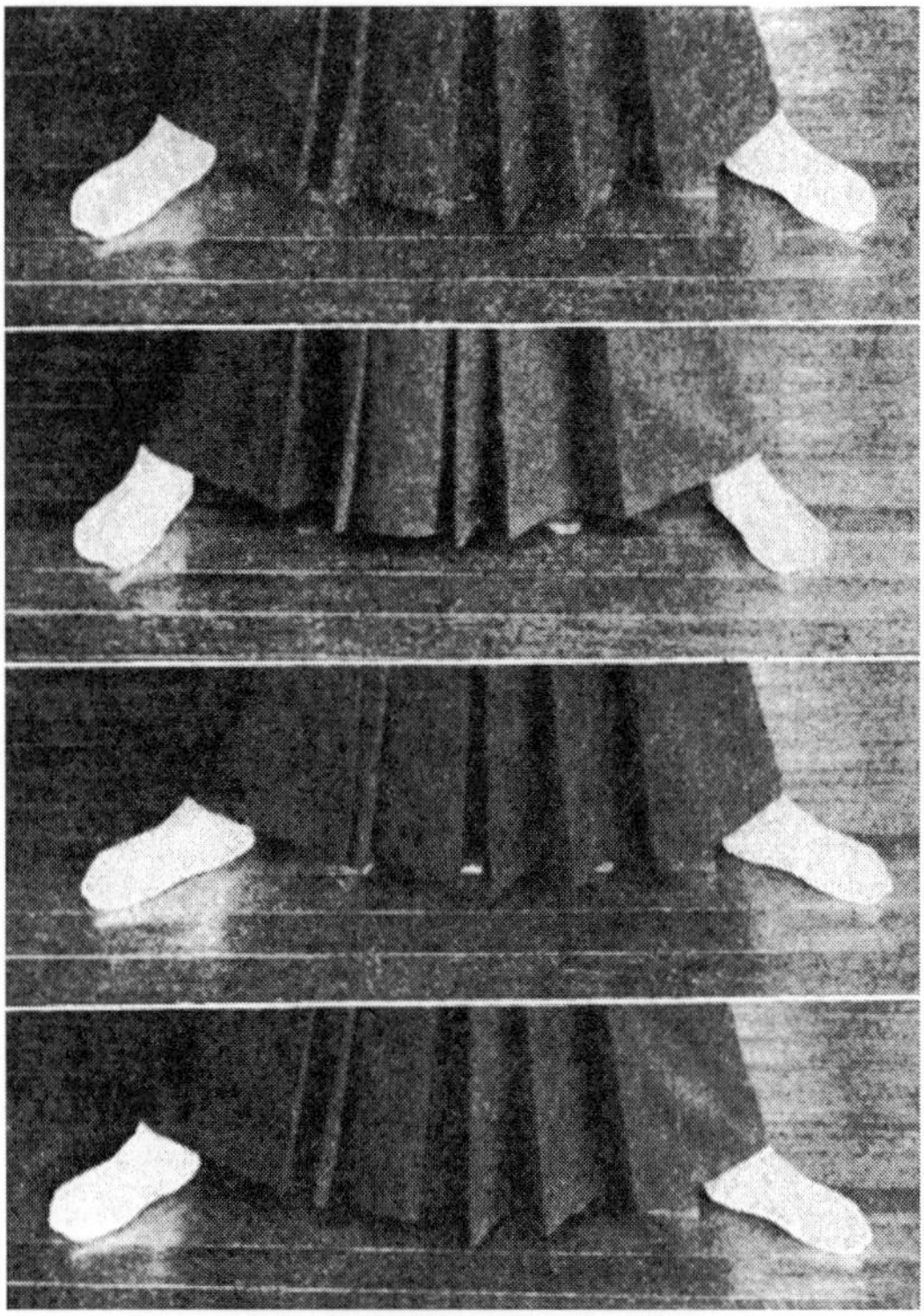

64ページ図を実物で示すとこの四つになる（順序不同にした）

(二) 胴造り

①基準姿勢　人体はすべて各部の筋骨が一連のつながりをもって動くが、特に上体と両脚は密接な関係を持っている。人間が前後左右いずれにも偏しない直立した姿勢を生理学的には「基準姿勢」とい

う（左図A）がその時は重心が踵の辺に落ちる。そのまま上体が前に曲がれば腰部が後に引け（同図B）、上体が後に反れば腰部は前に出て（同図C）重心が保たれるので立っていることができる。これは上体の重味に対して腰部の釣り合いがとれるからであるが、重心を保つための上体と腰部の動きの度合は少しも意識しなくても自然に調節されている。このように基準姿勢で直立して上体に何ら力を必要としない場合はいいが、そのまま重心を踵に置いて弓を引き、弓力を体に受けると、すなわち上体の前面に重量がかかると、体の上体だけが前に出るので、首を後に倒し、胸を張り出し、尻を引いた、いわゆる出尻鳩胸《でっちりはとむね》（61ページ出尻鳩胸参照）にして重心を保つことになる。初心者によく見る型であるが、これでは両肩で十文字になる体の横線の働き（上ずっぱり）は上すじの働きになって正しい伸びは望めない。また、引き分けるに従って前面に加わる弓の張力（重味）を、直立のまま足関節（足の関節）だけを軸にして体全体で受けて立てば、体の横線は保たれても、倒れかかった電柱のように前に傾けて弓力を受けることになるので不安定、不自然である（68ページ右写真）。

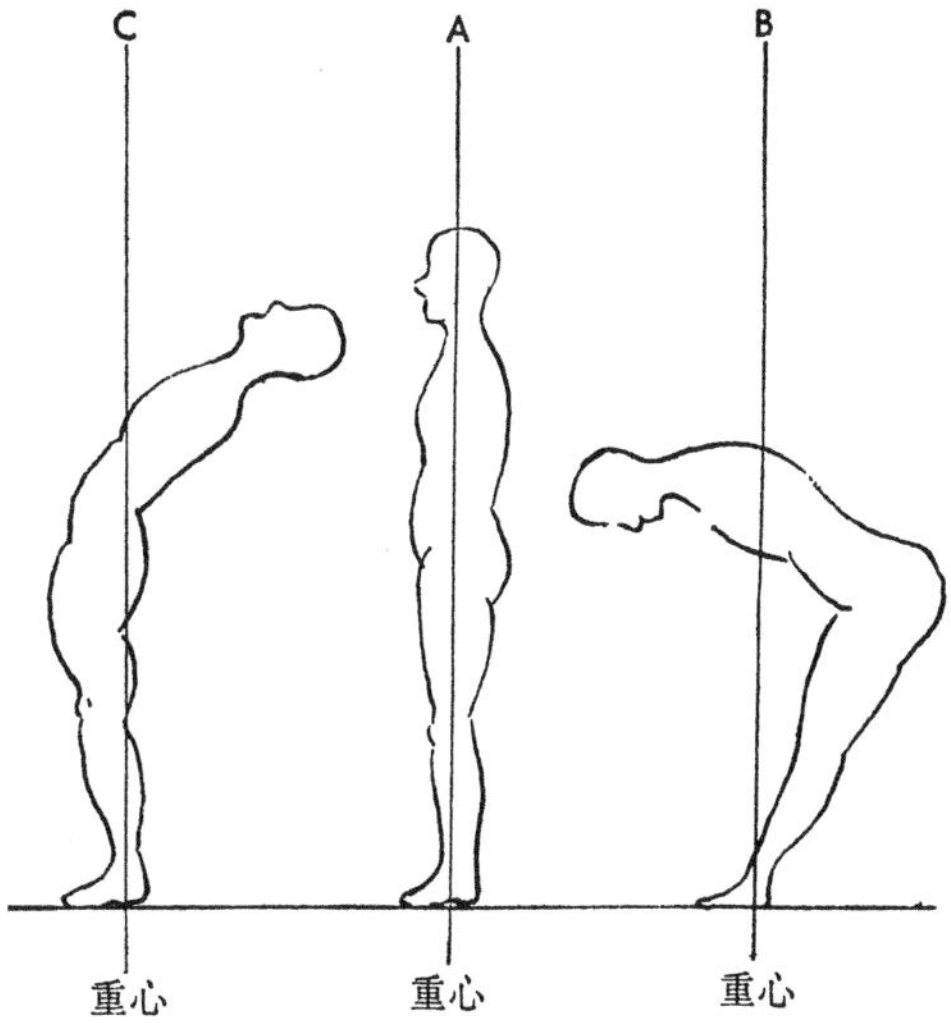

基　準　姿　勢

　このような姿勢を縦の線の崩れといい、当然体の横線にあって肩の関節も浮き納まらないことになる。

②股関節と足関節

　幸い人体には腰のところに股関節（68ページ左図D）があり、足首に

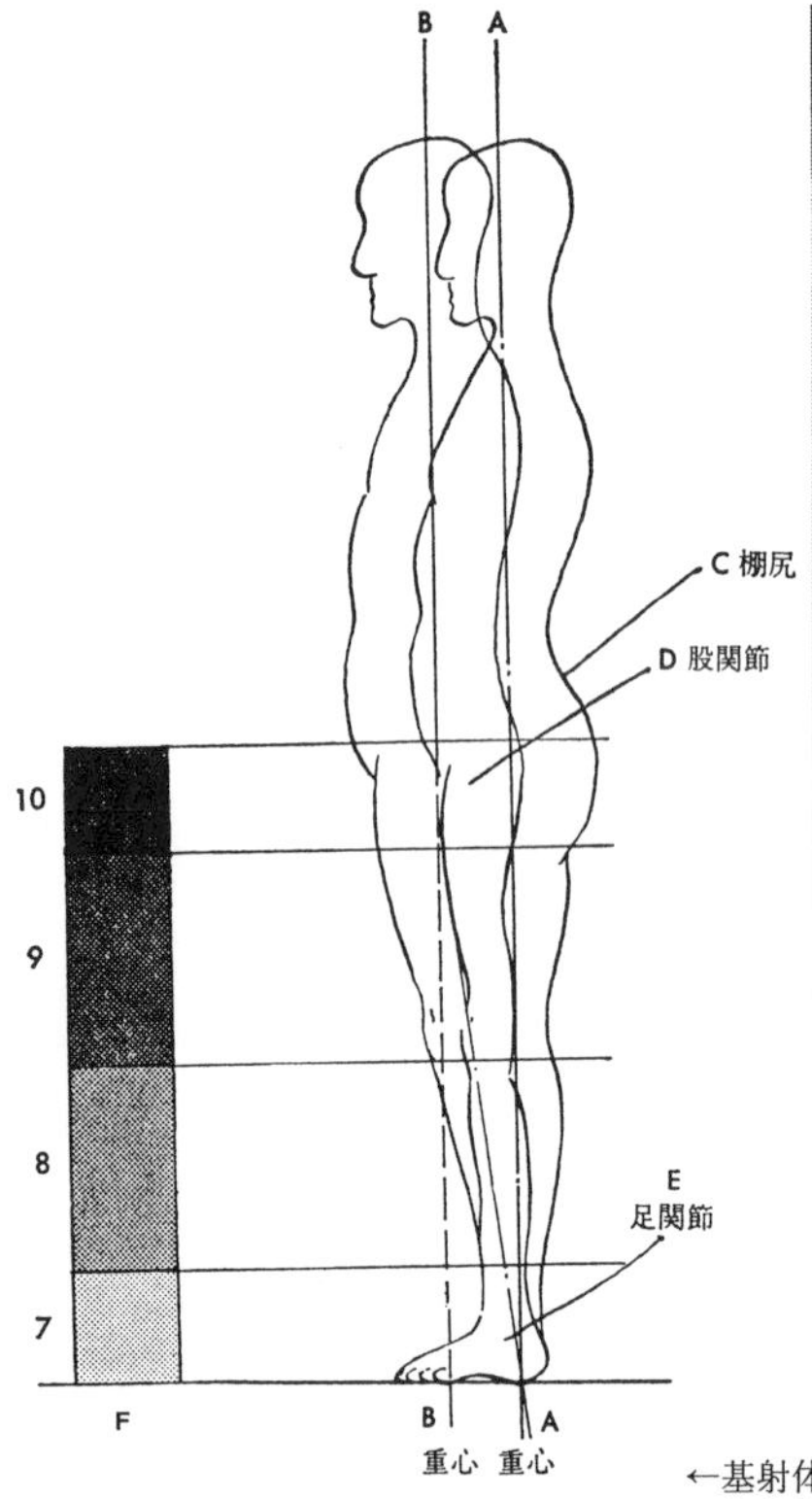

電柱を斜めにしたようで不安定である

←基射体Bと伸力の分布F。67ページ基準姿勢Aから上体（腰から上）を垂直のまま前に送ったもの

は足関節（同図E）がある。足踏みを正しく八文字に踏み開き、この二つの関節を使って両脚を十分伸ばし、膝小僧を後方へ押し張るようにして、垂直のままの上体をわずかに前に移して腰を入れると、腰から足関節までが前方に傾斜して両脚が緊張し、重心は上体の移行とともに、踵から移動して爪先近くに落ち、上体は崩れずに、その前面で弓力を受けて立つことができ、しかも縦の線は上体と下肢は連続した一本の伸となるのである（同図B）。

では、具体的にどうしたらよいかは、自然体と十文字の伸びで述べた通りであるから31、32ページの図、写真とともに参照されたい。

こうしてできた縦の線が、昔から

伝えられ、今日もなお採用されている「五つの胴」のうちの「中の胴」であって、もっとも理想的なものであり真に筋骨を使っての自然体の胴造りとその伸び（両脚の伸張）なのである。

そして、これによって上体が安定するので弓を引き分けながら体で割って入っても、崩れることはなく、弓と体が一つになる「弓体一身」という言葉通りの体勢を実現することができるのである。

③両脚の緊張

なお、両脚の緊張は、重心を踵においた基準姿勢のまま、前から袴《はかま》のひもを引っ張ってもらうことによって、その感じを会得できることを付け加えておきたい。

上体が伸び、両脚を張ると、臀部《でんぶ》（尻の肉部）の左右に凹《へこ》みができる。これは両脚が正しく緊張している証拠であるから、行射中にこれがなくなれば両脚の緊張が抜け、従って縦の線に崩れが見えて来たと考えてよい。

胴造りで両脚を緊張させることについてはいろいろの方法があった。昔、袴の腰板を背中に付けることによって腰を固め、両脚を緊張させるのがよいといわれたこともあったが、この構えでは縦の線が腰で切断されて、足から上体へ連続した一本の伸にはならない。

④両脚力の配分

また、上体の安定を保つために重要なことは、両脚における力の配分ということである。胴造りを安定させるには両脚の要《かなめ》である腰部（股関節）及び足関節を緊張させることが必要であるが、たとえ伸力であっても下肢（腰から下）の伸びの緊張度が股関節（腰）の緊張度を上回ってはならないのである。というのは、人体の下肢も上肢も同じような構造でなり立っており、上肢では肩関節、下肢では股関節を中心に締めるのであるが、既述のように上肢の場合、肩関節の締め力が腕の伸の力に負ければ体の横の線の崩れとなるように、腰部でも股関節を固定させる筋力（緊張度）が下肢の伸の力に負ければ縦の線が崩れる。だから肩関節と上肢における力の配分のように、下肢もまた、股関節の締め力を10とすれば、大腿部の伸び力は**9**、脛部のそれは**8**、足は**7**でなければならないのである（68ページ左図F伸力の分布参照）。

ところで一部にはこのような脚部の緊張をきらうものもいる。軽く自然に立て、と。

ふだん全ての動作にあっては、身体の各部の動きや、その度合いなどは、一切考えなくとも調節されるから、弓射の場合も自然にまかせればよいということかと思われる。だが、それは弓、矢の運行とともに理想とする体勢が自然に整ってくれるものならば――であって、できればわれわれもそうありたいのであるが、事実はそれほど簡単なものではない。

⑤基射体

われわれは、立派な会・離れ・残身を作るためにあくまで人体の生理に従って、脚部の緊張による上体の安定を計らなければならないと考えられるのである。そこで、**体の縦・横十文字とその伸びができる体勢を意識的に作る**もの、つまり基礎となる弓射の体作りということで「基射体」とした（68ページ左図B参照）。

また昔、両膝を内側に捻《ひね》り込ませたり、尻の穴を締めさせて上体の安定を計ったことがあるが、これ等は縦の線の作り方との関係で脚部が伸びず緩んでいることからそうする必要が起こるものであって、真に伸びることができればその必要はない。だから縦線が一本になって伸びることのできる、爪立ち・背伸び・腰入れによる方法で両脚の緊張を修得することをおすすめしたい（30ページ、自然体と十文字の伸び参照）。

⑥重心の移動

さて、一応、以上の縦の線作りを会得したとしても、人間の体はとかく楽をしようとするもので、胴造りを正しく行ったにもかかわらず、取懸けの時にはもう脚部の伸びと緊張が崩れ、重心は踵の方に戻り腰がにげることが多い。またここで気をつけても打起し・受け渡し・大三から引き分ける頃には、また重心が踵に逃げてしまう。これは一般に弓・矢の運行による上体の動作に左右されて体が後に引けるために両脚の力が抜けるからである。

胴造りでいったん両脚を緊張させ腰を入れて上体を

前に送ったならば、これを崩さないために、以後も一動作ごとに上体を前に送るように心がける必要がある。

⑦足関節の柔軟性

両脚の緊張によって、縦の線は強固な、例えば一本の棒のようなものになるが、それだけでは上体とのバランスはとれない。このとき上体とのバランスをとる作用をするのが足関節の柔軟性であって、縦の線を安定させるために両脚の緊張と上体のバランスはここで調整される。

この上体とのバランスで、足関節の柔軟性が必要であることは、例えば野外での行射の時少しでも風があると、腰を入れた構えで引き分けても、弓と体に受ける風の力で、上体はかなり動揺するが、足関節が柔軟であれば、ここでこれを防ぐことができることによって知れる。柔軟性といっても、そこには強さがなければならないのはいうまでもない。柔らかみのある強さ、いわばバネというべきものである。

このバネによって上体のバランスが崩れず縦の線は強固となり、また上下に十分伸びることができるから、体の横線とのバランスも安定したものになるのである。従ってこの強さとは凝り固めることではない。凝り固めては上体と両脚のバランスはとれず、上体の安定は望めない。

⑧五つの胴

ところで、先に述べた「中の胴」が現在の基射体（胴造り）と少しも変わることがないと引き継がれていることと関連して、昔の教えに五つの胴というのがあったことを述べておきたい。

「掛る胴（かかる胴）、退く胴（のく胴）、俯す胴（ふす胴）、反る胴（そる胴）、中の胴（なかの胴）之れ五つの胴也」

この五つの胴について、

安永時代の皆伝、大橋主殿正真は、

「うつむく、そる、かかる、のく、これ四つはいずれもあしく（悪く）中の身とて、中につらなると書く是れ本也」

と解説し、また寛政の頃の皆伝、木野利兵武住は、

「ふす胴、そり胴、のく胴、かかる胴、四つ共あしく、中雲の身とて、真なる身、腰より上を前へはこぶ也」「二講に、中運のウンの字雲という字も書くなり」「中の身を雲というものの如く、**前へいだすやそのいみ深長にして及びがたし**」（日置流講談秘書）と述べている。

縦の線作りにあっては現在に至るまで、ともに中の胴がよいという点では少しも変わっていない。特に「直なる身、腰より上を前へはこぶ也」「前へいだすやそのいみ深長にして及びがたし」すなわち、中へ運ぶ身。（胴は）直なる身（真っすぐな体）の腰より上（上体）を前へ運ぶ、上体を僅かに前に運ぶことによって中雲の構えができる。しかも、その意味は何ものも及ばないほど、意味深いものがあると教えている。

筆者が縦の線作りを「基射体」といって、この中胴と同じ構えを意識的に作ることにした理由も実はここにある。

なぜならば、足踏みの正しさが上体の安定に役立ち、上体を前に送ることによって、縦・横十文字の要《かなめ》となる両肩を、引き分けの時胸部から左右に押し開きながら、弓力を体で割って入れるから「弓体一如」弓と体が一つになる正しい十文字を作ることができるからで、実際に実行してみて、正に合理的であることが、実証されたからである。

胴造りは以上の五つの胴に尽きるようであるが、実際にはこれらの中間的なものもないことはない。またこの五つの胴の説明のあとに、

一、矢鈎合低きものはふし候へば高くなる。

二、鈎合高きものは、そり候へばひくくなる。

三、引廻るものは、のく胴に教え。

四、小引きなるものは、かかる胴に教えよ。

「これ四つの直しなれども、直り候へば、もとの中胴に返すべし」と、中の胴以外の胴造りを引き分けの直し方の方便として使ったようであるが、今日ではこのような姑息《こそく》な直し方は必要なく、最初から正しい足踏みから縦の線作りを改めて行くようにしたい。さら

に胴造りの変化による、体の横線の修整法を述べているが、足踏みを変えることによって肩の出入りが直るのと同様に、足の踏み方が悪ければ肩が崩れるというその逆のあることを考慮していいはずである。

なお、伝書の中に、

「当流の胴は中の胴にて腰を折り棚尻（68ページ、左図C参照）にして袴《はかま》の腰板の上角せなかにつくようにして胴を前へふすようによせ出し申すを中うんの身という」（日置流講談秘書）

とあり、その昔、日置七派といわれた時代何れも「袴腰の準」といって腹をすえ腰を後に引き、この袴の腰板の上角を背中につくように教えていた、ことに触れたが、前後で説明した通り、安永や寛政の頃の皆伝が、すでに直なる身、腰より上を前へはこべと改めているのは興味深い。特に腰を折り棚尻にしてでは、腰の折れたところで縦の線の天地の伸は切れて、一本にならないのみか、腰を退いているので、真に腰が締まったとはいえず、体の横線の伸にも影響する。

腰――股関節の締めは棚尻の位置よりもっと下の方（同図D参照）であって、上体を垂直に腰を伸ばし、正しい筋の骨格の納まりでなくてはならないのである。

（三）　弓構え

弓構えには、妻手の取懸け、弓手の手之内作り、と物見の三つの動作が入る。

①上肢の構え

そして正面と斜面の二つの構え方があるが、取懸け前の構え方は「弓の本弭を左膝頭におき射手の顔は弓と弦の間にあるように」（弓道教本・弓構え109ページ）であるから、当然弓の上成節は体の中心に来る。

正面打起しの場合は、この位置で取懸け（妻手）手之内（弓手）を整え、物見を定めて弓構えとなるが、この時の両上肢の構え方に、二つの変わった考え方がある。

一、左右の腕は曲げずに自然に伸ばし、**腋の下から**

肘先までの上腕下すじを軽く左右に開くといかにも自然で無理のない構えになる。「上習者取懸けをなし、弓構えをしたる時は、左右の腕は曲げず自然にフンワリと出し拳にて弓矢を支うべきものとす」（小笠原流）といって前述と変わらない。これに対し二、弓道教本の執弓《とりゆみ》の姿勢に「肘を張らず、両手は相対し円相となり」（弓道教本・執弓の姿勢89ページ）とある。この円相は執弓の形であるのに、この形を弓構えに持って来て、円相ならぬ行過ぎから、肘を折って左右に張り弓懐《ゆみぶところ》を作っているものを見ることがある。弓道教本八節の図解の弓構えにも弓懐という言葉がある。これは弓構えで取懸け・手之内を整えたとき、弓手・妻手と弓と体との空間があたかも自分の懐のようであるから「ゆみぶところ」というのであるが、ここでも「左右の肘を軽く張り」で一、と変わらない。要はゆったりと構えて打起しに力みのないようにという意味である。

また同図解にある「大木を抱え」は最後にはっきり「気持ち」とうたってある。ところが両肘を丸く大きく張り全く大木を抱え込んだ形になる人が多いが、この行き過ぎた抱え込みは、打起しから送り込みのとき、右の肩関節が嚙み合ってしまうところから肩関節に想像以上の無理がかかり、ほとんどが大三の時の前腕の位置が基本の形に納まらないのである（130ページ、打起しと妻手肩参照）。

斜面打起しの場合も妻手の取懸けまでは、正面打起しと変わらないが「取懸け・手之内ができてから左斜めに弓を押し開き、そこで〝弓構え〟をする」（弓道教本・弓構え110ページ）とあるが、妻手を取懸けたあと、弓を少し左に運んで手之内を整え、さらに左に押し開いて弓構えをする方法もある。斜面打起しの手之内作りには後者の方が、手之内を作りやすいようである。斜面打起しにはこの外にも別な手之内作りの方法がある。これについては「133ページ、打起しと手之内」を参照されたい。

②左右の手之内

弓構えにおける弓手と妻手の両手之内の作り方が正しく無理がなければ、離れは軽く、そして鋭くなり、その瞬間、弓はその復原力以上の力を発揮して、見事な矢飛びとなるが、少しでも無理があるとそれは望めない。

左右両手之内の作用によって弓の働きがより強力になるところに日本弓の特徴があるが、反面、弓射が難しいのもここに原因している。

従来手之内といえば弓手の手之内だけで妻手の手之内については取懸けというだけで「手之内」とはいっていないが、現実には、弓の握り方が手之内作りなら妻手の取懸けも立派な手之内作りで、弓手に劣らぬ重要性を持っているはずであるから、ここでは

一、弓手・鉤の手之内

二、妻手・鉤の手之内

に分けて説明することにした。

左右両手之内に作用する筋には、前腕を通して手首の屈伸と回転に作用する手筋二、中手筋一、その他八個と、指の開閉に作用する六個の筋がある（33ページ、弓射における筋の生理的分類参照）。これらの筋の緊張の度合いが手之内の良否を決定するが、ここでもどの筋がどれだけ働くかは自分の自由にはならない。弓を引くといういろいろの形や動きに従って、それぞれの筋が緊張し働いてくれるのであるから、左右の手之内作りにしても、その作り方には最善を尽くさなければならない。この良否が結局射全体の死活を制するからである。

③弓手の手之内

弓手の手之内については昔からいろいろな口伝や伝書があって、同じ日置流でも派によって名称が異なっているが、それほど内容の変わったものが数多くあったわけではない。ここでは「父母の手之内」または「十文字の手之内」および「紅葉重ねの手之内」という日置流印西派伝来の手之内を中心に説明するが、一口に手之内といっても、それは、

一、弓の握り方（手の中の弓と指の位置）

二、締め方（握る力の働き）

のこの二つの操作からなっているが、もちろん別々に働くものでないことはいうまでもない。

人体の手は両腕の先端にある体の一部ではあるが、体の力を全く使わなくとも物を持つこともできれば、字を書くこともできる。弓射にあっては、会に入って体の横の線（弓手・妻手を含めて）を伸ばしても、伸ばさなくても、あるいは体のバランスの有無に関係なく、手指を締めることができれば、伸ばすこともできる。この微妙な働きは、昔の射形（体勢）とまったく変わった今日の自然体の射法にあっても、なお昔のままの手之内の作り方をそのまま役だてることができるのである。

また、正面打起しと斜面打起しでは、手之内を整える過程に相違があり、正面打起しにあっては、弓構えで手之内を整える前提としての準備的操作で弓を支え、打起して左斜めに移行する受け渡しで完全に整えるのに対し、斜面打起しは斜面での弓構えで手之内を整えてから打起すので、完全な手之内を作るには斜面打起しの手之内作りに勝るものはない。

しかし、正面打起しの手之内作りも、研究次第で斜面の時とほとんど変わらない手之内を作ることも可能である（84ページ、正面打起しの手之内参照）。

現在一般に使われている弓の握り方は、

一、十文字の手之内

二、紅葉重ねの手之内

が基本になっているということができる。

例えば、「父母の手之内」というのもある。これは「紅葉重ね」その他は全部「十文字の手之内」から生み出されたところから、これを父母の手之内といっていた。

また同じ日置流でもここでいう「十文字の手之内」と同じ握り方を「紅葉重ね」と呼んでいるところもあるようであるが、ここでは伝書に従って「十文字の手之内」と十文字でない手之内作りの「紅葉重ねの手之内」に分けて説明することにした。

④十文字の手之内

「是れは手之内の名也。其の取り様大指と人差指との間にあり、手之内の中筋を弓の外竹の角に当て、人差指はのけて、りきまぬようにかろく（軽く）かがめ置き、残り三本の指をすき間なき様爪先を揃《そろ》え、手のせまく弓を取る也。如此取れば、手首後へかかみ引かれぬ故、弓を随分やわらかに取れ、手の皮をのばし候へば、手首きばる也（中略）

是れを父母の手之内と申也。

いろいろ手之内あれども此の十文字の手之内よりおこる事故、父母の手之内と申也。大切な秘事也」

これについて安永の頃の皆伝、大橋主殿正真は、

「弓手の手之内、中の折目（中筋）に弓の外竹の角を当て、大指と人差指の間、またの皮を弓にて、下へおしまくる様に弓にあて、手をひしぎ候へば弓と指と十文字になる。故に十文字の手之内という。其のままにぎる也」

と解説し、また、寛政の頃の皆伝、木野利兵武住は、

「（前略）入門の時手之内とて、この条を教うる也、紅葉重ね、其の外の手之内是れより生み出す故に父母の手之内とも言う」（日置流講談秘書）

と教えている。

手之内を作る上で特に大切なことは、ここでも「手之内の取り様大指（母指）と人差指の間にあり」といい「大指と人差指の間のまたの皮を弓にて下へおしまくる様に弓にあて」と人差指と母指のまたの皮を握った手の中に巻込むようにいっているが、なぜその必要があるのだろうか。それは弓の反撥力を生かすために出来るだけ小さく握る必要があるのと、これによって手之内が自然に締まり崩れを防ぐのにも役立ち、弓も冴えるからである。つまり手之内作りの急所でもあるので十分研究して感じ取るように心がけてもらいたい（79ページ①②③④⑤写真参照）。

以上は日置流の解説であるから斜面で整える場合の手之内のことであるが、これがそのまま正面打起しの

手之内作りに役立つものであるから注意してほしい。

次にその作り方について少しく詳しく述べてみよう。

前にも述べた通り弓手の手之内は、斜面で作る位い正確なそして理想的なものはないと考えられるので、まずこの感じを会得した上で「正面打起しによる手之内作り」（84ページ）を研究すれば一段と早く感じとる（覚える）ことが出来るから、まず斜面での手之内作りを研究してみよう。

⑤斜面で整える手之内十文字

母指を除く四本の指をそろえ、掌（たなごころ＝手のひら）を中心から折り曲げてみる。これを内側から見ると手は掌の中心で縦に折れる。この中心線を「中筋《なかすじ》」といっている（下写真上）。一方これを外側（手の甲の方）から見ると指の根本第一関節のところが中筋の線の外側になっている（下写真下）。

この曲げた掌の中心線である中筋に弓の外竹の角（弦の方から見て左側の外角）をあてるのであるが、その前に手之内作りの順序として、まず握り皮の上部一センチほどあけて、人差指と母指の間のまたの部分（虎口）を弓にぴったりあて（79ページ写真①）これをすり上げると、ちょうど伝書の弓を下に引いた時と同じように、またの皮は弓に巻き込まれる。これをゆるめぬように、またの皮のところを握り皮の一番上にそろえ（同写真②）この感じを逃さぬように、前に述べた掌の中心である中筋に合わせ（同写真③）中・薬・小指の三指の爪先を揃え（つまぞろえ、という）右側木に

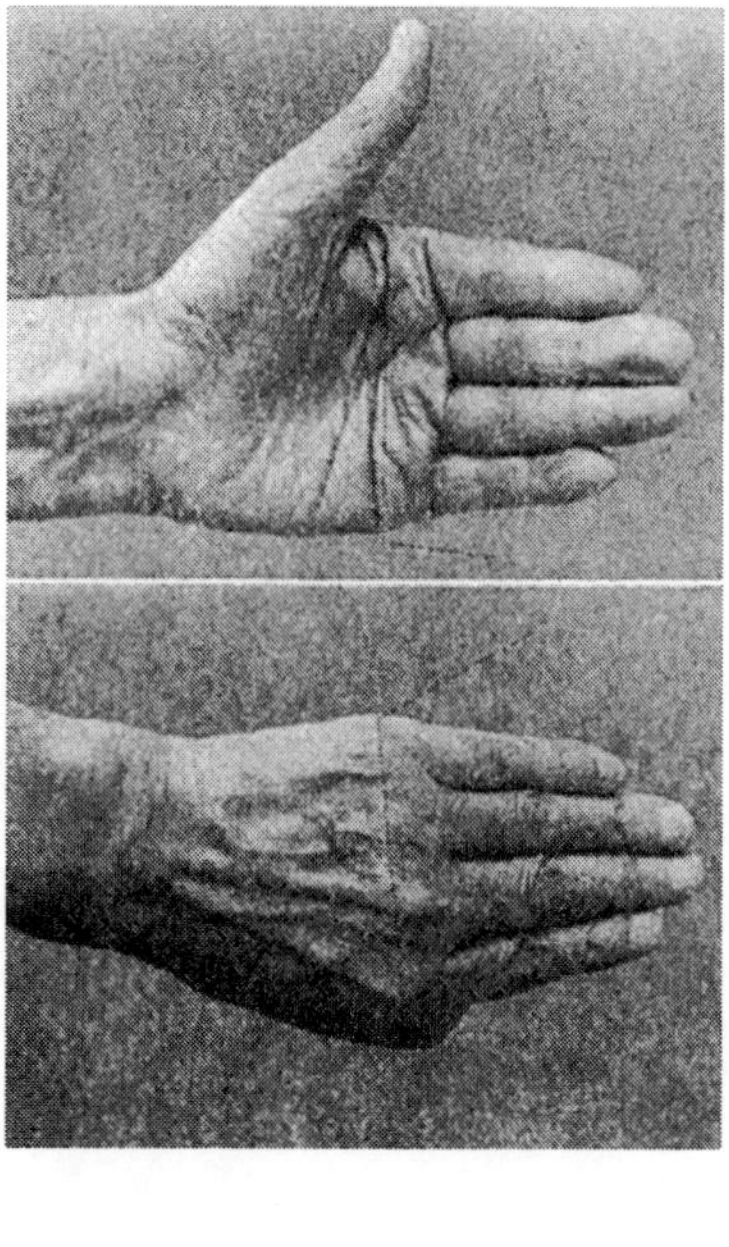

掌の中心線と甲の中心線

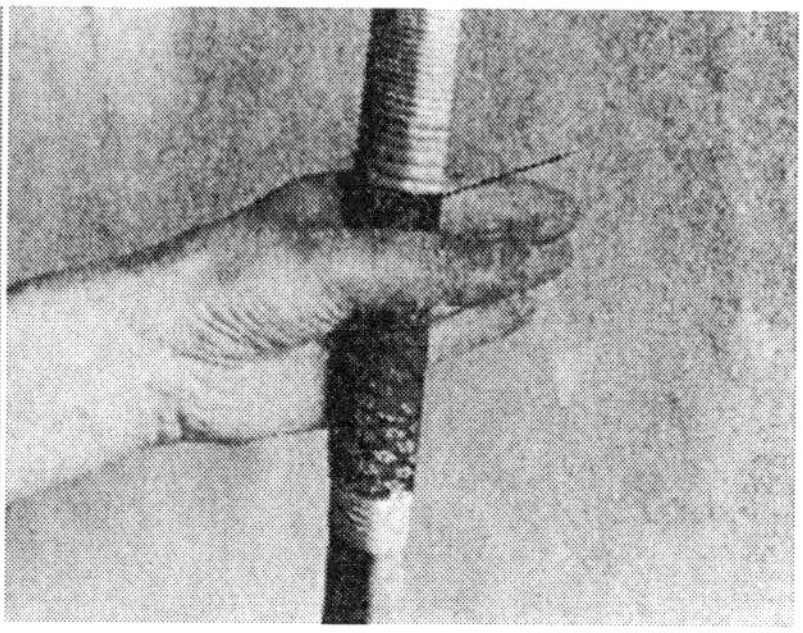

①握り皮の上１センチほど残して人差指と母指のまたの皮を弓にあてる

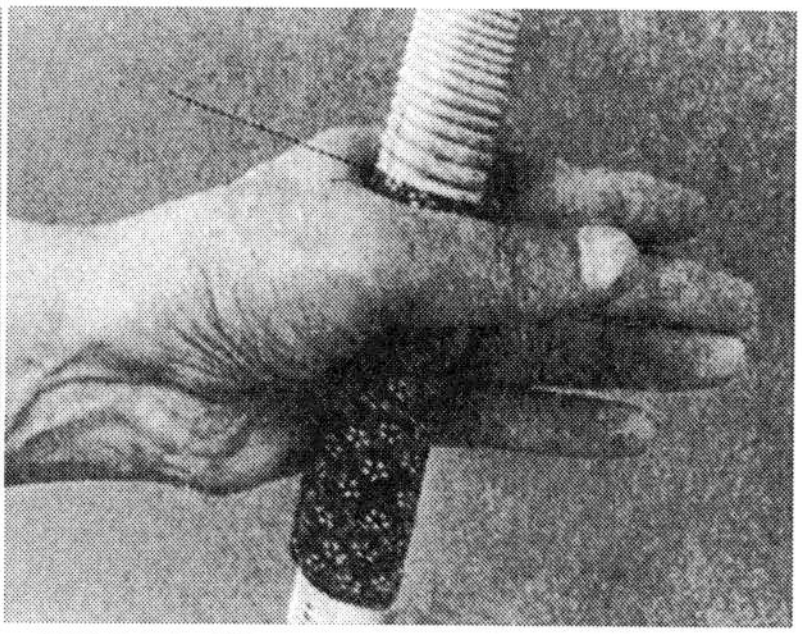

②弓を下に引いて，またの皮を中に巻き込むように握皮一杯のところにそろえる

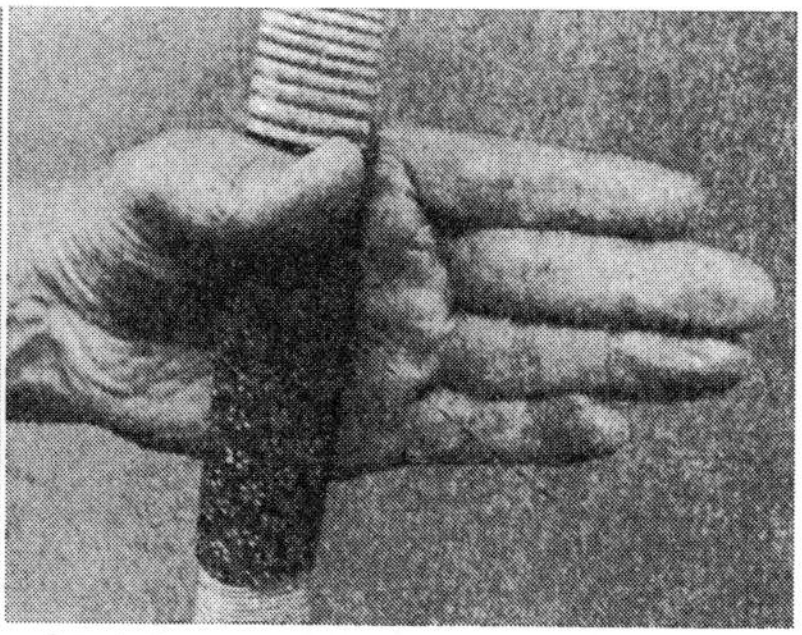

③写真②の次に手の幅を狭くして弓の外竹の角を掌の中筋に合わせる。②とは母指の位置が違う

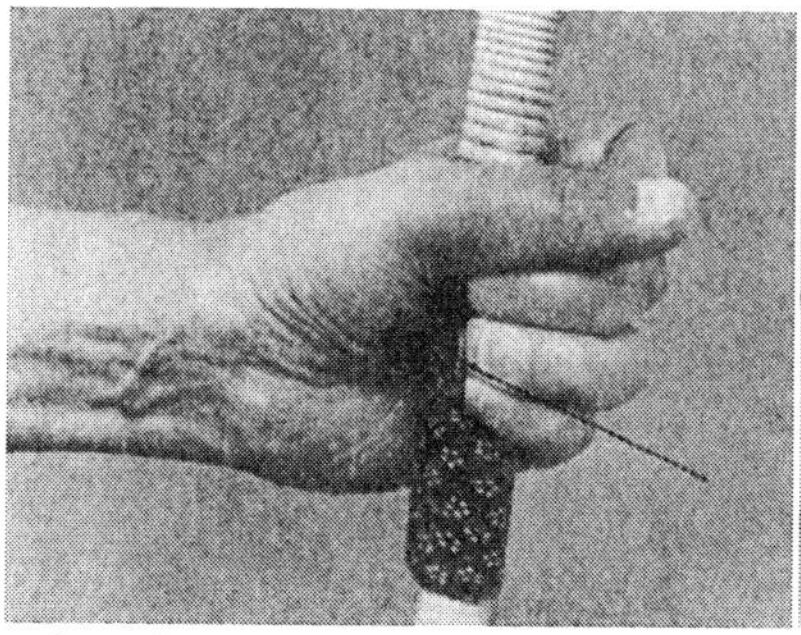

④中・薬・小指の三指の先をそろえ（つまぞろえ）右側木にそえる

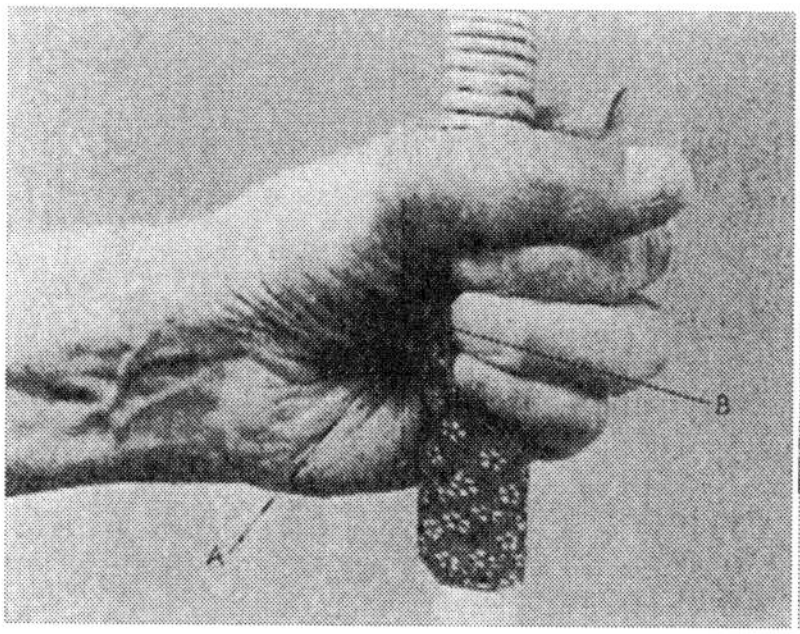

⑤手の幅Ａも指の幅Ｂも狭いほどよい

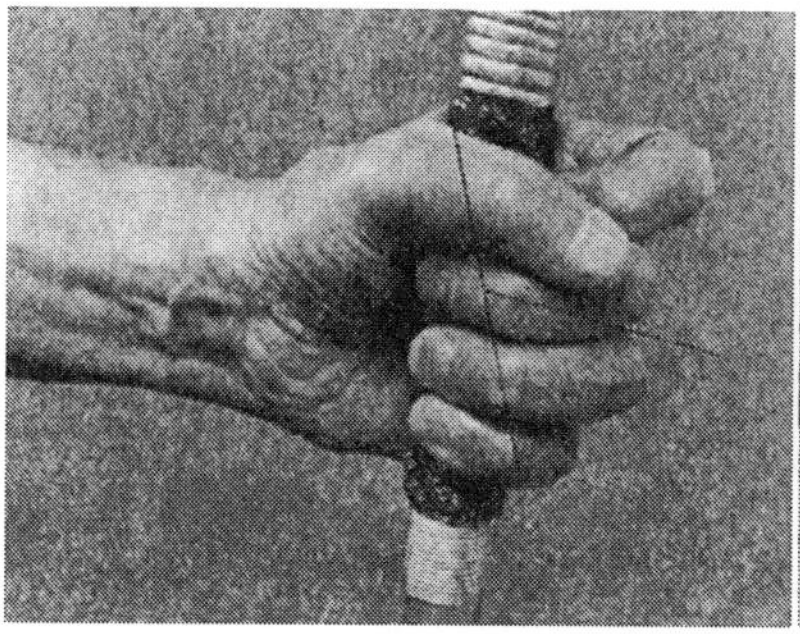

⑥大づかみでは弓もさえず矢押しも悪い。写真⑤と対照されたい

添える（同写真④）。これが斜面で作る手之内十文字による弓の握り方である。ただし、手之内はできるだけ小さく（手幅を狭く）握る（同写真⑤手の幅Aも指総体の幅Bもともに狭くする）。

つまり弓にあたるまたの皮の部分と爪揃えした三指の先とが弓に接触する面が小さいほどよいのであって、大づかみ（同写真⑥）では弓も冴えず矢押しもよくないからである。

たとえば、和鋏《わばさみ》の元の方を狭く軽く持って物をたたくとビーン……と余韻を長く引くが、大づかみにしてたたいてもビンともいわない。といっていくら狭くといっても、持つ指に力が全然なければ、これまた音はでない。弓手の手之内の弓の握り方もこれと少しも変わらない微妙な働きをするのである。小さな鋏でさえ持ちかたによって余韻を引く、いわんや琴の絃のように長い弦を張っている弓においてをやである（79ページ写真⑤、⑥参照）。

ただし、狭く握る反面、急所の締め、ならびに離れの瞬間の手之内の締め戻し（90ページ、手之内の締めもどし参照）がなければ、冴《さ》えた弦《は》ねでないし、弓返りも悪い。総じて弦ねのよい時は弓に無理がかかっていないから、当然矢押しも強く、前述した弓の復原力以上の力を発揮する。

では手之内を小さく取るにはどうしたらよいか。それには弓を持たずに行う練習法がある。土台となる手首を、上下左右に傾けず真っすぐにして掌を開き、母指の先端と小指の先端（母指頭）とを合わせ、両方の指の根本を内側に潰しながら、先の方に強く押す。こうすると、母指根と小指の根が緊張して狭くなり手を小さく、手幅を狭くする（左写真⑦B）という感じを会得することができよう。この時の母指の根（同写真A）が中押しの時の角見の働きに役立つところである。

手之内を整えるとき、この手の幅を狭くする感じを生かして、まず、小指を母指に近寄せてとり（左写真⑧）中・薬の二指は母指と小指の間に割り込ませれば小さな手之内になる。

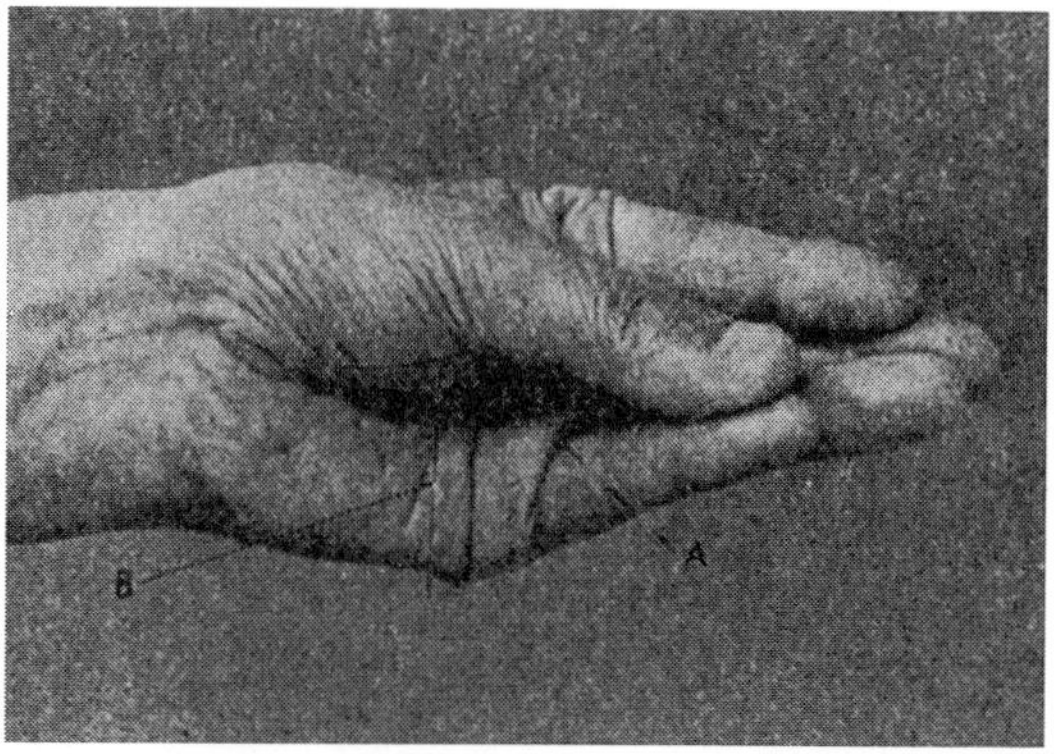

⑦母指根（中押の角見の働き）Aと手幅を狭くする

⑥紅葉重ねの手之内

「紅葉重ね」もまた弓の握り方である。前述のように手之内は十文字が全ての手之内の産みの親になっており、最高の手之内であるが、この手之内のできかねるものの直しの方便として、この紅葉重ねの手之内を使ったものであり、今日でも役立つものである。

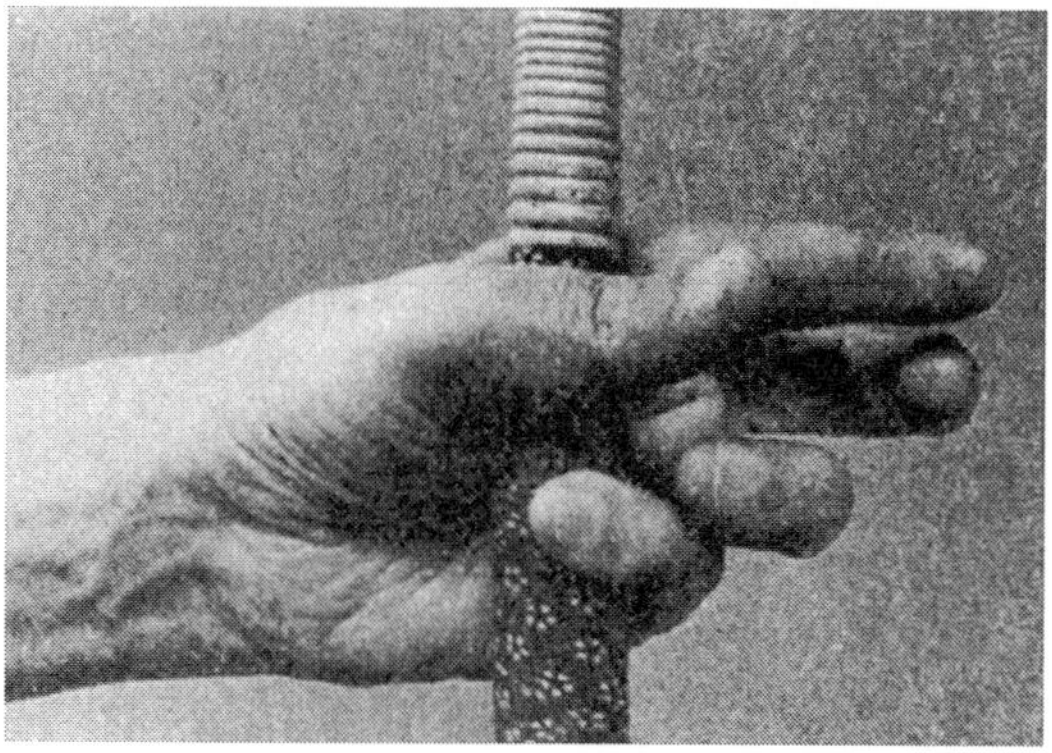
⑧小指を母指に近寄せ中・薬指を間に割り込ませる

では紅葉重ねと十文字の手之内との相違はどこにあるか。それは掌の中の弓の外竹の角をあてる位置が違うだけで、その他はほとんど変わらない。

「これも手之内の名也、十文字の手之内より産み出したる手之内也、十文字の手之内にては上押しになりかぬるを直す手之内なり、是は弓手の手之内を大指と人差指の間のまたの皮を下に弓にておしまくるやうに弓にあて（ここまでは十文字と同じ＝79ページ写真②参照）小指の根に弓の外竹の角をあてて取る也（82ページ写真⑨）。

如此取るは小指の根の方の手之内のびて枕をかいたる様に成る故に上押しかかりよく成也、十文字と

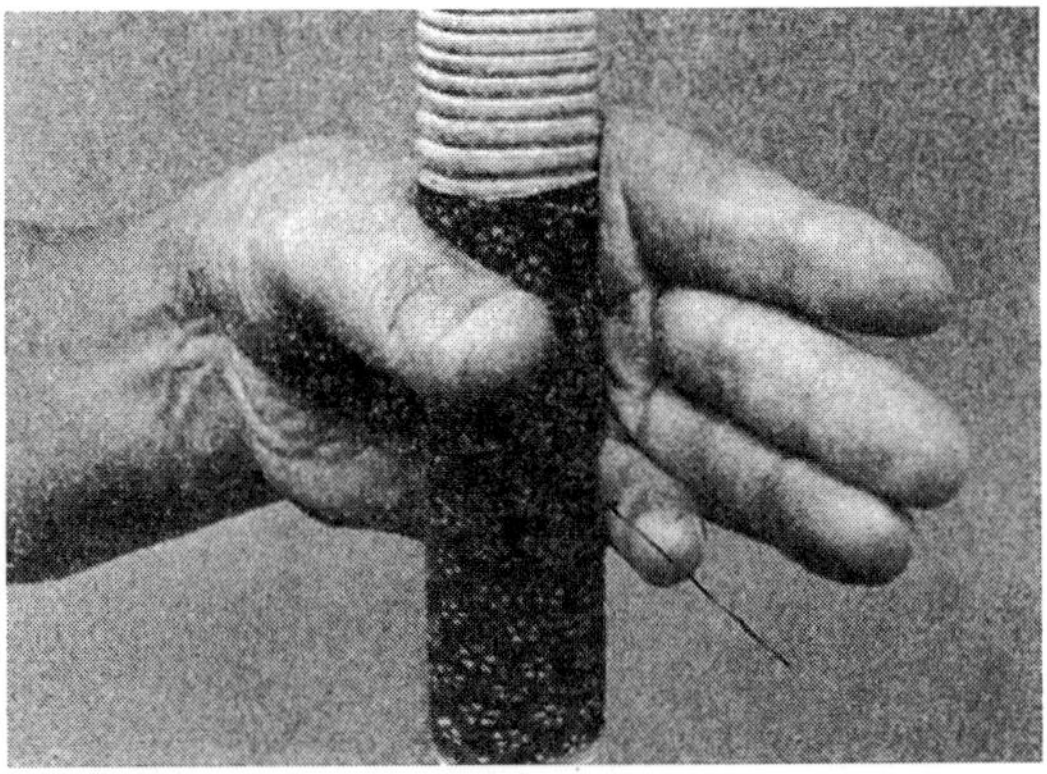

⑨紅葉重ねの弓の位置は外竹の角を小指のつけ根にあてる

違う也。上押合点ゆきたれば元の十文字にもどしたるがよし、この如く手之内を取るは掌の内弓にさわらぬ処三角にあくなり。此の手之内むかしはうろこ形の手之内といひしなり、紅葉重ねと改めしは子細ある事也」（日置流講談秘書）

これには次のような逸話が伝えられている。

「吉田出雲守或時、近江八幡の神前にて弓射の奉納ありし時、幣（ぬさ＝神に祈るためにささげる物）も取あへず魚類も捧げざりしとてせめてうろくずなりとも捧げたる心にと念じ、我が手之内を魚にかたどり鱗形に取り引満ちてありける時、折しも秋も中ばにて色なせる紅葉ばのちりて一ひら、我手のこぶしに乗りたるを、其まま切って離したるに、的にあたると同時に又一ひら落ち来りて、さきの紅葉に重なりたりしかば、実に神慮にかないしならむと、此時より紅葉重ねと改めし也と。

手之内は何にてあれ、かくこぶしに乗りし落葉の如き軽きものの弓、射はなすとも其まままたちこぼれざるよう、ゆるみなき処修学にてかくありたき物にこそ」（日置流講談秘書）

昔は矢押しを強くするため、全て上押しを強くしたものであるから、伝書のなかにも「上押し出来かぬるを直す」手之内といっている。

紅葉重ねの手之内は、弓の外竹の角が小指のつけ根にあたるので、掌のなかの手首よりのところが広く三角形にあく、ここを鱗形というて「魚」にたとえたのである（写真⑩）。

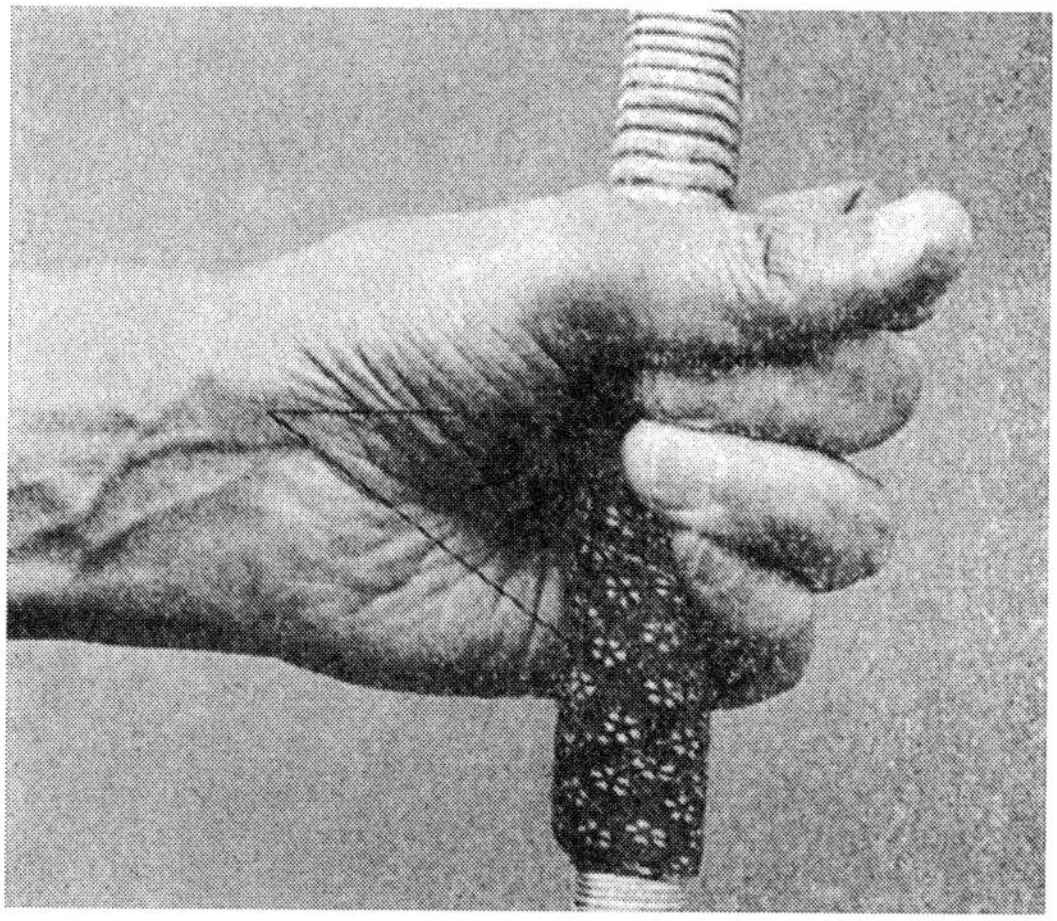

⑩紅葉重ねの手之内は弓にさわらぬところは三角形にあく

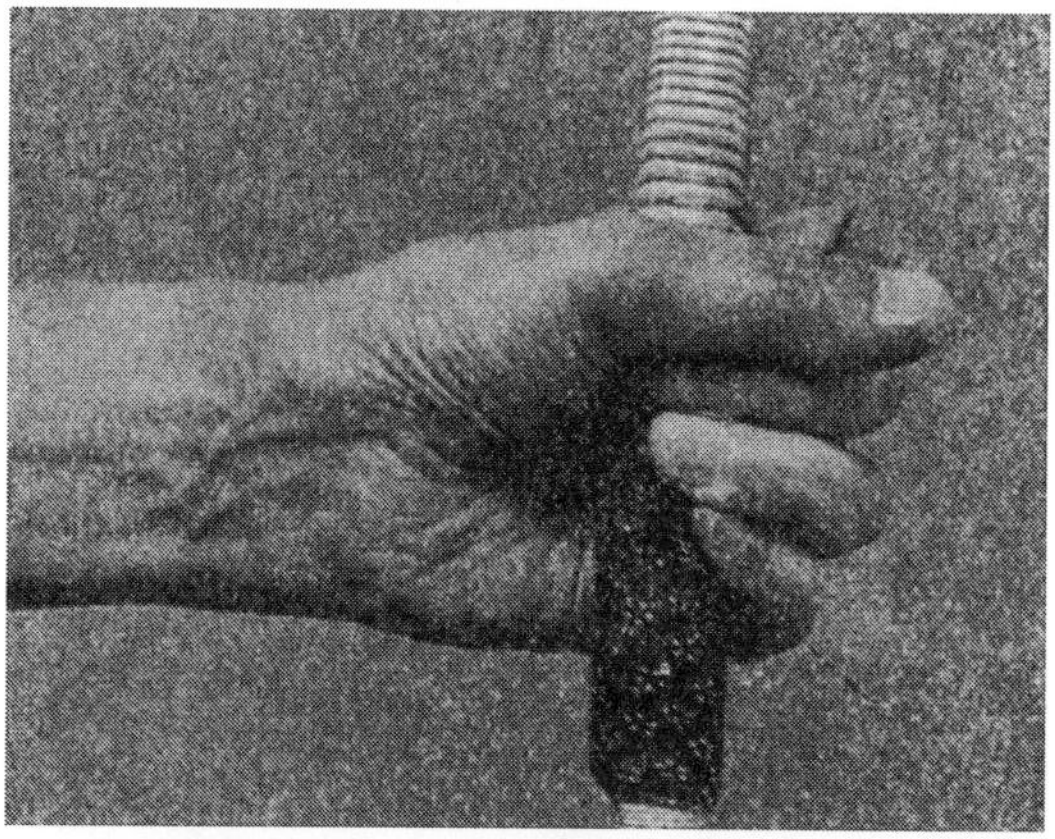

⑪小指の短い人は指先が右側木にかかりにくい

確かにこの手之内は下押（ベタ押）の手之内を中押に直すのに役立つ。ただし、手の小さい人、特に小指の短い人には小指が弓に廻りかねることもあるので、手之内が働かない恐れもある（写真⑪）。現代でも小指のつけ根にまめなどつくる人の大部分はこの手之内であるから、十文字の手之内に改めるのがよい。紅葉重ねの手之内は以上のように弓の左外竹の角を小指のつけ根につけるだけであとの操作は十文字と同じで、中・薬・小指の三指の先を揃え、小さく握ることも同じである。

十文字という名称こそ用いていないが、現在正しい手之内として一般に用いられている手之内は、この十文字の手之内と全く変わっていないし、これ以外の手之内といえども、いずれも十文字または紅葉重ねに近いものである。

ただ、多分に力の伴った握り方、あるいは弓をひねる握り方などがあるので、この点注意したい。手之内とは手の中の操作を意味し手首をひねるものではないからである（96ページ、捻り押し参照）。

⑦正面打起しの手之内

筆者は前述した通り日置流印西派に入門して以来、長いこと斜面打起しになじんで来たので、正面打起しに変え始めた当時は、斜面打起しでつくるような手之内の感じが、なかなかつかめないので苦労したものである。

しかし、それは研究を続けているうちに、正面打起しでも、かなり正確な十文字の手之内作りが可能であることを発見した。そしてすでに四十年以上もこれを実践し、周囲の人たちにもすすめているが、かなりの好結果をあげていると確信している。

これには比較的簡単な一般向きな方法と、さらに進んで、斜面打起しでの手之内作りに最も近い方法との二つがあるが、ここでは前者の方法を述べることにした。

正面で手之内を整える時、弓の本弭を左膝の上に乗せ、弓手は前に伸ばしているので、弓は前斜めになり、弓の内竹は右側横にある（写真⑫）。

一、弓の握り皮の上部よりほぼ一センチ下に母指の根を当て（同A）その横腹（弓についている個所＝同D）を擦り起こすようにして爪を上に向ける（同B）。この操作は正面上から大三に送り込む時に、母指と人差指のまたの皮を握りの中に巻き込ませる準備でもあるから緩めぬように注意したい。

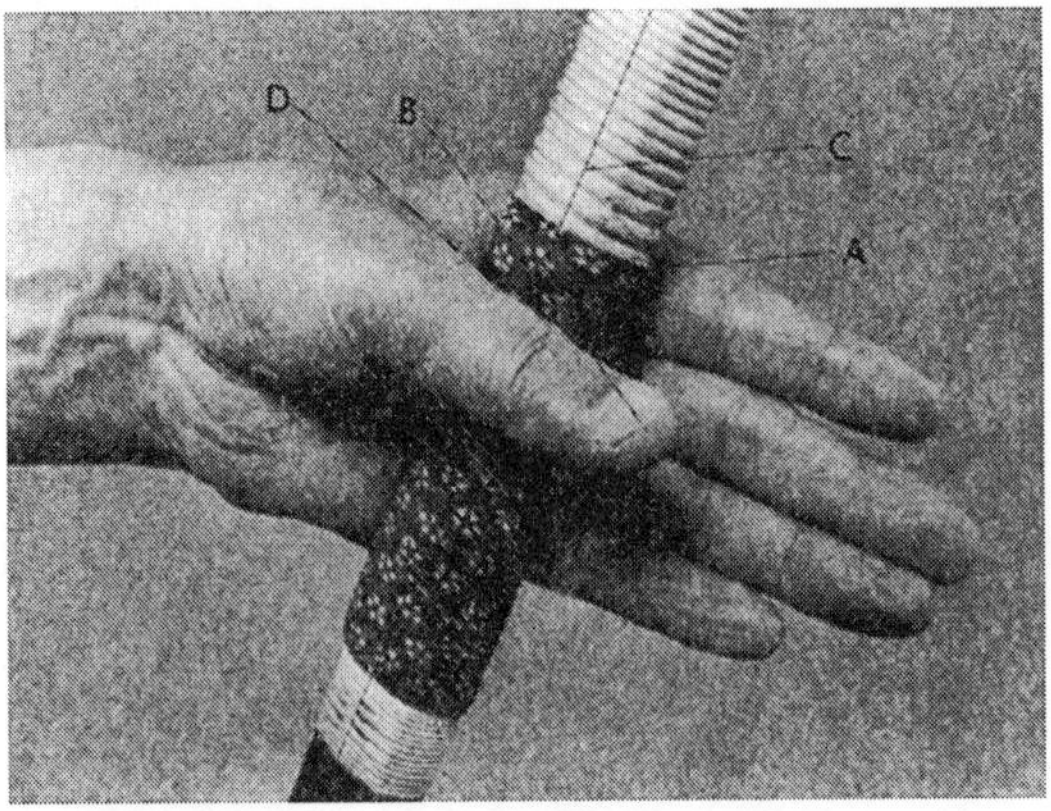

⑫握り皮の上1センチ空けてA、母指の横腹をあてるD。その母指をすり起こすように爪を上に向けるB。この時弓の内竹は右側にあるC

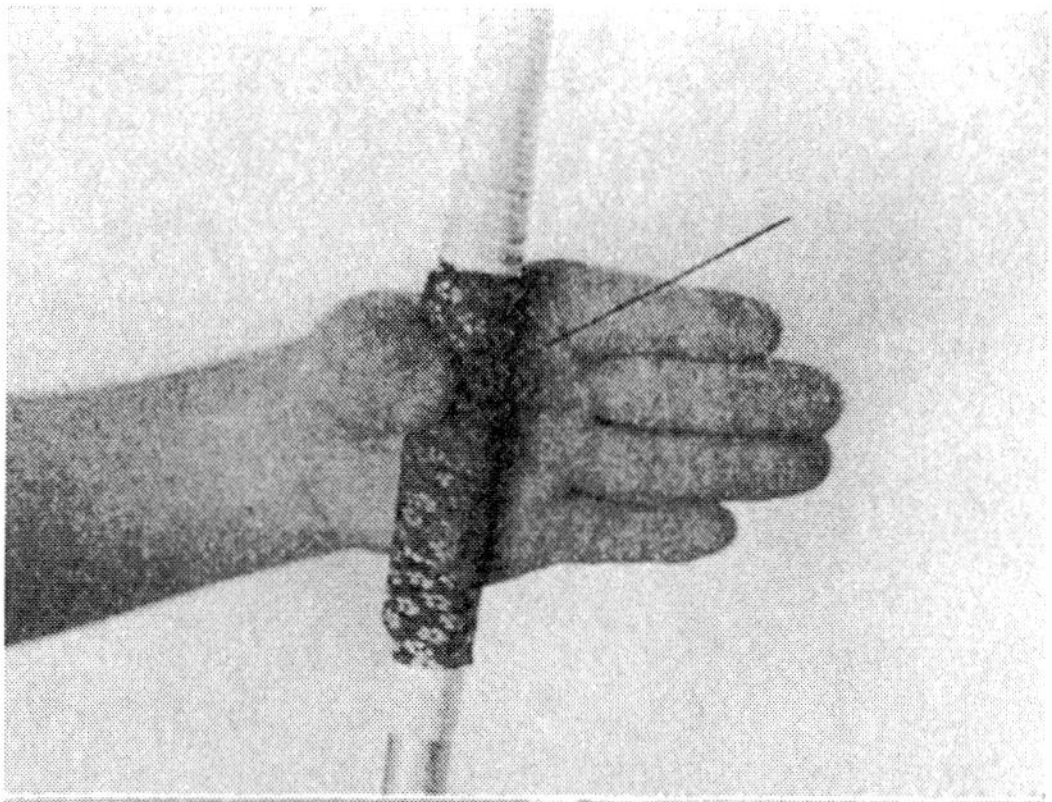

⑬写真⑫の次に掌の中すじに弓の外角をあてる。写真③とは母指の位置が違う

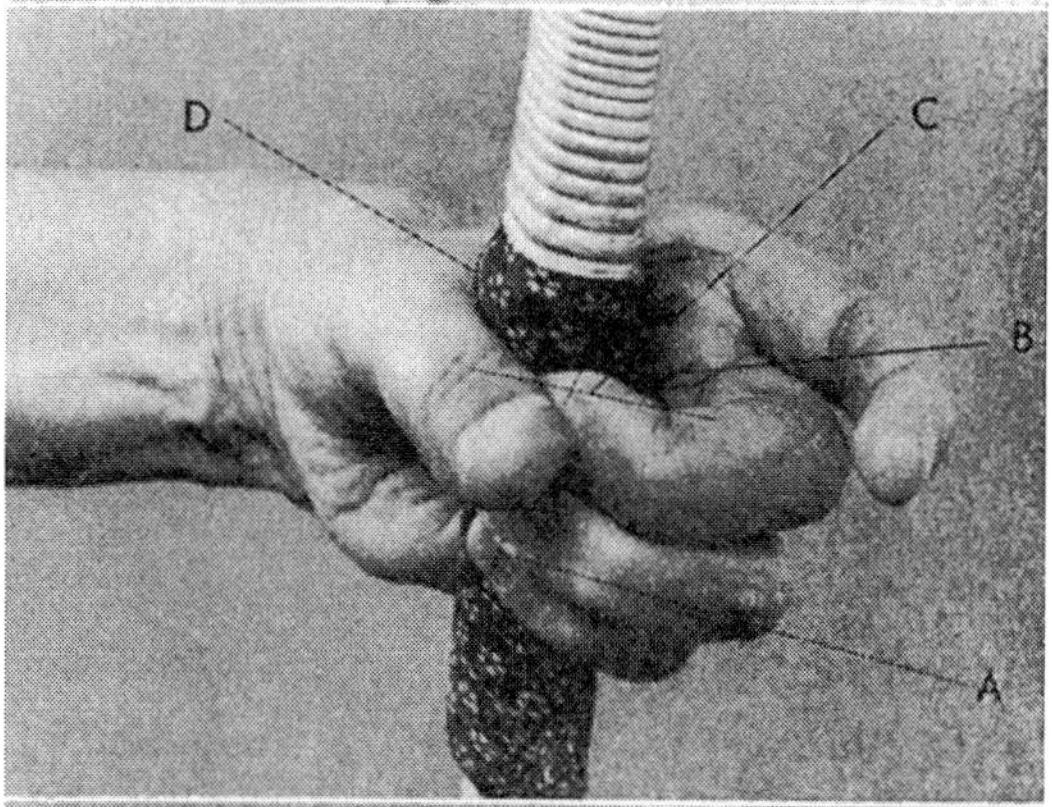

⑭中・薬・小指の先をそろえて右側木につけるA。小指の根・すじ・爪先の三か所が弓につき、指の根の内側は空間となるB。母指と中指の高さをそろえるC

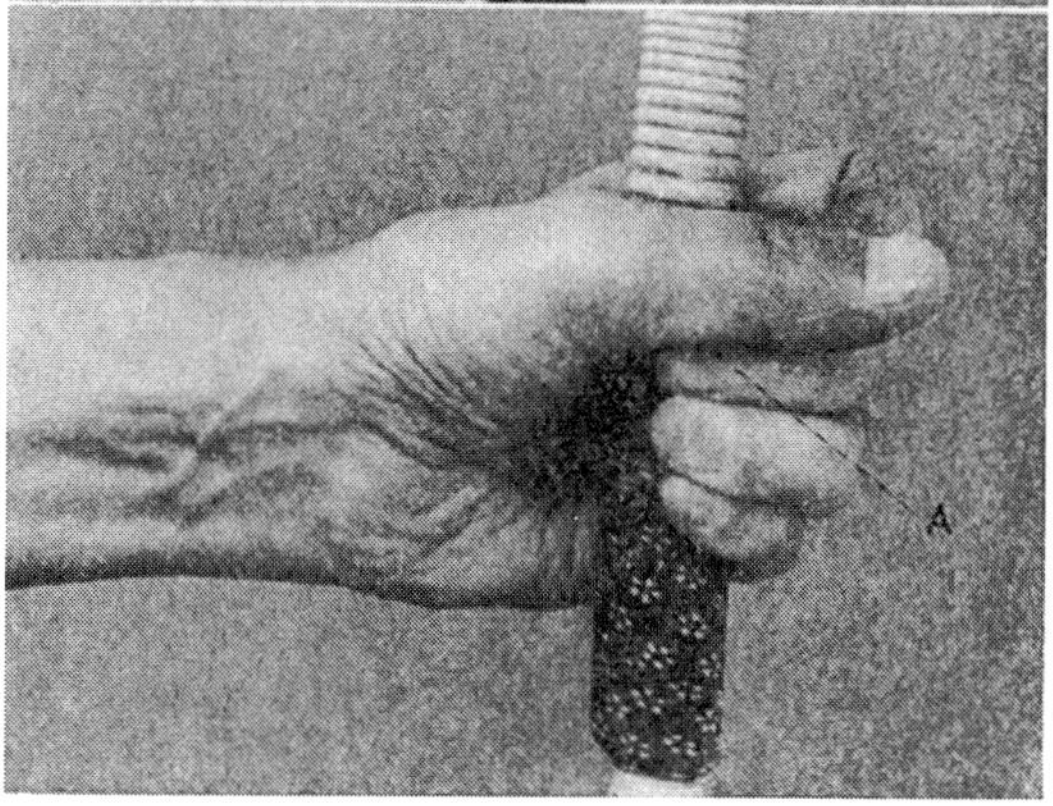

⑮写真⑭Dを手の中に巻き込みながら、内竹の握り皮一杯に送り込む

二、弓に付けた母指の横の皮は弓に密着させたまま、手幅を狭くして、掌の中すじに弓の左外竹の角を当て（写真⑬）、

三、中・薬・小指の三指の爪先を揃え、弓の右側側木につける（写真⑭）。

従ってここでは母指の根と中すじそれに三指の先だけが弓に付き、弓の向こう側の指の付け根と弓の間は空間となる（同B）。この時母指と中指の高さが

そろうこと（同C）。

四、そのまま打起し、正面上から左斜上に移行（受け渡し）するとき、弓の外竹につけた中すじと右側《そば》木《き》につけた中・薬・小指の先は離れぬように付けたまま、多少上押し気味に母指と人差指のまたの皮（同D）を手の中に巻き込みながら、弓の内竹の握り皮一杯に送り、手之内を整える（写真⑭）。この時母指は爪先を上に張り伸ばし、弓の内竹に付けた母指の横腹の皮を握り皮にコスリ付けるように右側木一杯に送り込み、中指の上部と母指の下側をぴったり密着させる（同A）。

以上で正面打起しでも斜面で作る手之内と同じ感じの手之内が得られるのであるが、このように掌（てのひら）を小さくした「手之内十文字」の弓の握り方を覚えたての頃は、手之内が自然に締まり、安心して弓手を伸ばすことが出来るが、反面ギコチないようであり、母指の根が締めつけられて痛みを感じ、雑になりがちであるが、慣れるとこれらは克服されて、スムーズにできるようになるので続けて研究、実践されるよう希望したい。

⑧角見と手之内の締め

弓手の手之内の働きにあって重要なのは、角見の働きと手之内の締め方である。この二つを合わせて「手之内の利き」という。

前項弓手の押しで述べたように、いろいろの押し方があり、弓力を受けて押す弓の位置も、当然違いがある。例えば、上押しであった旧来の伝統もあって、角見を利かすというと、母指の付け根の上部と考え、ここを押す人を見るが、これは上押しの場合であって、中押しで角見を利かすというのとは違う。正しく整えた手之内のなかの弓の内竹の右角を、母指の付け根（写真⑯A）で押すことであるが、この場合働く筋は母指の付け根右下にある。ふくらんで見える母指球の先端でなければならない。

そして、ここを押すのが角見の利きといっても、ただ、ここを押すだけでは、弓は手の中で空転するのみで安定を欠き、離れでは矢先が落ちつかず矢は的の周囲を回ることが多い。このような時、会の伸び合いで手之内を締めてみると、安定した当たりが得られるのは周知のことであろう。

　手之内を締めるといっても、持った物を握り締めるような締め方ではない。これでは手首に力が入り手之内が堅くなるだけである。

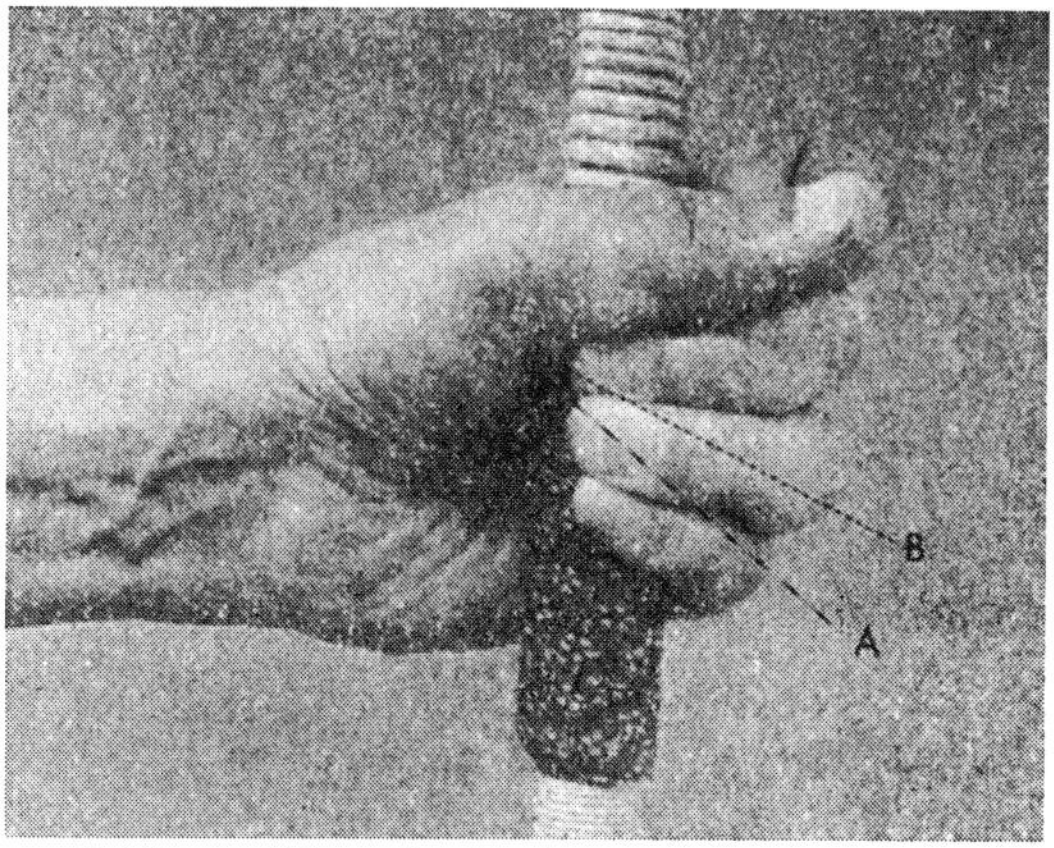

⑯中押しの角見は母指の付け根下から手首までの筋Aである。角見と中指の先は接触させないことB

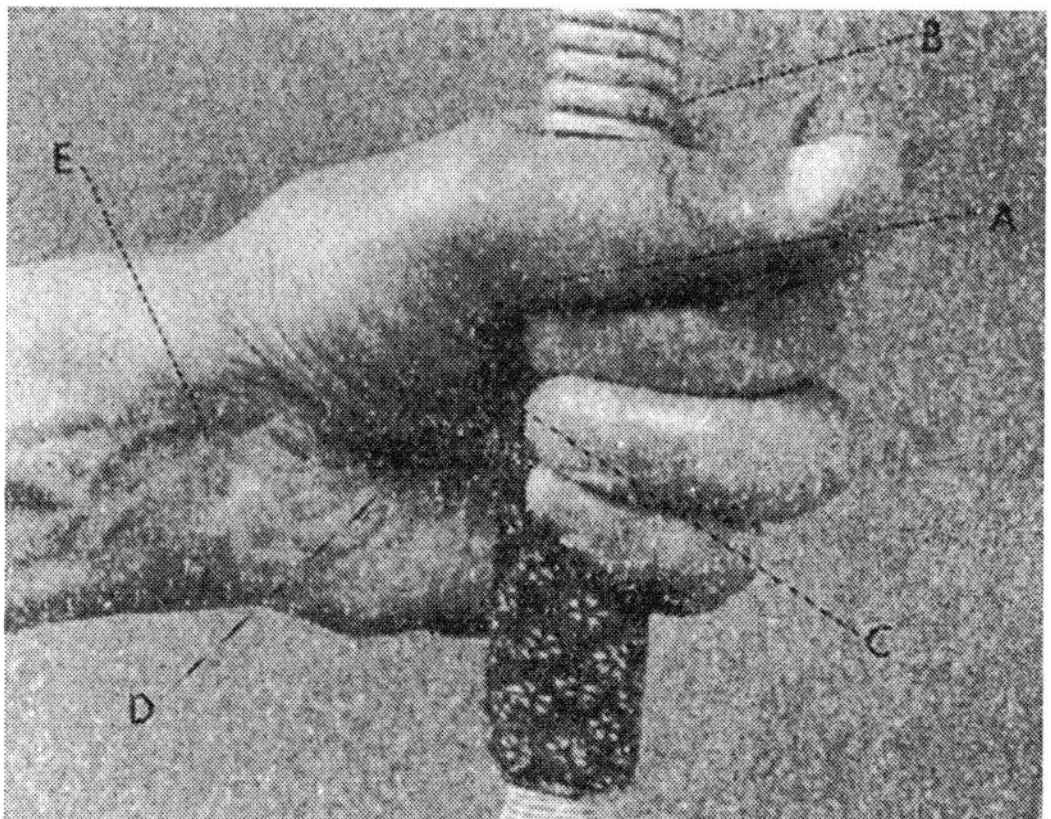

⑰AとB，CとD，Eのバランス

　十文字の手之内では弓に接触している個所は、

一、母指と人差指の股（虎口）と

二、掌中の中筋（弓の外竹の角をあてるところ）および、

三、中・薬・小指の三指の先の三か所だけであることはすでに述べた通りである。

　従って、手の中といえどもこの三か所以外のところは、弓にさわってはいけないのである。それだけに逆にこの三か所は、弓にピッタリ密着していなくてはならない。しかもこの三か所の働きは常に前後左右力の

バランスをとらなければならないのである。それは（写真⑰）

一、母指根Aと人差指Bの締めのバランス

二、中・薬・小指三指の爪先Cと掌心（中筋）Dの緊張による弓を中心とした締め

三、一、二に対する手首Eのバランス、手首の崩れないこと（同E）

の三か所が同時に働いてバランスが取れれば「手之内の利き」は完全なものとなる。

一、の母指根、すなわち、角見であって、これをよりよく利かすために、母指と相対している人差指の根を生かして、両者の働きのバランスを取ることを考えたい。

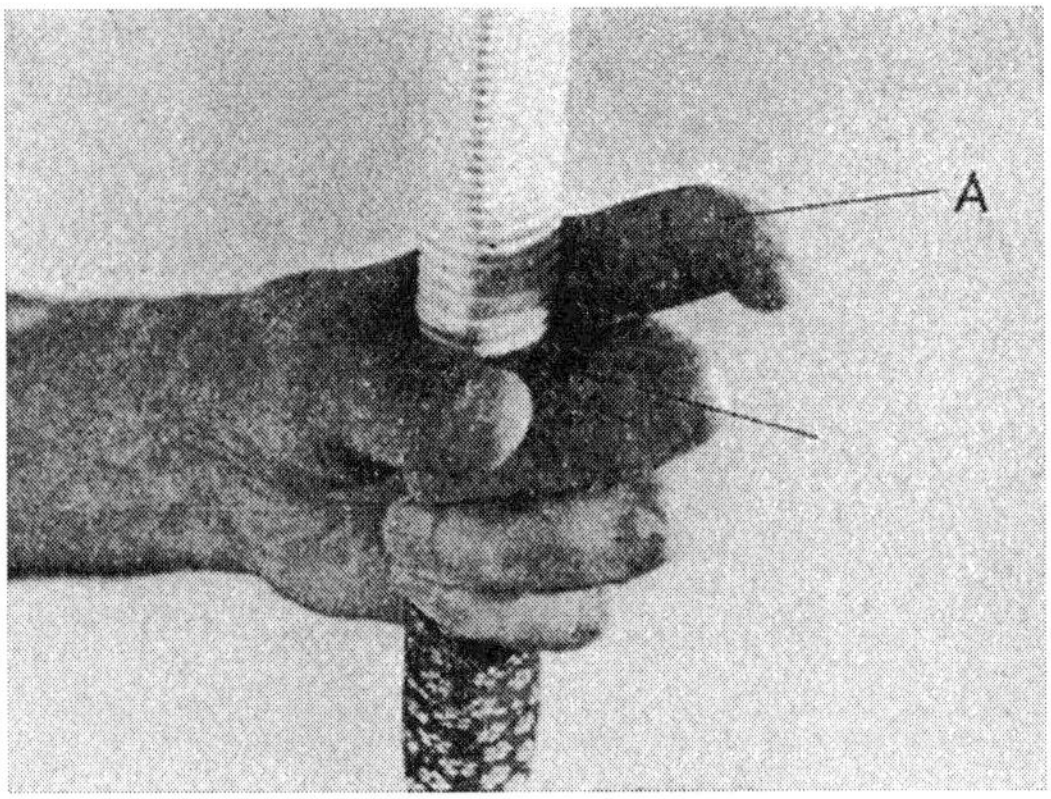

⑱人差指の先を上にあげたものA

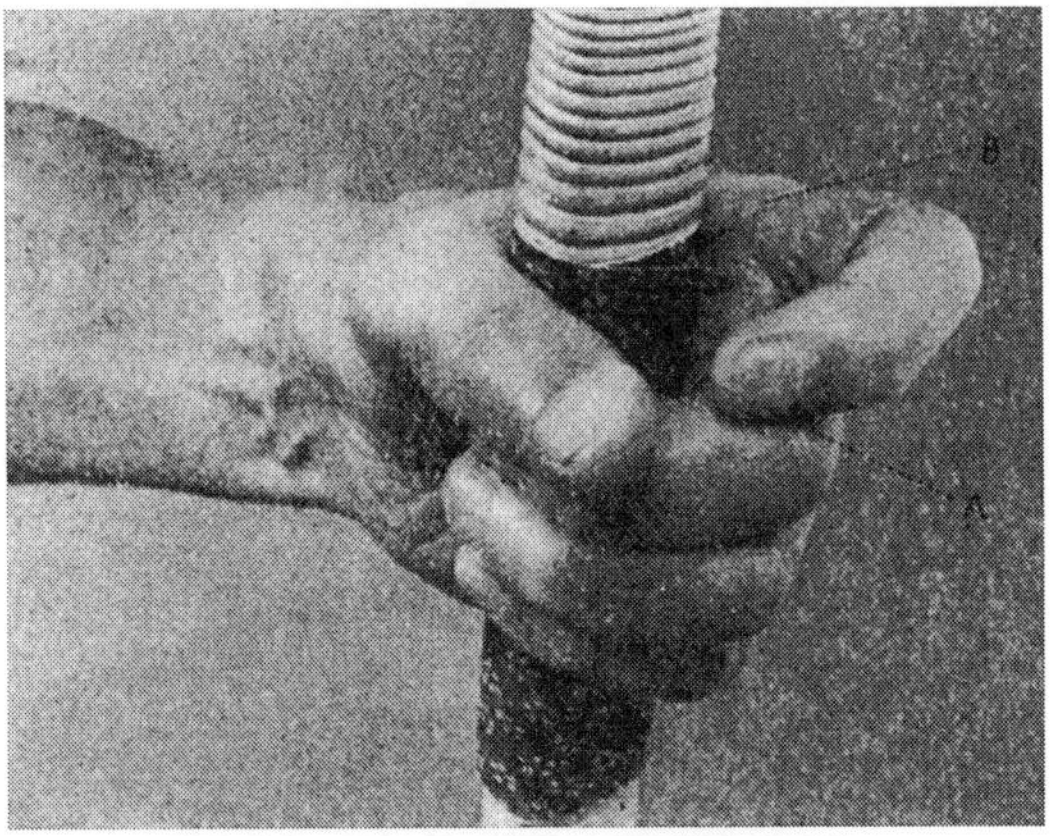

⑲人差指の先を下に強く押して根本Bで締める。三指とその間Aは空間となる

今まで弓手・人差指のあり方については、指先を上にあげ（写真⑱A）て根本を生かす方法もあったが、左右のバランスのためには、指先は伸ばしても、折ってもよいから、心持ち左に開き（写真⑲B）、先の方を下に強く押して根本で締めると、角見の利きとバランスの

とれた働きとなる。

二、弓の右側木に密着している三指の爪先と掌心の中筋に弓の外竹の左角がついている弓を、両者で潰すようにして締めるのであるが、この締め方の強弱によって「締め」の効果が左右されることに注意したい。手の中は以上三か所しか弓についていないから、操作の自由があり、角見も生きるのである。

三、は一、二、に対する手首のバランスの三か所が同時に働いてバランスがとれれば、「手之内の利き」は完全なものとなる。

といって角見を利かすために手首が曲がり、上下左右の均衡が崩れるようなことがあってはならない。その多くは中・薬・小指の締めが利かず、角見だけで押すか、物を持つような力で弓をねじるかによるものであるから、これを避けるために、中押しなら、弓にかけた三指のうち中指を強めに締め、同時に手之内を締めて、弓を固定させた上で角見を利かせばよい。

ただし、ここで重要なのは、バランスはすべて、働きが柔軟であってこそ初めて取れるものであるから、手之内の締めといっても堅く締めつけるものではなく、柔らかみのある強さ（写真㉒参照）の締めでなくてはならないということである。手首も同じであって、柔軟ななかにも強みのある納まりであれば、上下左右に崩れることがない。堅すぎればかえって崩れやすい。

では、柔軟のうちに強みのある弓手・手之内の締め方や納め方はどうしたらよいか。それにはまず、受け渡し（大三）の位置で母指と人差指を左右に強く開き、また（虎口）の皮を張り、弓力をここに受けるようにすると、手之内の無駄な力は一切とれる。中・薬・小指も力を軽く（抜き）し、その指先だけを弓の右側木に添える。こうすれば手之内は強みはあるが、必要以上の力は働かないので柔軟となり、手首の力も軽くなる。これが出来れば弓力は体と上肢全体で受け止めることになり、引分けにあっても手先弓にはならず体で引分けることができるから、体の十文字作りもその伸びも自由に出来る。手之内の働きも自由になるので、柔らかみのある強さで締めることが可能になるのである。

⑨―1　手之内の締めもどし

会の伸び合いの時、弓手・手之内を締めると離れの瞬間、中・薬・小指三指の先がかすかに緩まる。弓返りは角見の働きとこの指先の操作によるものである。だが指先を緩めただけでは弓は下り、ぐらつき、それが大きいと弓を落とすことになる。そこで緩めた指先は瞬間的に締め戻さねばならない。この締め戻しの速度が早ければ早いほど弓は下らず、ぐらつきもなく、弦《は》ねが冴え、弓は垂直に立った残身となる。

もし、手之内が完全となり、その働きが利いてくると、指先の緩みと締め戻しは無意識のうちに働くようになる。

弓返りした時弓の下がるのを極度にきらう人もいるが、絶対に下がってはならないという理由はない。手之内で弓は回転するが、弓に対する地球の引力は、瞬間の回転といえども作用するからである。ただし、指半分か、一本落ちるのが限度であろう。

手之内が完全に出来、前述柔らかみのある強さの締めが出来れば、この締め戻しなしに離れの瞬間を手之内を締めるだけで弓は見事に返り、弓もほとんど落ちないようになる。これが最良の手之内といえるが、相当研究したものでないと出来ない手之内であろう。

また、弓を強く握り、手首で捻って離すと弓返りは早く、弓も落ちない。だが手首で捻るのは「手首の力」であって手之内の働きとはいえない。手之内とは「手のうち（中）」すなわち手の中の働きだからである。

ここで中・薬・小指三指の締めと、締め戻しを会得する訓練として、次のような方法を紹介しておきたい。

まず、人差指をのけ、爪を上に向けた母指の指先に、中指の爪の上端角をつけて大きな丸を作り（写真⑳）ついで中指の爪先に薬・小指の爪先を揃え、小指の先で薬・中指を下から上に押し上げて密着（爪揃え）させ（写真㉑A）てから、母指は付け根から角見を利

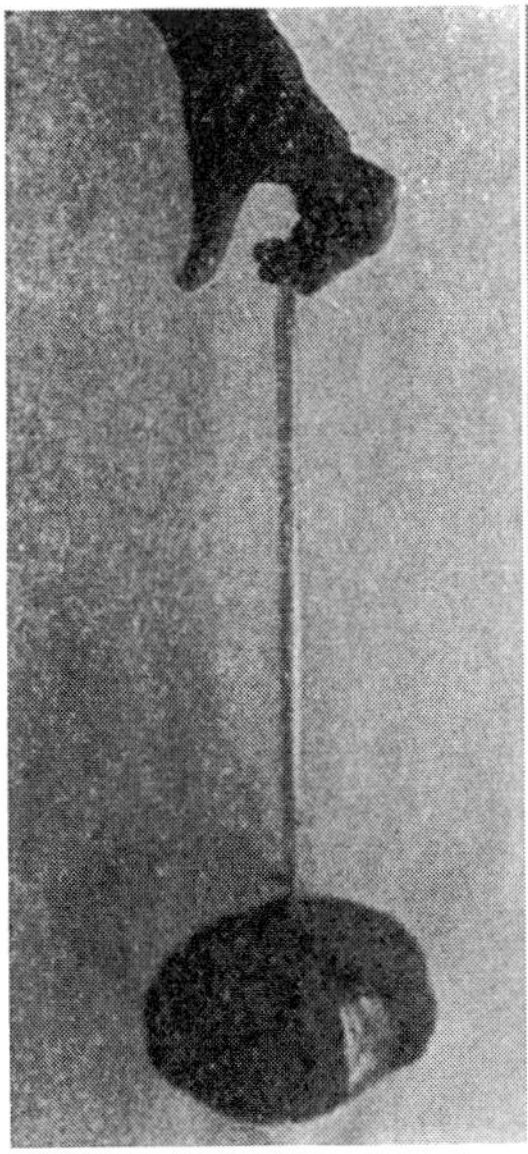

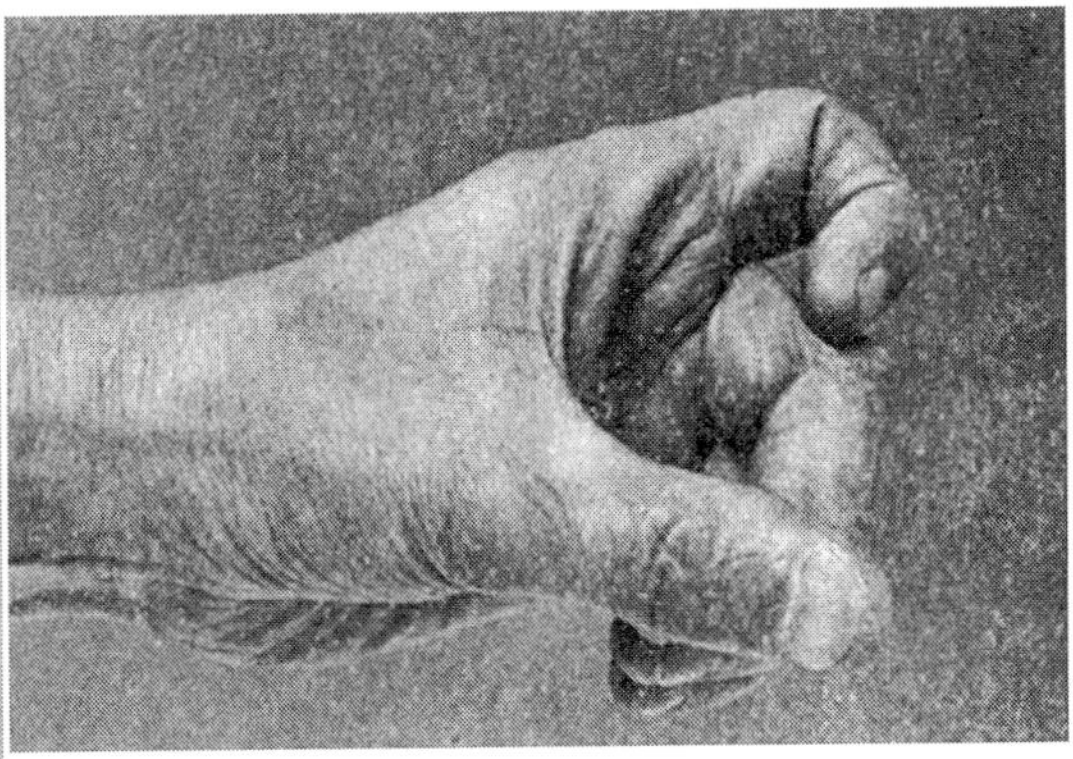

⑳母指と人差指で大きな丸を作り
←㉒爪先で物を潰す位いの力で吊るす
（写真は３kgのものを吊るしている）

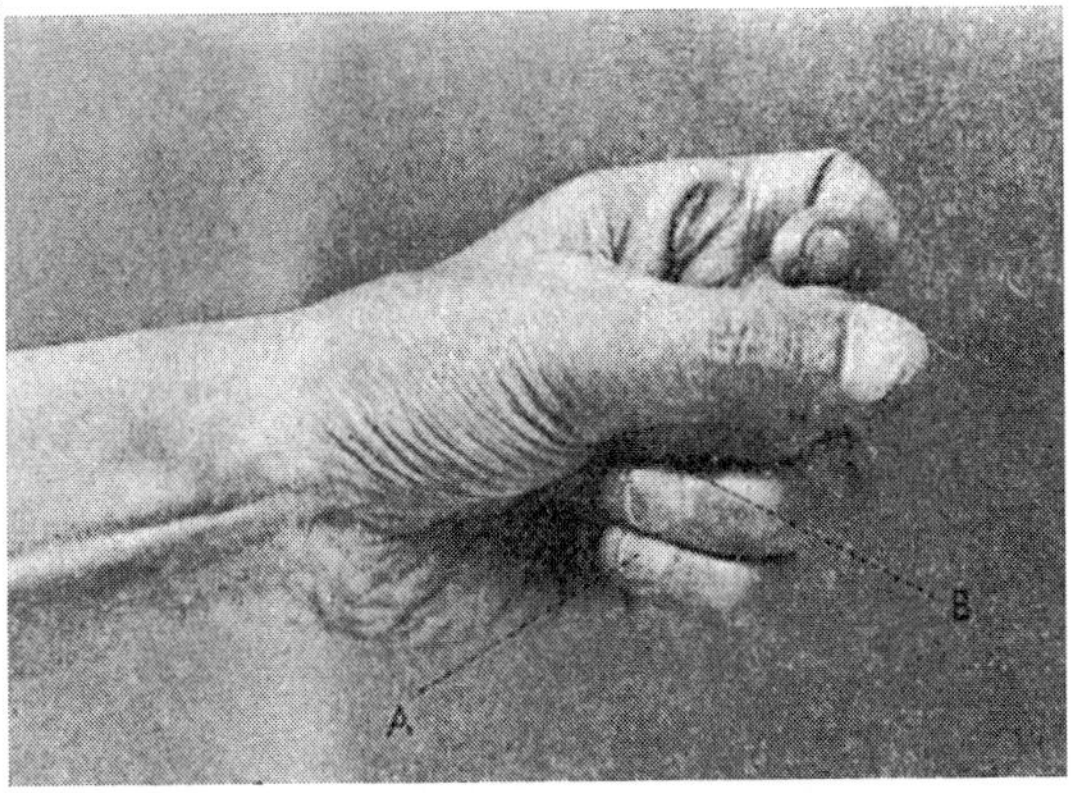

㉑中・薬・小指を密着させA，中指の先Bで
母指の腹をかく感じで小さくする

かす時のように押し伸ばし、中指の爪の上端角で母指腹を擦りながら、徐々に三指の輪を小さくする（写真㉑B）。この時の三指で作った丸の中は空であるが、指先で物を潰す位いの力（写真㉒）の爪先は爪揃えをして実際に石を吊り上げているが、手首をも含めて手全体には、指を締めるための負担は少しもかけていない。従って**柔らかみのある強さ**はここから生かされるのである。

⑨ー２　手首の力と指先の働き

弓は手首で引くものではないから大三で手首の力を抜き弓力を肘にもらえというと、ほとんどが指先の力まで抜いてしまう。これでは前腕の張りもなにもなくなる。手首の力を抜いても弽《かけ》帽子に**かけた**（持つのではない）指先はしっかりしていなくてはいけない。それが筆者のいう弓手・妻手の「鉤《こう》の手之内」なのである。

われわれは鉄棒に指先だけ**かければ**自分の体（四〇〜五〇キロ）を吊り上げることが出来ることから考えても、指先だけを弽の帽子にかければ二〇キロ前後の弓なら少しも心配はいらないはずである。ただ問題は帽子にかける指先の位置である。鉄棒で指をかけるといっても指の先端、つまり第三関節を引っかけたのでは体は上げられない、無意識のうちに必ず第二関節を中心にかけている。

弓射の場合もこれと同じで爪先だけかける「つまむ手之内」（104ページ、写真㉟参照）では必要以上に指先に力を入れることになり、そのために手首が緊張（堅くなる）するので、結局指先と手首で引く「手首引き」にしかならない。このように手首が強くなれば肘は遊んでしまうものなのである。これでは肘で引けるはずがない（104ページ、指をかける手之内＝鉤＝参照）。

⑩弓手・鉤《こう》の手之内

手之内の締めとその働きは以上の通りであるが、その操作、指先の緊張法は弓手も妻手も少しも変わらない。ここでも、持ったものを握り潰すのとは全然違っている。

後に述べる妻手の鉤の手之内同様、ここでも指先による鉤の動きが重要な役割を果たしていることが知れよう。この指先の感じで動作するとよい。丸を小さくしたら、今度は母指は伸ばしたまま指先の力を抜かずに三指を元の大きな丸に戻す。そしてまた小さく、と次第にスピードを増して繰り返すのである。ただし、母指と人差指ならびに手首は動いてはならない。これが手之内の締め方であり、締め戻しの操作なのである。

弓もいらず、どこでもできるこの操作の訓練は、実際の弓射に活用されたとき、必ずや効果があがるであろう。すなわち、中・薬・小指三指の働きを会得出来るからである。

手の内をくつろぐとのみ思う故

ひろげて弓を取落すなり（小笠原流）

手之内の締め戻しとは、会の詰め合い、伸び合いにおいて締めたものが、離れの瞬間、中・薬・小指の三指の先だけがわずかに緩む。同時に元の締めつけた手之内にかえる、この操作が「戻し」なのであるが、この歌はくつろぐ（ゆるめる）ために手指をひろげ、ここでいう戻しがないので弓を取り落とすということである。

手の内は心ばかりをくつろげて
矢色矢所見定めよかし（小笠原流）

手之内はできるようになれば意識して緩めるのではなく、その気（心）によって前述最高の手之内のように、瞬間締めるだけで見事な残身をのこすことができる。矢色は矢の飛ぶ勢いであり、矢所は矢の達するところ。くつろげる度が過ぎれば、前歌のような失策をまねくことになる。

⑪弓手・手之内と押し

弓構えで手之内を整え、引分けから会・伸び合いに至る弓手の押し伸ばしについては、

イ、中押し
ロ、上押し
ハ、下押し（ベタ押しともいう）
ニ、捻り押し

の四通りの押し方が考えられるが、押し方といっても中押しの弓の握り方で上押しはできても、下押しにすればベタ押しになり、捻り押しに至っては全然弓の持ち方が違うので問題は別である。「押す」といっても、弓を持つ手の中の操作（手之内）と関係の深い角見の利きまでを含めて考えて見たい。

イ、中押しは、弓を握った拳が上下左右、平均して働き、いずれにも片寄らずに、その中心から押すのをいう。この中押しは、中指と薬指の接線が、腕の中心線とほぼ一直線となるように握り（写真㉓）押しながら角見を利かすことである（86ページ、角見と手之内の締め参照）。

しかし、斜面打起しでは弓構えの時、斜め左で正確な手之内を整えるのでよいが、正面打起しでは、弓構

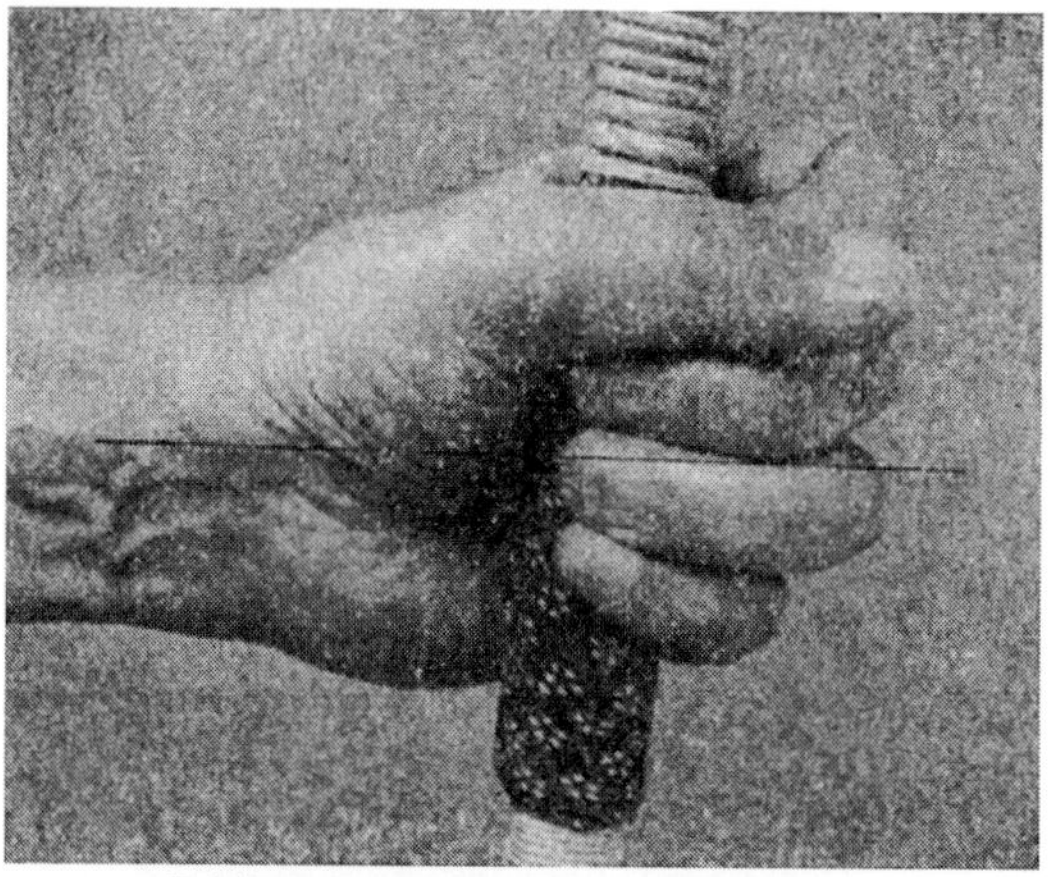

㉓**中押し**。中・薬指の間に細い棒を挟むと，大体腕の中心に来る

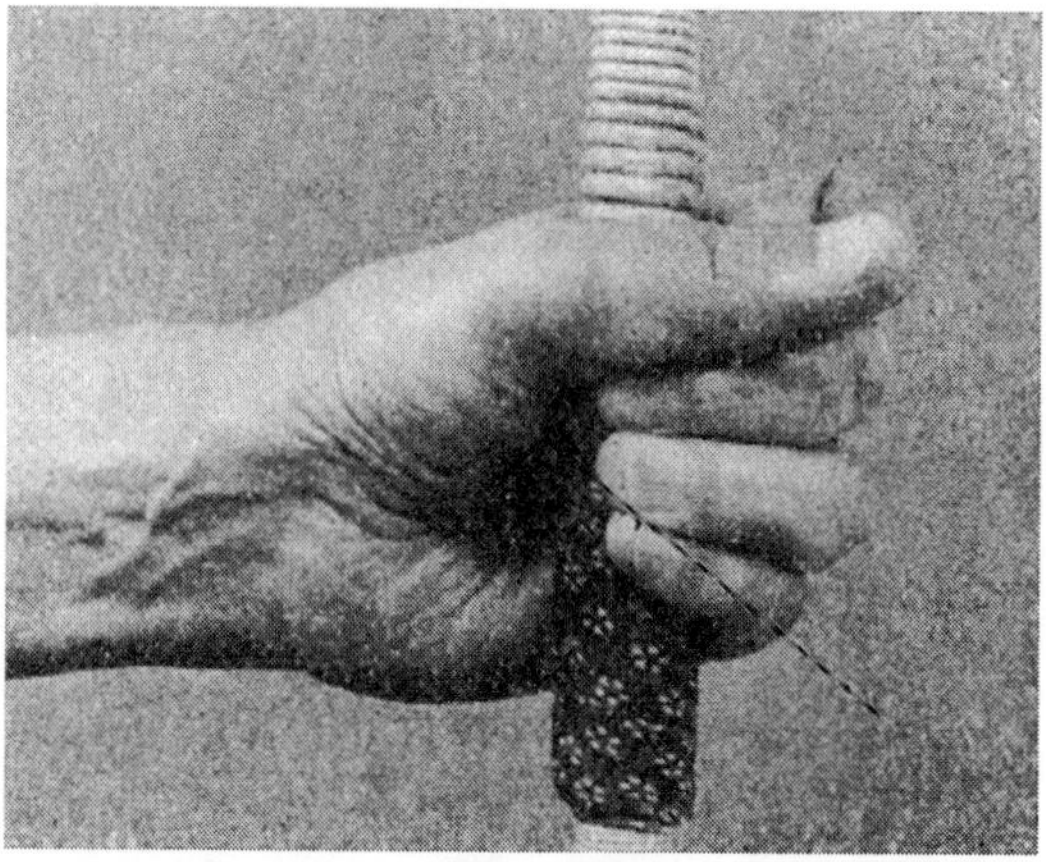

㉔大三で弓力を母指の根に受け，中指を締めつつ引き分けると立派な中押しになる

えの位置で中押しの手之内を作ることは不可能である。それで正面を打起してから、左斜め上の受け渡し（大三）で弓力を母指根に受け中指を締めながら、こ（角見）を押して引き分けると、会に入った時、自然に立派な中押しができるものである（写真㉔）。

あるいはまた、中押しに慣れるまでの一つの方法として、大三で上押し気味にして、引分けて会の伸びで手之内を締めつつ、中押しに持って行くことも考えられる。ここで上押しから入るのならよいということは、上押しの場合多くは母指と人差指の**また**の皮は握りの内側に押し込まれる可能性があるからである。

上下左右にバランスのとれた中押しであるならば、弓に無理がかからず、手之内も安定するから、矢飛びはすばらしく、当たりも確実となるのは当然であろう（写真㉓参照）。

ロ、上押しであるが、昔は「十文字の手之内」でも

「紅葉重ね」の手之内にあっても、ともに強く上押しを利かせたものである。それは弓を武器として使った時代で、上押しにすると射抜く力が強くなるという必要からであった。

なぜなら、弓の握りより上は長いので弱く、握りより下は短いから強い。握りより上八寸（二四センチ）から一尺（三〇センチ）位いのところを「因果所《いんがどころ》」といって、昔はここを大切にし、弓の手入れ時でもここには手を加えなかったものである。

この因果所を強く押して、強い弓の握り下と力のバランスを取り、矢に物を射抜く力を与えていた。昔上押しを盛んに奨励した理由もここにあったのである。

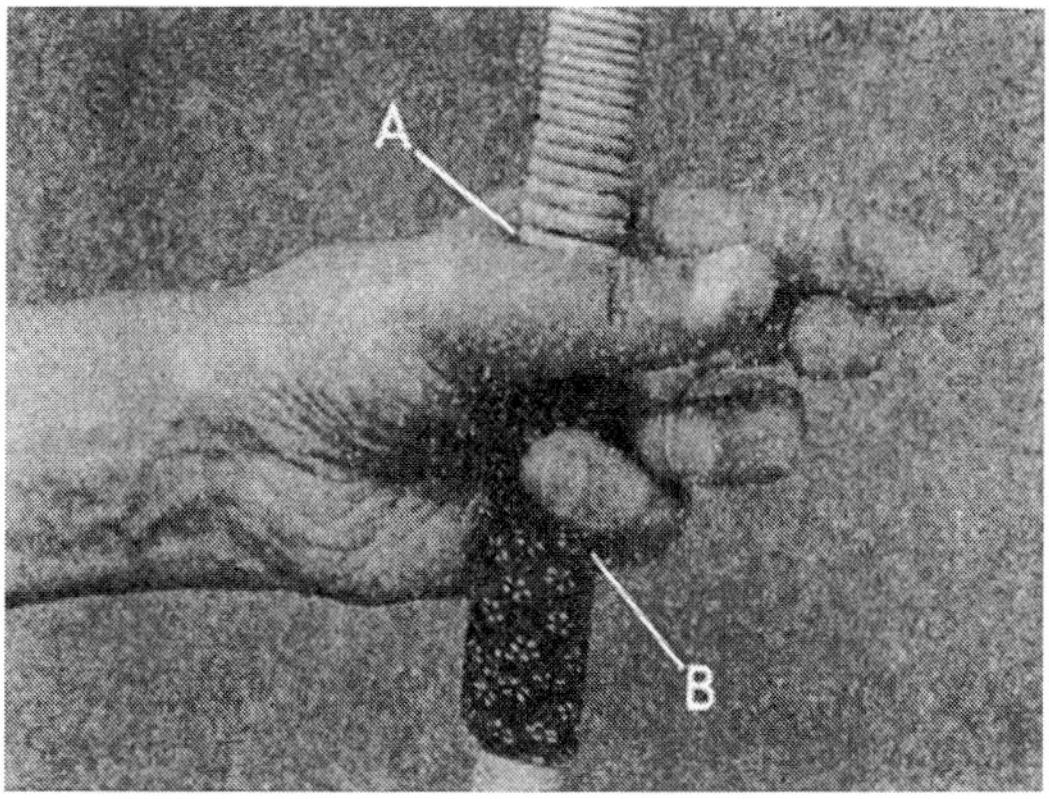

㉕**上押し**。上を押し，下を引くから効果がある

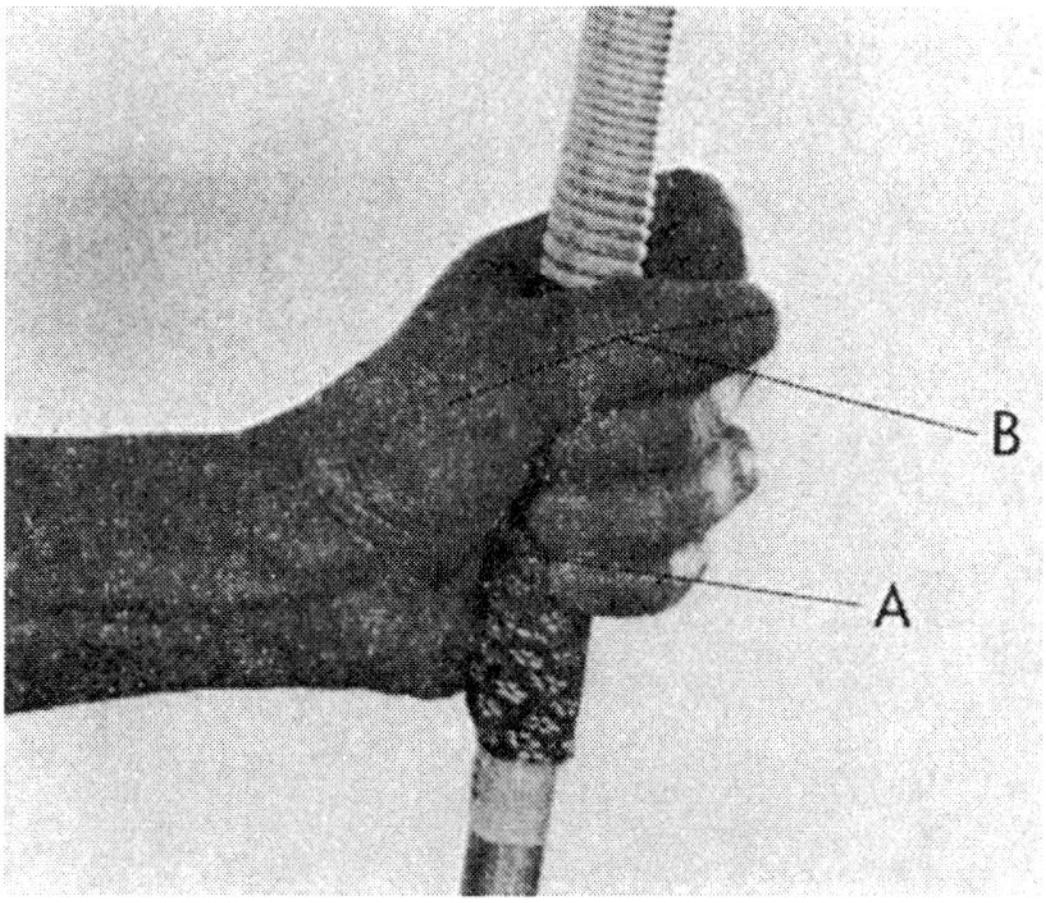

㉖**下押し**（ベタ押し）

「堅物射《かたものい》」といって、今ではあまり見ることもないが、特に堅いものを射抜く時は、上押しを利かすと良い結果が得られるので、この上押しが用いられたのである。もっとも堅物射の場合は、一四メートル位いの距離から射抜くことが多かった。

上押しとは母指と人差指のまた（虎口）で弓の

内竹を強く押すと同時に、弓に巻いている小指を強く手前に引く。上を押し、下を引くので上押しの効果がある（写真㉕A・B）。だが矢の離れた後までこの働きが続くので、弓は斜めにねた残身となる。これがために昔は離れた後、弓の本弭《もとはず》（下鉾《したほこ》ともいう）は、膝頭に向かっていなければ良し、としなかったものである。

ハ、下押しとベタ押しとは多少違うが、本質的にはあまり変わりがない。下押しは掌の中心以下の筋を使って押すものであり、ベタ押しは掌を**ベッタリ**弓につけて握り、そのまま押すところからこの名があるが、いずれも初心者に多い押し方である（写真㉖）。

このようにベタ押しでは、弓を握った母指の先に力が入り、母指根（角見）は生きないので角見の利かしようがないから、弓を捻って弓返りを作ることになる。

一時期、このベタ押しで当てまくり、得意になっていたものが相当いたが、現今ではあまり見かけなくなったのは、それだけ弓射が真面目に研究され、進歩した証拠であろう。

下押し、ベタ押し、のくせを直すのに、昔は「紅葉重ねの手之内」で矯正したことは前にも触れたが、今でもこれは役立つから応用してほしい。ただし、中押しの感じがつかめたら、一日も早く「十文字の手之内」に移行すべきである。

ニ、捻り押しとは例えば正面で弓を握った時、手之内を整えるのではなく、そのまま物を握り潰すように指先に力を入れて弓を持って引けば、弓そのものが完全に捻られてしまう。これは極端な説明だが、このように弓を持ち手首で捻って離す捻り押しでは、押せば押すほど手掌や手首に力が入り、離れの瞬間手首から左に折れる。また、会までは一見正しい手之内に見えるが、最後に離れを誘うために弓を捻ることもある。

このような捻り押しは全て射離したあと、手首が左に折れている。これらは会の伸び合い中に、手之内の中は弓を捻っている結果であるから、残身を見れば、その時の操作の内容を知ることができる（写真㉗）。

もっとも、捻り押しは「手首の力で捻る」ものであるから、手之内とはいえないのである。

下押し、ベタ押しなどは、いずれも正しい手之内の作り方を知らないことから起こるのであるから、正しい手之内「十文字」を初めからやり直して研究する方が早道であろう（84ページ、正面打起しの手之内参照）。

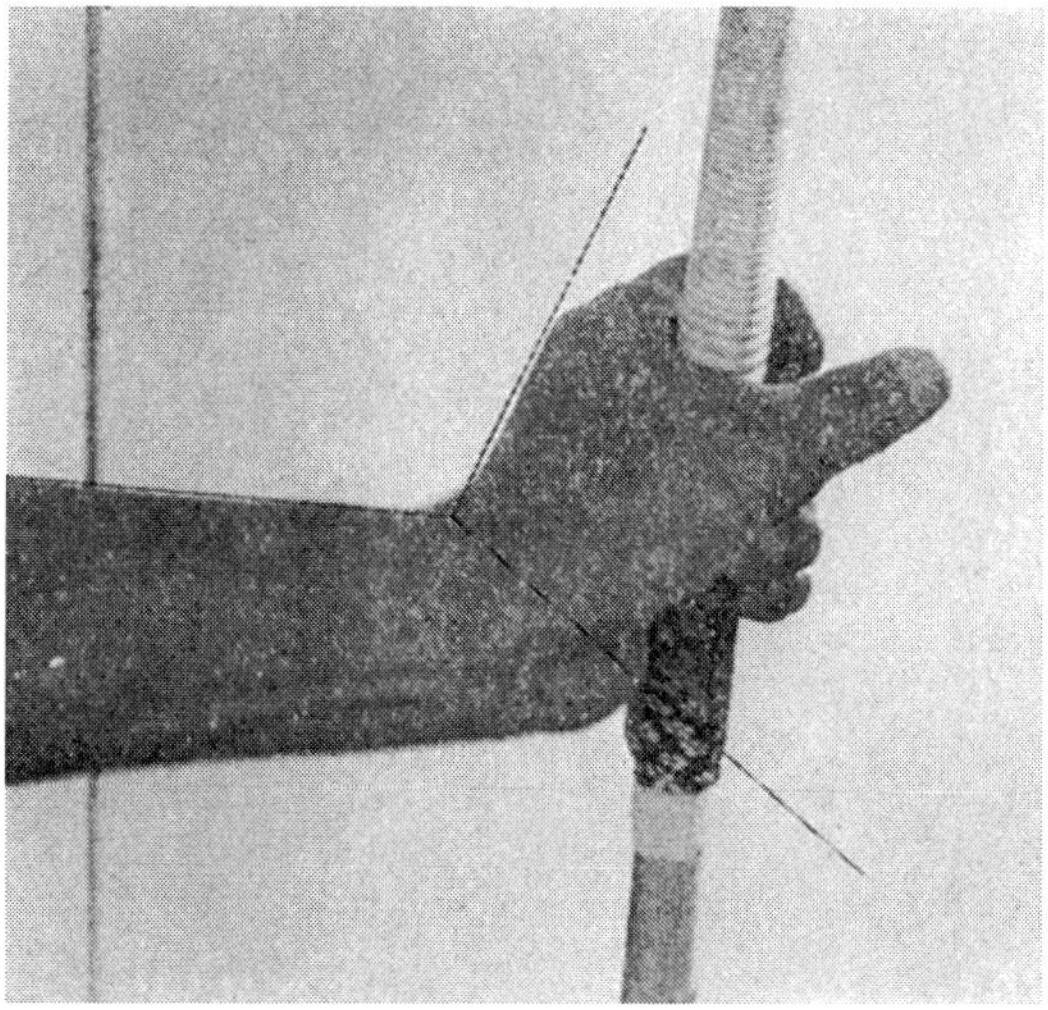

㉗手首が外側に折れる

小笠原流の教歌に

上弦のつよき弓にて射る時は
　思わず知らず矢所ちるなり

というのがある。上弦の強い弓とは、下鉾（握りより下）より上鉾（握りより上）の強い弓のことであるが、上下のバランスの取れた弓であっても、上押しを強く利かし過ぎると、この歌と同じ結果となって、矢所（矢の着点）が散る。

つまり当たる矢も当たらないことになるというのである。また、

立居まで晴れなる時は射込みつつ
　上弦よはき弓を射よかし

ともいっている。

立居まで晴れなるとき、つまり貴顕（身分の高貴な人）の前で射る時は、もっぱら当たりを重視するゆえに、常に射込んだ上弦の弱い弓を用いよ、当たりが細密である、という意味である。

とかく新木《あらき》の弓は上弦が強いところからこの歌が出

たと思われるが、これも前の歌と同じで、上弦の強い弓と、上押しばかり強くするのは結果として同意であって、矢も散り当たりもよくないということになる。この歌意からも一般に中押しを勧めたい。

中押しの場合離れにあっては、弓はほぼ垂直に立ち（写真㉘）、角見が利いていれば、同時に母指の先が起きた残身となる（同A）。

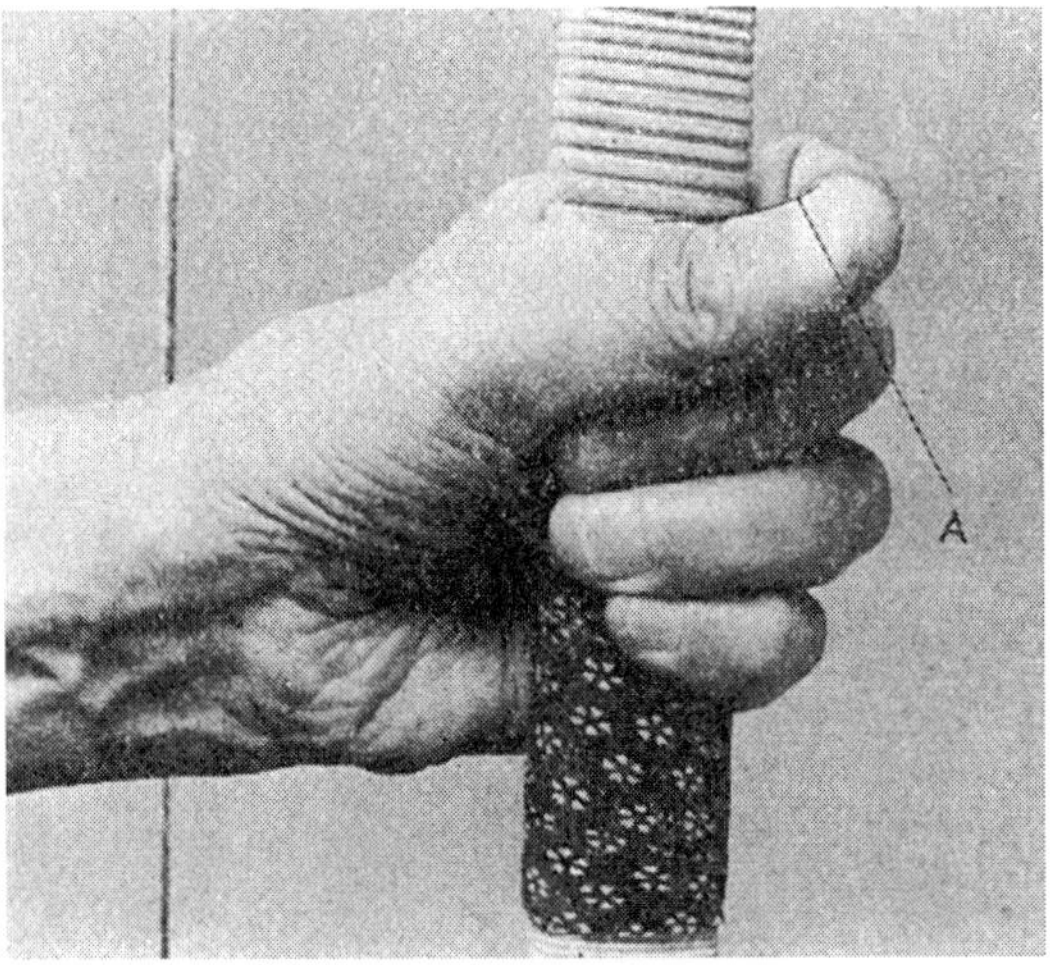

㉘離れた時，弓は大体垂直に立つ

また、矢飛びのよいことは、今まで上押しであったものが中押しに改めると、同じ的付けで矢は的一個半位い上に飛ぶことでわかる。中押しは上押しのように射抜く力は強くはないかもしれないが、矢飛びのよいこと、それはあたかも乗用車のように軽快なスピード感があるのに対し、上押しは牽引力（射抜く力）は強いが、それはトラックの鈍重さに似ている。

⑫弓弝《きゅうは》（弓の握り）の太さ

弓射は弓の握りの太さによって相当左右されるところがあるので、昔からこの太さは自分の手に合わせて作ったものである。今でも心あるものは実行しているであろう。

自分の手之内にピッタリ合うと、手之内作りもやりやすく、急所の締りも良く角見も自然に利き、気持ちのよい手之内ができるからである。

この握りの合わせ方には弓の幅を広くする、高さで合わせる、その外いろいろあるが、やはり自分の希望する手之内に適した握りにする事が最もよいのであるが、それにはいろいろ条件が必要である。

ここでは、十文字の手之内の項で述べてある手之内に適した、手と握りの太さの合わせ方を記すことにした。

手之内の作り方を解明するには、十文字の手之内でも述べた通り、わかりやすいので、ここでも斜面で作る方法で記すことにした。

一、まず、自分の母指と人差指の合わせ目に印をつける（写真㉙A）。

二、次に弓の矢摺籐の中心、握り皮に近いところに印を付ける（同B）。

三、母指と人差指はいずれも伸ばしたまま、またの皮を握り皮の最上部より約一センチほど下に押しつけるようにあて、弓を下に引くとまたの皮は手の中に巻き込まれるので、ここでAとBの印を合わせる。これで弓の中心と手の中心が合ったことになる。ここでピッタリ合わせてできる操作が手之内なのである。

四、次にできるだけ手幅を狭く（79ページ写真⑤参照）しながら掌の中筋の線（85ページ写真⑬参照）に外竹の角を合わせる。

五、小指だけを弓の外側にめぐらして無理なく、軽く隙間のないように一杯に握る（写真㉚）、この時

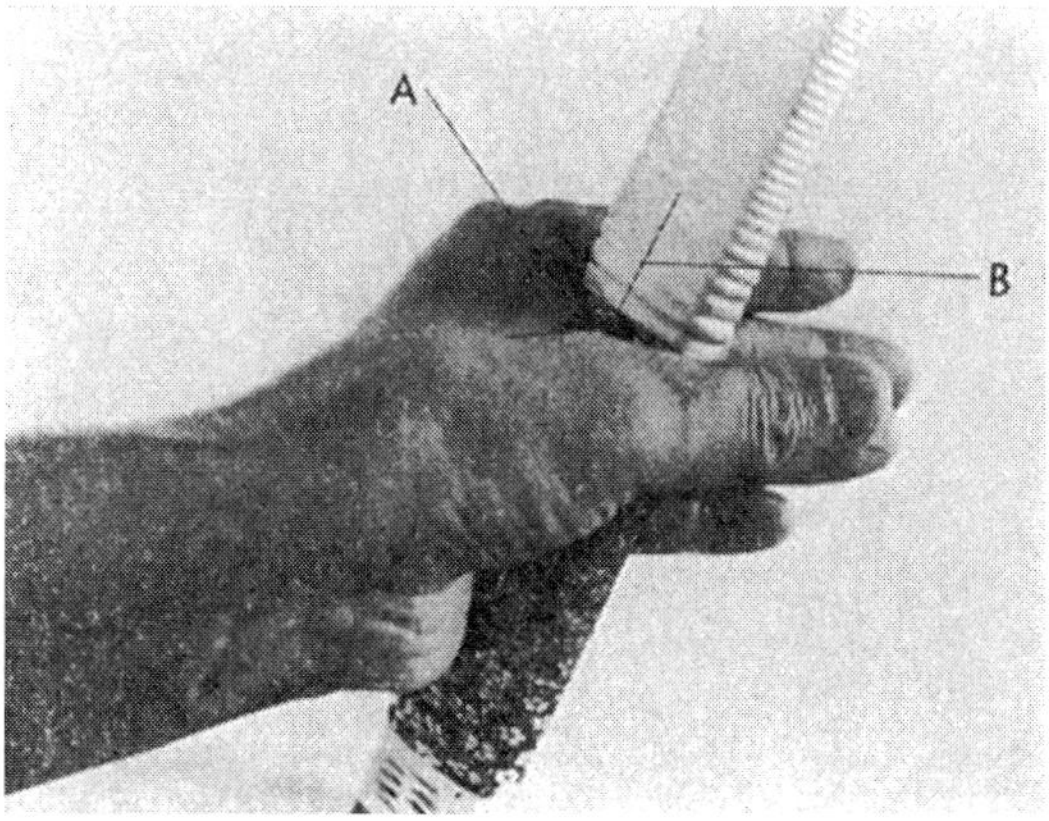

㉙弓と指のまたにつけたA・Bの印を合わせる

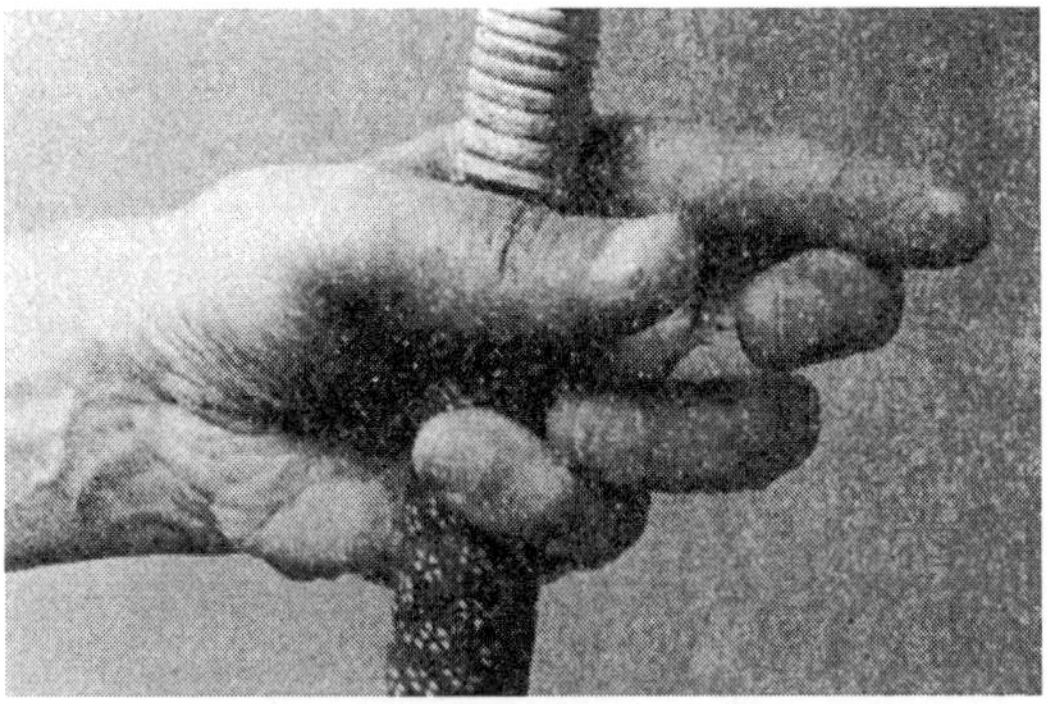
㉚小指の先だけを弓の外側からめぐらし，第三関節から先だけを右側木につける

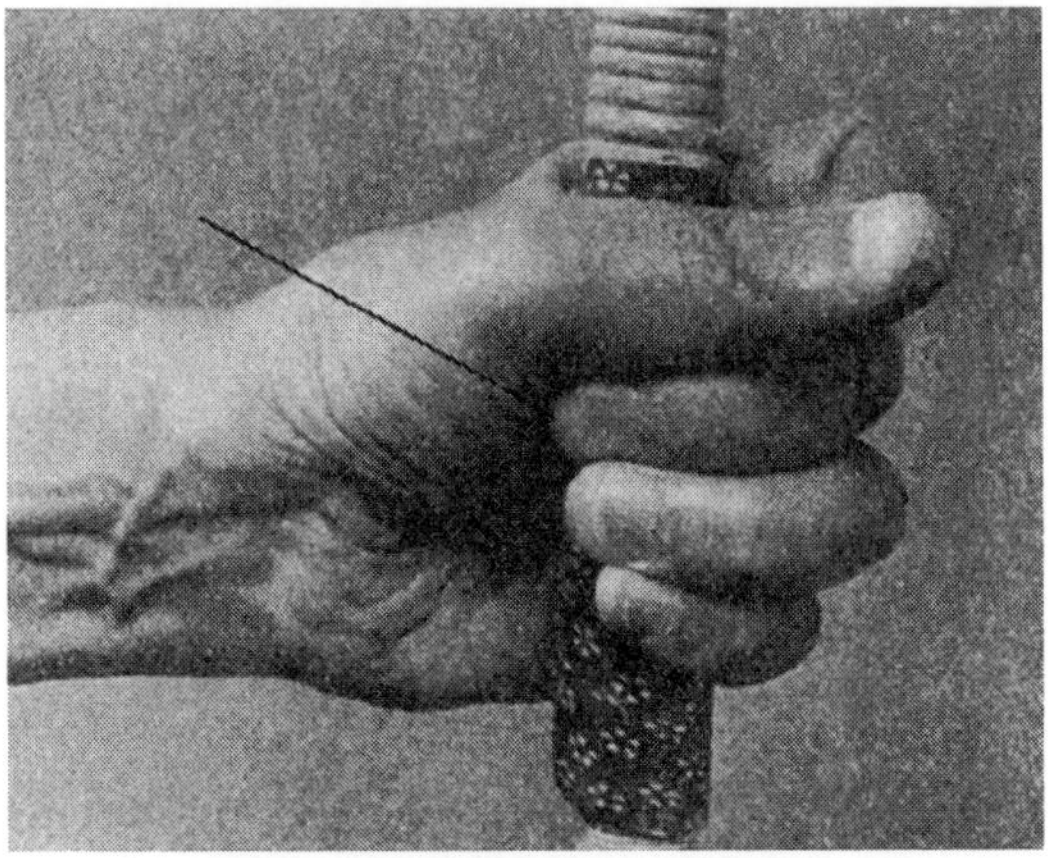
㉛角見と中指の先が接触していては角見は利かない

小指の先端の関節（第三関節）が弓の外竹の右側の角に当たり、指先が右側木にピッタリかかればよし、指がまわり過ぎて余ったり、かからないときは、その握りは自分の手に合ったとはいえない。

ここで肝心なことは、母指と人差指のまたの皮を、必ず手の中に巻き込んでその上でこの操作をすることと、手の幅をできるだけ狭くするために弓の外をまわした小指の先は、母指に近寄せることである。

六、中・薬の二指は小指の先にそろえて母指と小指の中間に割り込ませれば、自分の手に合った十文字の手之内用の握りができるのである。

握りが細いと手の中にゆとりがありすぎて、かえって指先の働きも利かず、母指の根に中指の先がつかえ（写真㉛）中押しの手之内作りに一番重要な働きをする中指は締めにくいばかりでなく、角見の働きも指先が中指の先につかえて全く利かなくなるからである。

従ってこのような場合は太く巻き直して角見と中指

の先を接触しないようにするとよい（87ページ写真⑯B参照）。

⑬妻手の手之内

妻手の手之内については、正確ない伝えも少なく、手之内という言葉も聞かない。昔の韘が今の手袋のようで、韘帽子も母指の先まで軟らかで角も入っていない。そして弦枕もなかったこともあって「弦に指をかけるには、大指の腹を越して、指の頭の方にかけてはいけない」としていたのが、「射法本紀」にみえる。

日置流でも矢の軽重による取懸け方の教えはあるが、いずれも矢を取り落とさないこと、離れの矢に無理のかからないこと、などがその目的とされ、体の伸びと手之内の関係などふれているものはない。

ところが自然体である縦・横十文字を構成し、「力は天地左右に流れ」（弓道教本・伸合118ページ）るようにするには、筋・骨格の自由な働きを必要とするが、素手の手之内作り、つまり取懸け方によってこの働きが左右されることが多いので、体全体の自由が生きるような取懸けでなくてはならない。

取懸けの全てが手指の操作にあることから、母指の屈伸に作用する筋を調べてみた。

前腕筋

長母指伸筋、短母指伸筋、長母指屈筋、長外転母筋、短外転母筋

手　筋

内転母筋、短屈母筋、対小母筋、短母指外転筋

（各筋の作用は35ページ、上肢に関与する諸筋参照）

など母指一本に対しても、このように多くの筋が関係を持ち、しかもこれらの筋の一部でも操作が悪ければ、前腕や上腕の自由まで奪い、結果は体勢作りに影響し、総体の崩れにまで発展するからである。

妻手の手之内を作るには大別して、次の三通りがあげられる。

イ、持つ手之内（残身でチョキやパーの形を残す）

ロ、つまむ手之内（第三関節より先でつまむ）

ハ、指を懸ける手之内（鉤）（吊輪にかけた指先のよう

に第二関節と第三関節の中間内側を引く）

取懸け方を、持つ、つまむ、指をかける、の三つに分けたが、いずれも弽の帽子に指をかけることに変わりはないが、問題は指先の使い方によって、われわれの気付かない上腕や肩に、力みによる凝りができ、伸筋だけしか使えない弓手との伸のバランスはとれず、不自然な離れにしかならないものがあるからである。

イ、持つ手之内　物を持った時のように弽を握り持つもので、当然指先を締めるので、指の付け根（第一関節は突起した形になる。写真㉜）握った力は多少とも緩めて離さなければ離れないのみか、前項で述べた通り手指と前腕との筋の連繋から、手首は凝り、上腕二頭筋（屈筋）の緊張となって、肩根を吊り上げ伸を失うので、結局伸のバランスもとれず一文字の大離れにはならない。

この手之内は初心者に多いが、それは残身の妻手を見ればよくわかる。ほとんどが、じゃんけんの時のチョキ（鋏、写真㉝）やパー（紙、写真㉞）の形を残す。

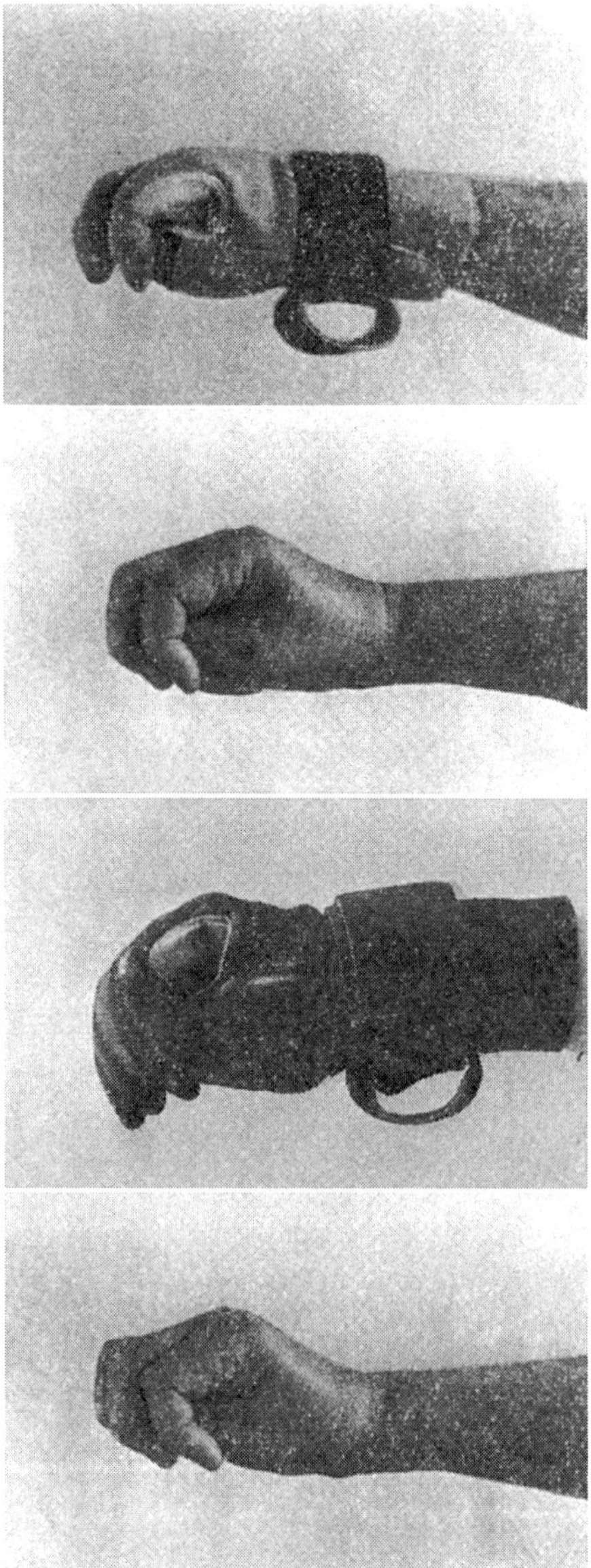

㉜写真上から三ツ弽とその指の形，
四ツ弽とその指の形

㉝じゃんけんのチョキの形を残す

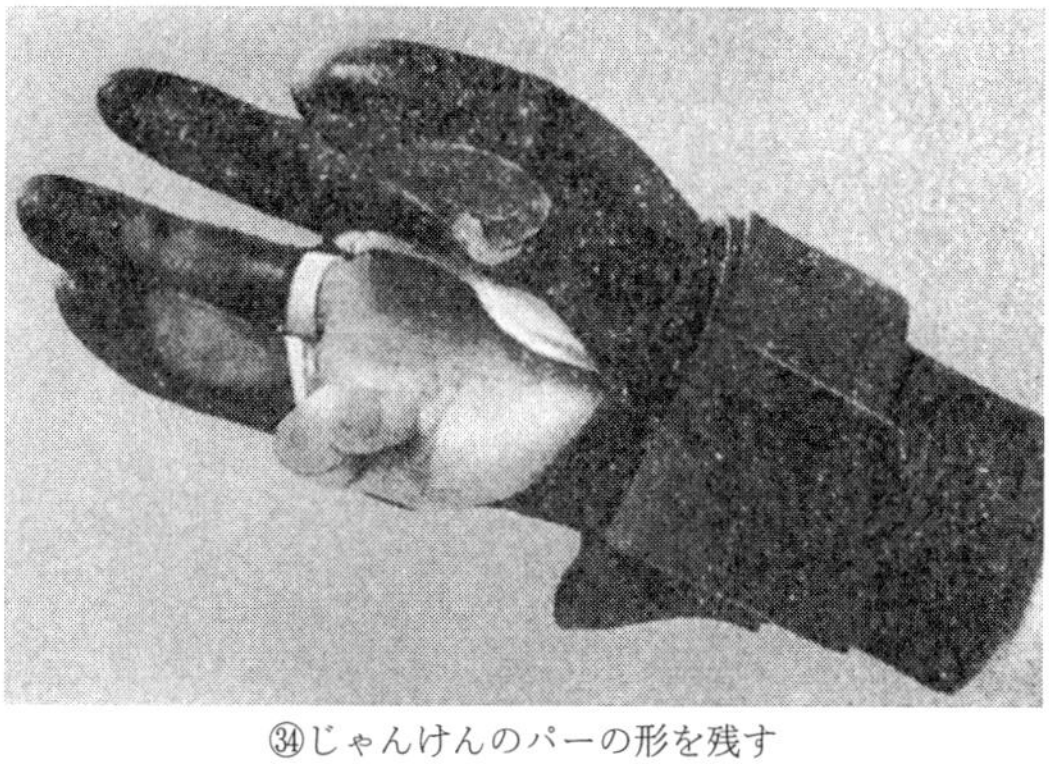
㉞じゃんけんのパーの形を残す

これらは持ったものを離した形なのである。なかには一度開いて離したチョキやパーの指を、瞬間握る器用な人もいる。

物を握った形の手之内から軽い離れを出そうとすれば、握った指先をわずかでも解かなくてはならない。指を緩めること自体、妻手の弱味に通ずる。といって強い離れをと、握ったまま直接離れに持って行けば、一見強く鋭い離れに見えるが、これほど不自然な無理な離れはなく、結果はブッタ切りにしかならない。特に握る働きのために伸びなければならない肘（上腕下すじ）の働きより、拳の方が強くなって、肘はゆるみ、前腕を飛ばす手先離れとなるのである。

ロ、つまむ手之内　つまむ手之内は指先でなにかをつまむ形の手之内（写真㉟）で、無理がかからないから離れも軽く抜けてくれると考えてのことと思うが、次の理由によって全然反対な結果になるものなのである。このつまむ手之内の多くは、指を全部伸ばし第三関節（指の一番先の関節）かその先の方と、弽帽子の先でつまむものであって、わずかしかかかっていないので引分けのとき、弓力が加わると指先に特に力を入れて保たなければ離れてしまうから、自然必要以上の力を使うことになる。結果は手首まで堅くなって一、の「持つ手之内」と変わらないことになる（91ページ、手首の力と指先の働き参照）。

ハ、指を懸ける手之内（鉤）

以上のことから、左右上肢の力のバランスをとって、弓手・上肢の働きに合わせて、妻手・上肢の筋の働きを生かすために、研究の末、創案したのが「鉤」の手之内である。

熊手のように先の曲がったものを「鉤（こう）」という。手の甲から母指を除く四指の第二関節までをなるべく平にし、第二関節から先を鉤形《かぎがた》に曲げ（写真㊱）、中指ないし薬指の指先を韘帽子の頭（同A）に引っかける、で持ったり、握ったりではない。電車やバスの吊り輪につかまる時、だれでも別に意識しなくとも、指先（第二関節と第三関節の中間、以後指先という）を、吊り輪に引っかける（写真㊲）。これが自然で、大きく揺れる時のほかは握り締めることをしない。この指先を吊り輪にかけるのと同じ感じで、韘帽子に引っかけるのである（91ページ、手首の力と指先の働き参照）。

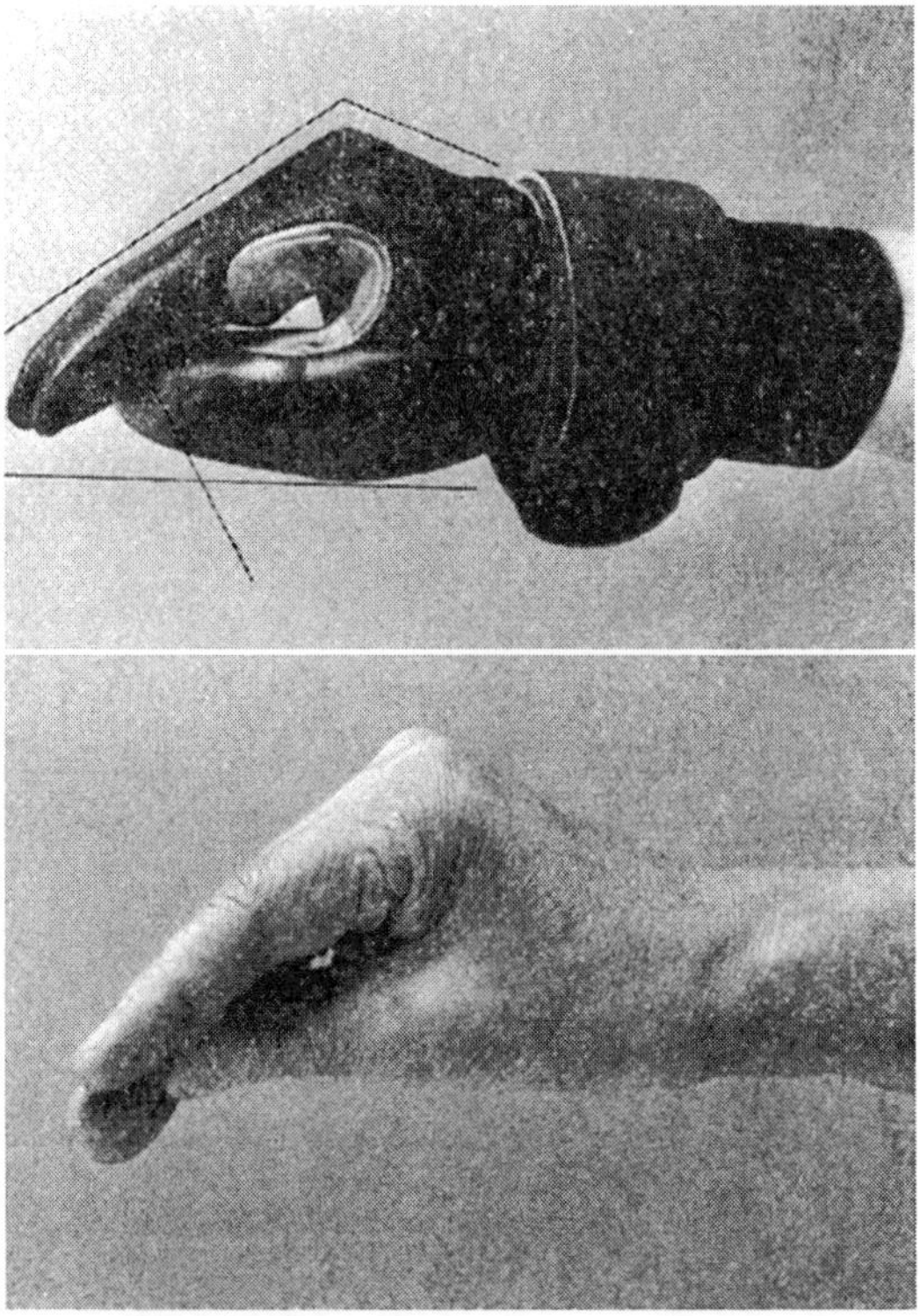

㉟指先でつまむ手之内。帽子にかけた指を全部伸ばしている（上），韘の中の指の形（下）

この時帽子の中の母指は軽く張り起こし、爪を帽子の上部につける（図㊳）。そして、帽子にかけた指先の内側（写真㊴A）のところを、上腕下筋を使って肘に引かせるのである。

　このことは会に入って伸合うときもまったく同じで、弦を引いたり、拳を引くのではない。帽子にかけている中指（三ツ弽）または薬指（四ツ弽）の内側（帽子に付いているところ）を肘に引かせれば、両者とも手首は柔軟となり、妻手肩にも自由があり、肩関節を納めることも、上下左右への体の伸びも容易となるばかりでなく、弽の帽子が間接的に引かれているので、伸合いや離れの操作にも少しの無理もかからず、見事に離れられる妻手手之内の重要な操作なのである。これが「鉤」の手之内である。

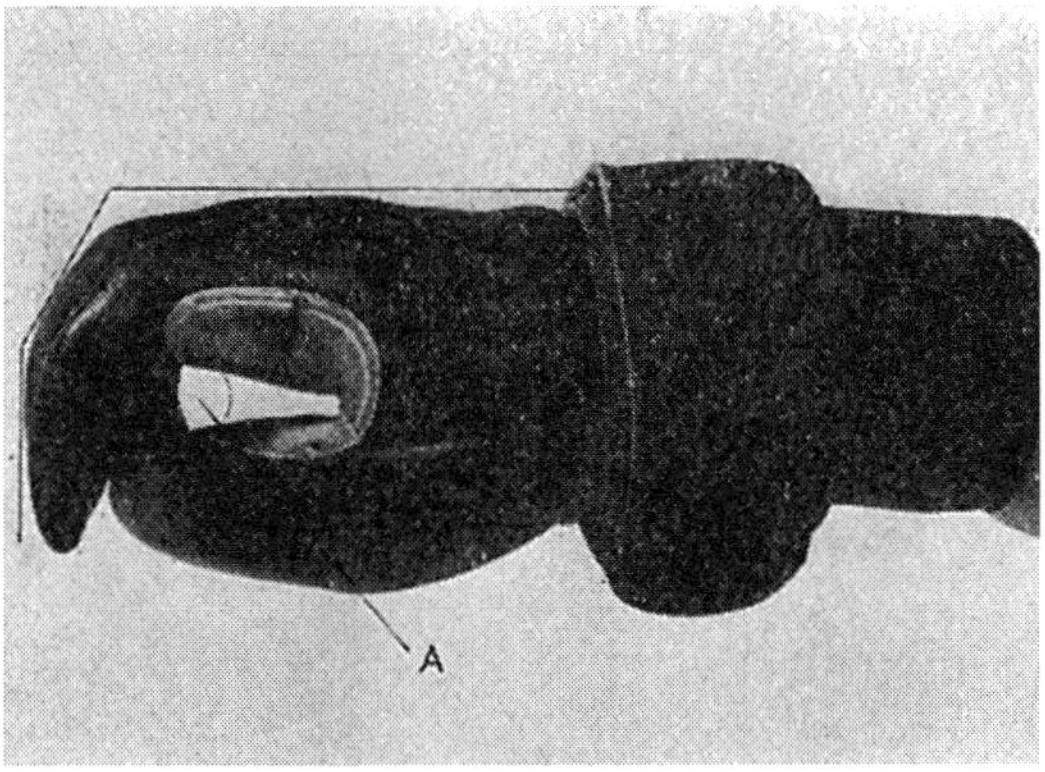

㊱手の甲から指の第二関節までを，なるべく平にする。帽子の頭はここに入る（A）

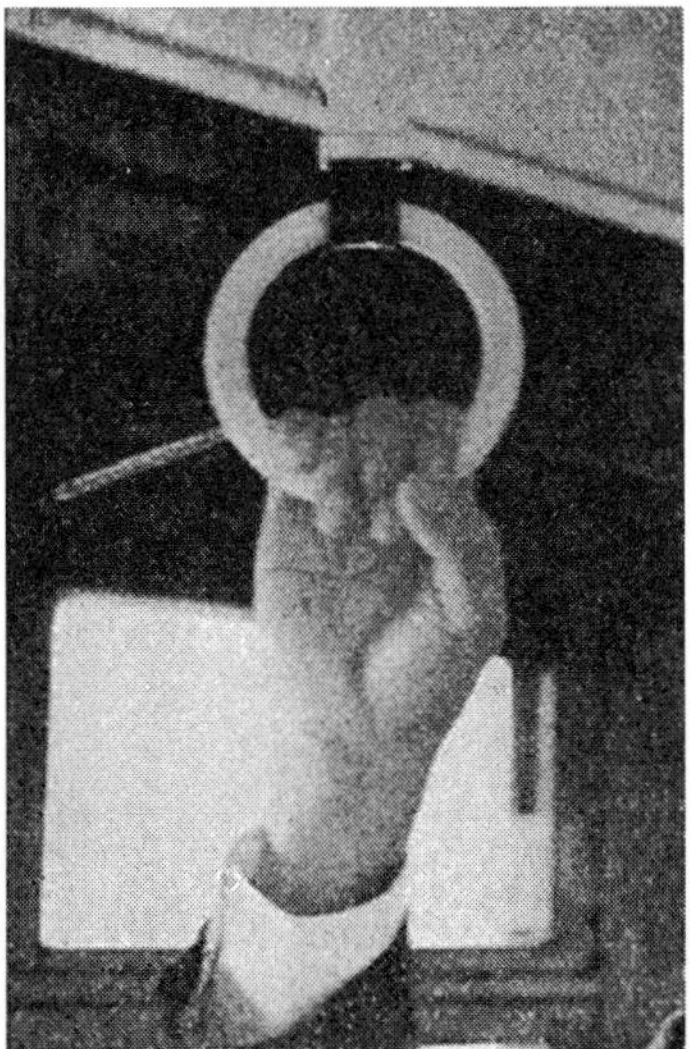
㊲無意識のうちに吊り輪にかけた指先（大体第二関節と第三関節の中間をかけている）

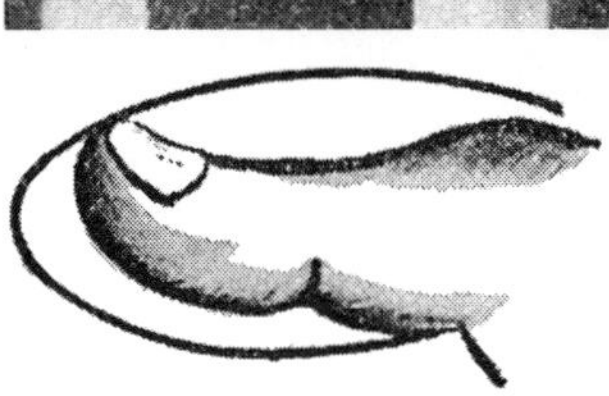
㊳帽子の中の母指を軽く張り起こし、爪先を帽子の上側につける

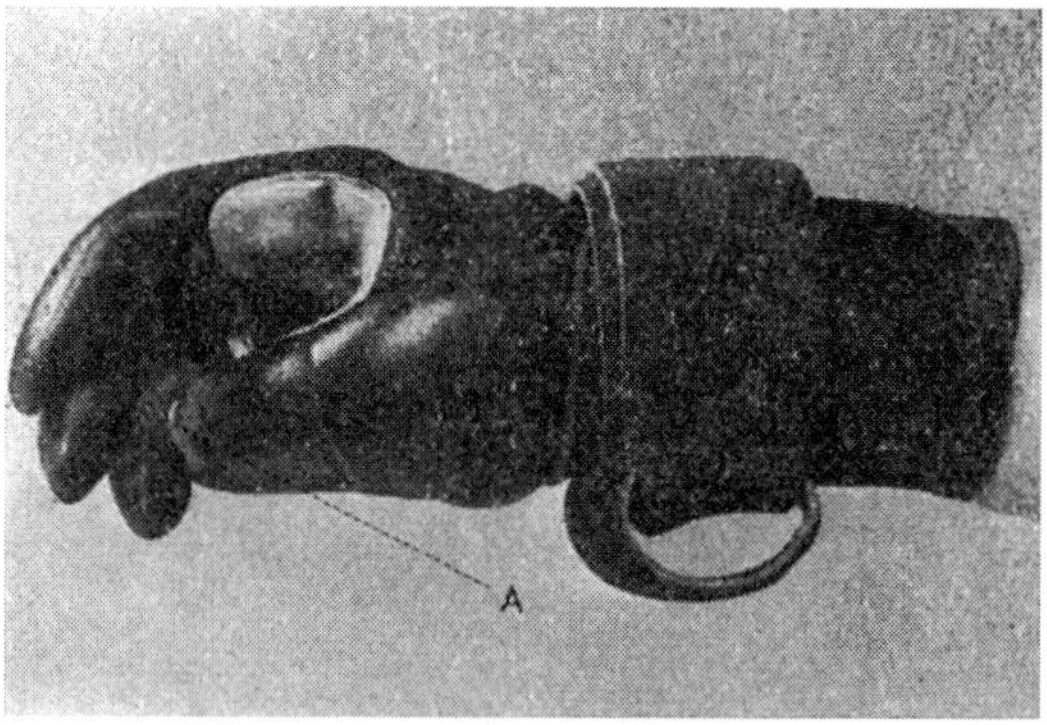

㊴帽子にかけた中指または薬指の第二関節と第三関節の中間を肘に引かせる

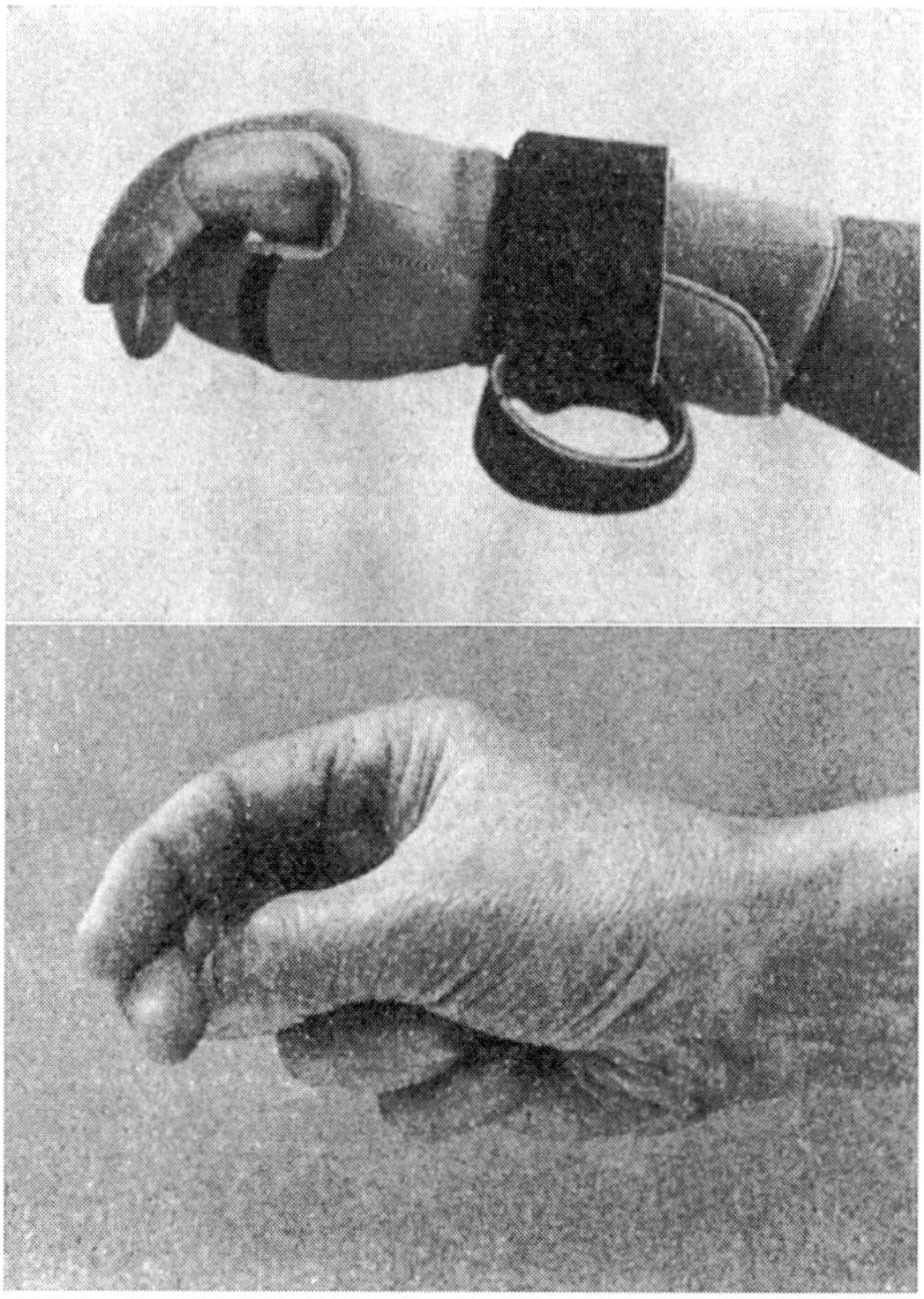

㊵三ッ牒とその指の形

旧来の取懸けに馴れたものが、妻手肩を落として弓手肩とのバランスを取ることは、なかなか難しいように思われているようだが、それは手馴れた取懸けにこだわっているところから来ていると思われる。なぜならば、手を取ってこの取懸け方に改めさせると、だれでもその場で立派な離れになれるからである。そこでここに、その「鉤」の手之内に改める方法を述べておこう。

今まで弦を「つまむ」形や「握る」手之内のものが鉤の手之内に改めようとすると、鉤は指先をひっかけるだけの操作なので、不安であろう。そこで慣れるまでは、三ッ牒なら人差指と中指の二本を、四ッ牒ならそれに薬指も一緒に鉤の形に曲げて、指先を弽帽子の頭にひっかけて引く練習を続けるとよい。しかし、二指または三指を全部帽子にひっかけることは、弓を肘で引くための体の操作や伸の自由を作るのには良いが、大切な次の離れを考える時、離れが瞬間的であるので、この微妙な離れ口の操作には適さないのである。

従ってしばらくは指全部をかけて繰り返し研究し、「鉤」の手之内に慣れたら、三ツ弽なら中指一本を弽帽子にかけ人差指は中指に軽く添える（写真㊵）。四ツ弽なら薬指一本をひっかけ中指は薬指に軽く（極く少し）重ね、人差指は中指に添えてこれを肘で引く稽古をすれば、完全な「鉤」の手之内を身につけることができよう。

「鉤」の手之内の作り方を、熊手や吊り輪を例にしたが、いずれも手の甲を上にした型の説明であるから、二指または三指をひっかけるのはわかるが、中指または薬指一本だけを帽子にかけることになると、その操作がわかりにくいと思うので、もう少し詳しく説明してみよう。

実際に取懸けるときは手の甲を右外に向け手の平を内側に向けて取懸ける「鉤」の手之内作りも同じで、弦枕に弦が入ったところで三ツ弽ならば中指一本、四ツ弽ならば薬指一本、いずれも第二関節と第三関節の中間を帽子にひっかけ他の指を添え（第三関節または、それより先を帽子にかけているのを見かけるが、これは二の「つまむ」手之内に入るもので指先に力が入ってよくない）、手首を肘から軽く内側に絞ると、人差指の根に弦のあたるのを感じる（149ページ、引分けと妻手の絞り参照）。引分けのとき帽子にかけた一本の指とこの人差指の根にあたった弦の二個所の感じを逃さぬように肘（実際には上腕下すじ）で引分けることができれば伸びも離れも自由になるからである。しばらくは不安ではあっても、続けていれば、案外早く会得できるものである。

このように、取懸け方を改めない限り、絶対に左右の肩の納まりや、両上腕の体からの伸びの働きとバランスをとることは難しい。また「鉤」の手之内ができても、しばらくは、旧来の癖にじゃまされ、余計な筋が働いて、会に入ってからもなかなか右肩を後方下に落とせないことが多い。こういう場合は、引分けの途中、妻手拳が頭を通り越す時点で、引分けの進行より早目に肩を落とすように心掛けるとよい。つまり妻手を引分ける前腕の移動と、肩を落とす働きを同時に行うわけである。

　引分けについては、後の「引分け」の項で詳述するが、「鉤」の手之内によって会における**妻手全体の詰合いと伸合いが自由となり**、離れの軽妙さも生まれることを知るであろうと確信している。

　なお「鉤」の手之内で中・薬指の第二関節と第三関接の中間を帽子にかけるように述べたが、張り込みの堅い弽でこのように比較的深くかけようとしても、思うようにならない場合があるが、このような時は弽の紐《ひも》を巻く前に、必要なだけ指をかけてそのまま紐を締めるとよい。こうすると紐を緩く締めたことになって不安のように感じるが、別に問題はない、安心して実行されたい。新しい弽も同様である。

⑭物見（顔向け・頭持ち）

　物見とはふせばうしろにそればまへ
　　中にそなうをかねとしるべし（日置流）

この歌の意味は、物見は上体（腰から上）が伏されば、首は後に倒れ、反対に上体が後に反れば首は前にねる、縦の線は頭持ちをも含めて垂直した中の胴がよいということである。

　物見は射法八節の「弓構え」三つの動作のなかの一つで、顔を的に向けることであるが、顔を向けるだけで、**なぜ**上体が伏せたり反ったりするかを考えてみよう。

　上体は腰から下の両脚の緊張によって保たれる。これが胴造りの要点であるが、これだけでは縦の線は垂直であるべき「中の胴」にはならない。その前の足踏み、特に足の向け方が問題となる（71ページ、胴造り＝

五つの胴参照)。

従って物見の悪いのを直すためには足踏みから直さなければならないことになる。

つまり、足踏みの足の向きが悪いと、上体を真っすぐに保つことができず、縦の線(胴造り)が崩れると無意識のうちに首の納まりが悪くなる。すなわち、上体が前に伏せば首は後にねる、後に反れば首は前にねる、だから足踏みから気をつけて中の胴の上に真っすぐに首の納まるのをかね(定)と知るべしということになる。

顔持(頭持ともいう)は進退俯仰浮沈なく

正しく見るを顔持という(大和流)

顔持とは的を真ともに見込む物見のこと、つまりのぞき込みもせず、反りもせず、仰ぎもせず、俯《うつぶ》しもせず、照りもせず、浮いた様子もなくまた沈んだ様子もなく、頭を天に冲《ちゅう》するように真っすぐにつき伸ばし、視線が的に直角をなす様にして的を見込む、これを真の顔持ちという、ということである。

「頭を正しく的に向け注視する、これを弓道の術語で『物見を定める』という」(弓道教本・弓構え111ページ)とある。

頭を正しく的に向け、の「正しさ」をそのまま受け入れて、その正しさを求めてみると、伏さず(伏すと前額部が前に出る)左右に傾かず、真っすぐであって、しかも眼球は眼の中心にあることであろう。

これはなかなか難しいことである。

というのは物見は体の縦・横十文字のうちの縦の線に属しており、これと無関係ではないからである。縦の線の伸びにあって項(うなじ——後頭部えりもと)を伸ばし、同時に両肩も後ろ下に締める必要があるが、顔を的に向ける動作と向け終わった顔の状態によっては、一本であるべきはずの縦の線が、首のところで分断され(真っすぐでなくなる)るばかりでなく、肩関節の均衡まで保てなくなる恐れがある。従って、頭を的に向け、正しく保つという単に外観的な動作から離れて、生理的な筋の働きを調べて見る必要があろう。

顔向けやこれを保つ頭の運動に作用する筋には、僧帽筋（左図）といって、頸の後部から背柱の中心部を出発点として、肩胛棘、肩峰突起および鎖骨の外側までに付着し、いちょうの葉のような形で肩を覆っている、軀体から肩および頭の運動に作用する筋である。

この筋は上部で肩胛骨および鎖骨を上に引き上げ、中部で肩胛骨を内側に回転し、下部では肩胛骨を下に引き下げるという三つの作用の外に、上肢帯（34ページ図、上肢諸筋の連繫参照）が固定している時、左右両方のこの筋が働けば頭を後に曲げ、一方だけならばその

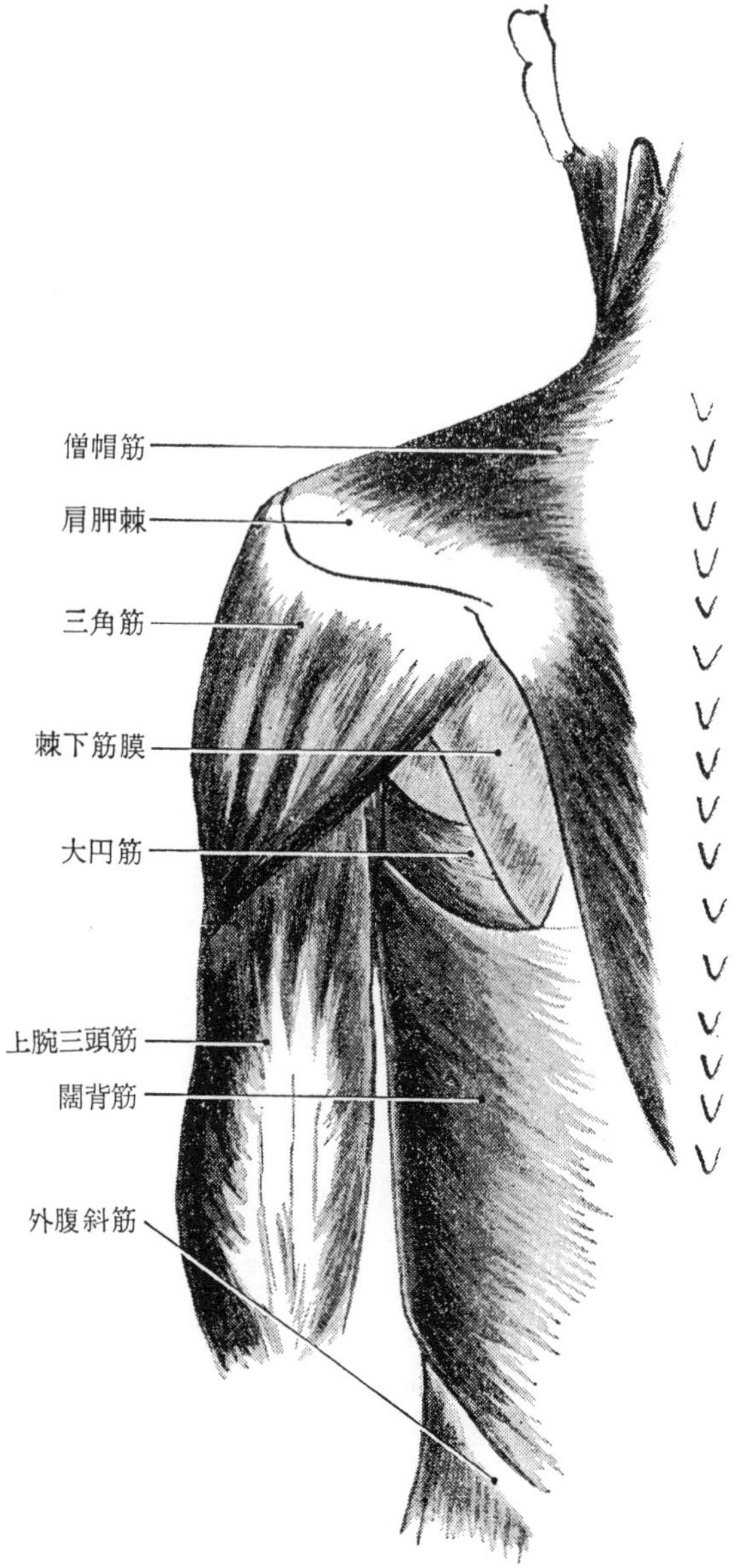

方に頭を回すなど、広い作用をする。もちろん首に関係する筋は他の筋と重なり合っているから、僧帽筋の内部にある板状筋、菱形筋などいろいろの筋が関係している。

このほか、左右にそれぞれある闊頸筋の浅頸筋・外側頸筋・前頸筋・後頸筋・後頭筋・後頭下筋など二十数個の筋が主従または深浅の層をなして重なり、互いに連繫し合って頭の運動に作用している。そして僧帽筋その他の筋と関連して、左右同じ筋が同時に緊縮、伸展する時と、一方だけの場合とによって、頭の動きが変わってくる。

また、頭の運動に作用する筋に、顔を的に向けた時、右の耳の後部から肩の方にかけて真っすぐに立ち、外部からはっきり見えるように現れる筋がある。これが胸鎖乳突筋（下図）で、これが真っすぐに立てば物見が正しいとされている筋である。この筋は余ほど首を回さないと真っすぐにはならないが、それだけを手がかりとしていては、正しい頭持ちは得られない。

なぜなら、昔の射形のように右肩を上げれば楽に首を回し、この筋を垂直に立てることは容易となるが、それでは両肩の均衡が失われて、自然体の射形に反することになる。つまり、左右の肩の納まりも相対的で対応的に納まっている上で、この筋が垂直でなければならないからである。

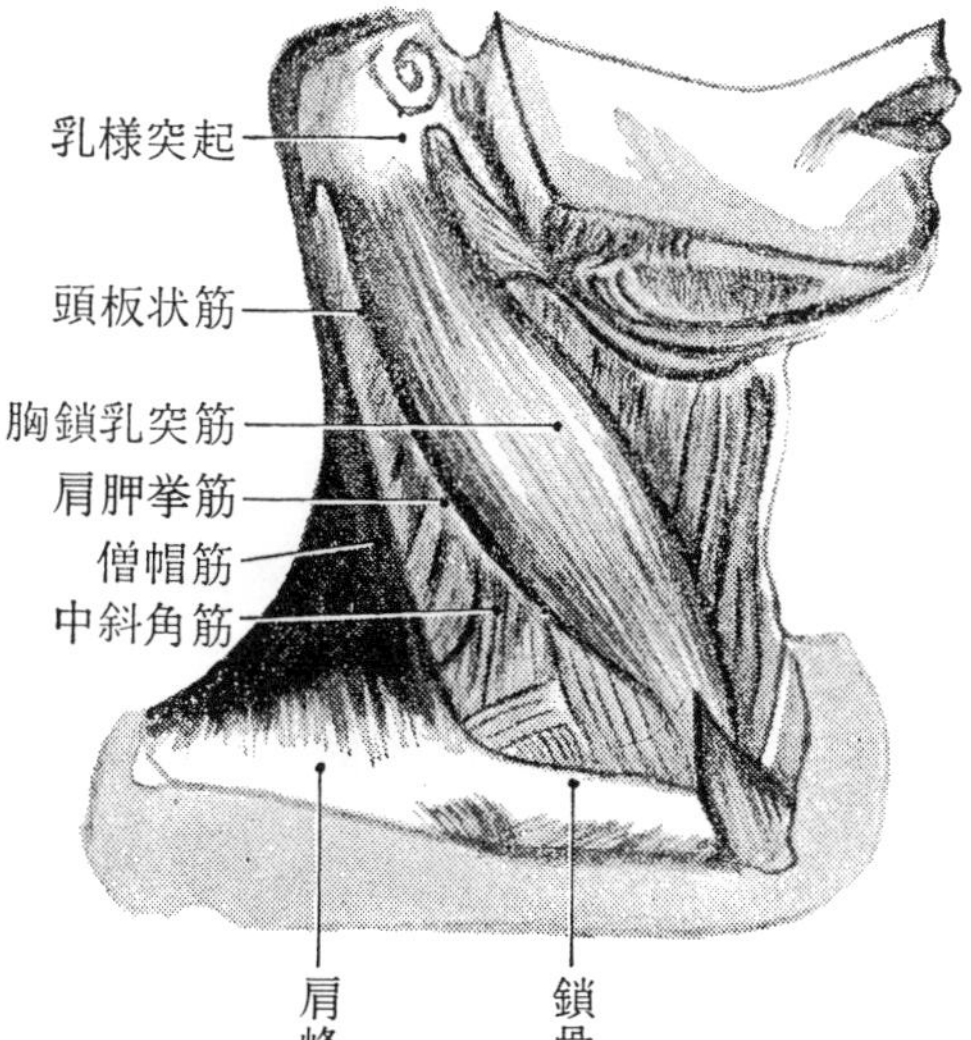

胸鎖乳突筋

⑮物見と妻手肩

従って正しい物見には

一、首が回り切れること、これに加えて

二、両肩根が浮かず、関節はバランスよく納まること。

三、視線は的と直角をなすようにする。

などが絶対条件であることが知れよう。

だが、両肩を平均に正しく締めると、頸筋が肩の筋に引かれて回りにくくなる。これを解決するには、体の正しい縦横の十文字を基礎にし、肩と首の動きに作用する前述の諸筋、後頭部にあっては僧帽筋、前頭部では闊頸筋と胸鎖乳突筋などを意識的に一定度に伸・緊張させることが必要である。

いま、これを軀体から上肢にかけての筋、および頸と肩の筋の伸・緊張の関係を図で示せば次のようになる（下図A・B）。

軀体を中心とする骨格の正しい縦・横の十文字を基礎とした横線の伸びの主力（主伸）となるA線とともに、同じ動きをするB線の伸びによって上肢は伸張する。この時、顎《あご》を引き、項《うなじ》を伸ばし、顔を的に向けながら首を付け根から的の方に送ると同時に、右肩を後方下に引けば同図C線と張り合う。

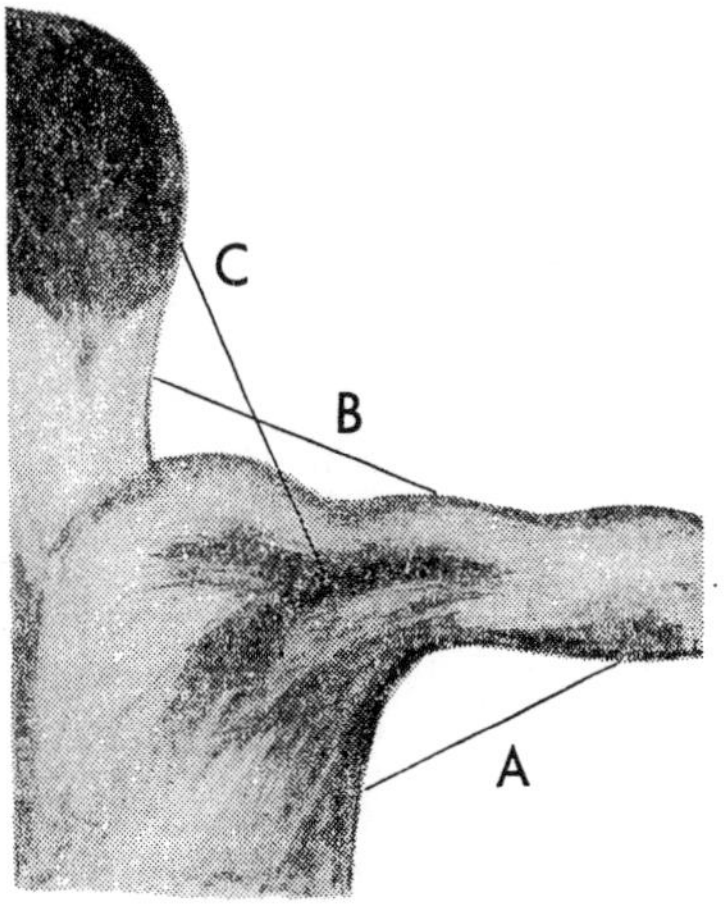

A線はB線とともに体を中心とした正しい十文字を基礎に，横一文字の主伸となる
B線の伸びはA線と共に体から上肢の伸びに関係する
C線は首を伸ばし肩根を背面下方に引く

こうして顔向けは、首の根本から安定した正しい位置に納めることができれば同時に、肩根を締めることもできるのである。

試みに、右拳を軽く握って背面下、尻の上に張り伸ばし、肩根を背面後方に引き締めつつ静かに首を左に回し、顎《あご》を引いて顔を首の根から的の方に押し出すと同時に、さらに肩を引きつつ、顔を正しく左に向けてみると、頭が傾かない限り、肩と頸とで頸筋を引き合うのが知れよう（同図C）。

ところで、左右両肩の正しい納まりにしても、打起し――受け渡し――引分けからは弓力を受けるので、この間、筋の働きもさまざまであり、骨格の位置も変化するので、弓構えで正しく納めても、これを会まで持続することの不可能なことは当然である。

引分けから会に入るまでの行射の運行は、会ですべてを正しく納めるためのいわば準備といってよい。顔向けも同じであって、頭の動きに作用する筋は運行中における他の筋の作用によって影響を受けるものである。弓構えで「首を正しく的に向け」とあるので、ここで正しい頭持ちを作ろうとするものが多いが、それは外観的にはいいとしても、生理的には無理であるのは以上の理由による。

従って、弓構えでは軽く、両肩に無理のかからぬ（オイと呼ばれて、ハイと顔を向ける程度）に首を回して物見を定め、打起し――受け渡し――特に引分けの運行とともに、項《うなじ》を伸ばしながら静かに顔向けを深くし、会で肩根を背面後方に引き締めるとともに完全に的に向ける。ただし、顔を向けるというより首の根つけから顔を的に向けるのがよい。これが合理的であり、自然であると考えられるのである。

顔もちはびんをつりつつくび強く
まじりまがらず見定めて射よ（日置流）

顔持（物見）は鬢（びん―左右側面の髪）特に右の鬢の毛を引っ張るように首を深く左に向け、眼尻を曲げないように真っすぐに的を見定めて射よ、というのである。

そして、その際、縦・横十文字が崩れずに、天地左右に伸びることができれば、図示したように肩と頸の筋が張り合い、なおかつ妻手の肩も浮かず納まるという、自然体の頭持ちができるのである。

なお、眼球は、頭が傾いても、首が回りかねても的を見るのに一向差し支えなく動くものであるが、できれば極端な横目にならないように気をつけたい。結局横目であるということは、首が回らなかったことであり、ここで述べた左右の肩のゆるみにもつながるからである。

⑯目づかい

弓射にあっては目の働きもまた重要な条件である。

元来弓射では体勢作り、射形、弓・矢の運行から射の極地である会における詰合い伸合い、それから生まれる離れなど、みんな目で確かめることはできない。取懸けて的を見、的付けを定める程度の役割しか果たさないと考えられるが、それでいて弓射全般相互に関係があり、切り離せないのである。ということは目は生理的には、視神経の作用によって働くからである。

⑰視神経はレーダーのように

刺激に感応してこれを他の細胞に伝達する作用を持つものを神経組織という。つまりレーダーと同じ作用をするが、視神経もその一つであって、目は的を見る、あるいは見ているとはいえ、神経はレーダーのように跳ね返り、他の神経にこれが伝達されるようになって、体の動作が躍動するのである。もちろん神経の働きは人によって差はあるが、鈍い人といえども訓練すれば可能となるのはいうまでもない。

「教本」八節の「目つかい」をみると、

一、「的を見ながら左足を……」(足踏み)
二、「頭を正しく的に向けて注視する」(弓構え)
三、「狙いは両眼とも開いて」(会)
四、「眼は矢の着点に注ぐ」(残身)

とある。このうち四、は弓射の結果を見るもので問題はないが、その他はいずれも的付けを見ることによって跳ね返った視神経が、足踏み、弓構え、打起し、引分け、会、における体全体の神経に作用するものでなければならない。会にあっても的付けの時点で視神経が反射的に返って来て、初めて詰合い、伸合いが生きて来る。的付けをした視神経が的に居ついて、返って来ないのを「的にとらわれている」というが、視神経は視力を極端に一点に集中すると、跳ね返らず、他の神経を働かすことはできないものである。従って弓射の場合、目は凝視する、というほど強く使ってはいけないことになる。

常に目は柔らかく注視して、他の神経にも作用を及ぼすことができる余裕を持たねばならないということである。

筆者の経験では、柔らかく注視するには瞼の力を抜くように心掛けるのがよく、こうすると気分も落ち着いて、視神経の働きを十分発揮できるようである。

気の強い人が、何くそ当ててやるぞと、目元鋭く的をにらみつけるまではよいが、そのために他に神経が及ばず体中に力みが出て、かえって失敗したり、逆に晴れの場で、どこか気になる個所に気を取られて、視神経が働かず、射の生彩を欠くことのあるのは周知のことである。

また、目を和らぐためにことさら細目にする人もいるが、それだけでは視神経を十分働かせることはできない。特に早気の人に、体勢を整える手段として引分けの途中で下を見たり、弓の矢摺籐に目を移したりする、いわゆる「二目使い」をするものがあるが、早気を直す方便としてはよいが、方便は一生たっても方便に過ぎない。一日も早く的と対決し、**的と遊べること**、つまり的を見ていても体に対するいろいろの操作ができるよう習慣づける必要があろう。

これを含めて視神経の働きによる目使いの訓練にあっては、何よりもまず常に冷静さ、気力、そして精神力の涵養《かんよう》が第一であることは繰り返すまでもない。

⑱的付けと手之内

一般に手之内と的付けは無関係のように考えられがちであるが、実は両者は切り離せないのである。

これは筆者の経験であるが、印西派に入門した少年のころ、手之内作りがやかましく「巻藁《まきわら》三年」といわれて、最初から「十文字の手之内」作りを巻藁前で繰り返し繰り返し稽古させられ、長いこと的に向かうことも許されなかった。そのお陰でもあったと思うが、初めて的に向かって以来、矢は狙ったところ、いわゆるついているところに飛んでいく。昔の射形であるから妻手を堅め、弓手の手之内と妻手の手先による矢の線のバランスのみによるものではあったが、実によく当たったものである。

的がある以上、当たりは度外視することはできない、といって手之内ができなければ絶対に当たらないかというと、実はそうでもないのである。

手之内と的付けについては、弓射の進歩の度合いによって、次のことが考えられる。

イ、初心者の的付け　手之内ができていない初心者は、左右の目で見て的を弓の中心に入れる（右図）

ロ、手之内ができての的付け　手之内ができるようになったら、両目を開いたまま右目だけを使って、弓の左側矢摺籐辺で的を半分に割る（左図）

人により物見の付は変るとも
　右の目にて見定めて射よ（小笠原流）

人によっていろいろ差異はあるが、必ず右の目にて的付けをせよ、というのである。

昔はこれを半月の狙いともいった。

ハ、満月の的付け　正しい手之内（十文字）の上に、体勢が完全になり「弓体一如」体幅が狭くなったら、イの初心者の的付け同様、左右の目で見て、矢摺籐の真ん中に的を入れる。これが昔いわれた満月の狙いである。

イは、ハと同じ的付けであるが、この場合は手之内もできず体勢も不十分であるから、後から矢乗り（矢筋を通して的に向かう線）をみると、矢先は的一つ以上離れた左上のところについているが、離れれば当たる

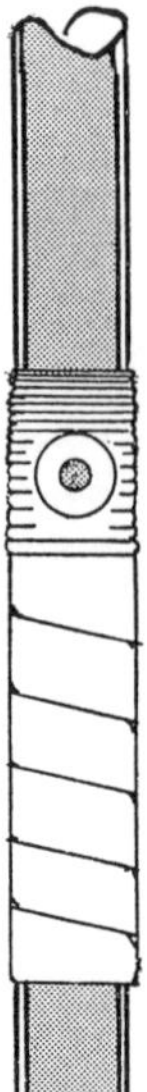

左右の目で見て、的を弓の中心に入れる

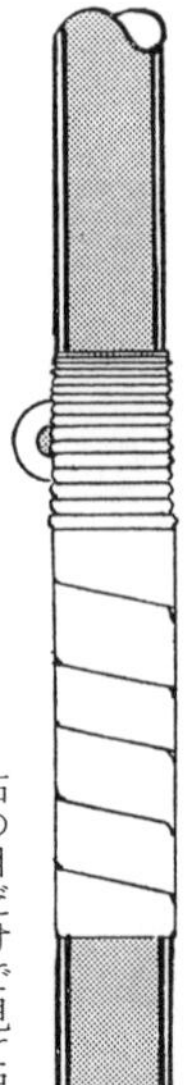

右の目だけで見て弓の左側で的を半分に割る

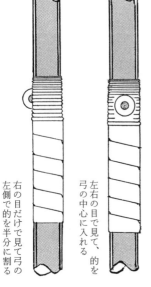

か、的の近くに飛ぶ。的についていない矢がなぜ当たるのであろうか。

弓に張られた弦は、引いて離せば元の位置、例えば弦が弓の中心に張られていれば中心に復元する性質を持っている。この弦に、矢を弓の右側外に番《つが》えるのであるから、そのまま引いて離せば、弓幅の半分右にある矢は、中央に帰ろうとする弦と、弓と矢の摩擦によって、離れの瞬間、付いているところより右の方に飛ぶことになる。矢先が的の幅以上左上に付いていても当たるか、的の近くに飛んでくれるのはこのためである。もちろん手之内ができておらず、従って角見の働きも不十分であるため、安定したものではなく、当たる可能性のある的付けとでもいうことができよう。

ついで、指導と稽古によって、手之内ができるようになって、それが正しく働けば、角見の働きで弓を押す力は右角が強く、左角は弱いものになる。従って離れて弓の返る瞬間、弦は弓の右端にある矢の頭（筈のところ）すなわち弓の右角に復元する傾向を持つので、矢の頭を真っ直に弦が弾くことになり、矢は付いている個所に飛ぶ。

このように角見の利いた手之内ができれば、ロの的付け、すなわち、右目で見て弓の左側で的を半分に割るのがいいのである。

この場合左目も開けていなければならないが、なれるまでは左目を閉じてもよいが、必ず両目を開け安定してから離すように習慣づければ、間もなく両目を開いていてもできるようになる。これで矢は正しく的に付き、離れれば当たることになる。

昔は的を半分に割る半月、矢摺籐の中心に的を見る満月、あるいは有明ともいっていた。また遠的などで弓手拳を高く上げるために、的が拳の中に入って見えないものを闇夜といっていた。この外タスキ（的を斜に割る三日月の的付け、などいろいろいわれて来たが、果たして弓で的を割る（見る）だけを正しい的付けといえるだろうか。

⑲正しい的付け

正しい的付けとは、弓を引き絞った時、筈の頭から矢先を通して矢乗りを見た時、矢が的の中心、または中心線の上下にあり、その上で離れた矢が的中するものをいうべきであろう。

正しい手之内で、的の中心線上下に付いていて当たるのは、弓の強弱によって決まるもので、弱ければ上に、特に強ければ、下についていても当たるものである。

的の前後に付いていても当たる場合もあるが、これは正しい手之内によるものではなく、また正しい的付けともいえないから、正しく的に付けることから改め、それでも矢が的の回りを回るようであれば、正しい手之内（十文字の手之内）を研究すれば、結果は今まで以上に立派な的付けと、よりよい当たりが得られるようになろう。

ところで、ハ、の体の縦の線と横の線が正しく十文字に伸び、手之内が正しく働く上に、妻手の前腕が、会の形を頭の上からみて、上腕と並ぶのではなく、上腕の上、すなわち拳が首の後肩の上に重なり、それだけ肘が体の中心線の後に深く納まり、体全体の幅が狭くなる体勢ができるようになる。ロ、の的を半分に右目で割る的付けで矢乗りを見ると、矢先は的の右上一時あたりの外に付いてしまう。

これは的を割った弓手拳の位置は、ロと変わらないが、矢筈の方の妻手拳が体について内側に入るためである。この場合はイ、と同じ的付けにして、左右の目でみて弓の中心に的を入れると、矢は正しく的の中心に来る。

この狙い方を、矢摺籐の真ん中に的を満月に見るところから、これを有明といっていたのである。

以上によって的付けは、弓手の手之内のよしあしと、会における弓矢と体構えにおける妻手の拳や肘先の位置の深浅によって左右されることが知れるであろう。

引分けて会に入ると、的付けに全神経を集中する。的があるのだから当てたいと考える心はみな同じであろう。しかし、的付けに細かい神経を使うと、視神経は的に居付いてしまって、同時に必要な体の詰めや伸合いの方に返って来ないことになる。

当たりが絶対だからといって、ここまで神経を的に集中することは考えものである。的付けの正しさは必要であっても、弓射の当たりは的付けだけが全てでない。いくら的付けが正しくても、**体勢に欠陥があれば、当たりはでない。**むしろ的付けの問題より後者の体勢の崩れの方が、外れる率が多いのである。

⑳的と矢とねらい

試みに、三六センチの的に自分の矢が何本入るか、と質問すると、少ない人で一二〇本位い、多い人でも約三百本というのが六〇パーセントほどはいた。

ところがこれを実際に直径三六センチの的に束にまとめて入れると、なんと一、七四三本も矢が入る（120ページ別表参照）。

しかもこれは丸い的に丸い矢を並べた数であるから、矢と矢の間には空間がある。その空間を一つにまとめてなおも入れると、総計約二、〇〇〇本前後の矢が入る計算になる。また参考に一四・四センチの一の黒の場合を調べたら二六四本、中心の白には六一本入る計算になる。以上三者とも別表の通り直径八ミリの矢をビッシリ詰めて入れた時の数字である。

もちろん、的が小さくなればなるほど、精細な的付けが必要であるが、このように多くの矢の入る可能性のある的を、針のメド（穴）を通すように、神経質にねらう必要があるだろうか。矢の太さから見ると、このように大きな的に当たらないのは、単に的付けだけの問題ではないことを示している。

その多くは的付けに神経質となる結果、体全体の体勢、そして離れ間ぎわの十文字の伸び、特に横の線（体の横線と矢の線）の伸びの中に目に見えない、大きな動揺があることを考えなければならない。とすれば正しい的付けは必要ではあるが、より以上に動揺のない体勢作りと、伸び、離れに重点を置かなければならないことになる。

〔**別表**〕　直径360mm（尺2，36cmの的）に直径８mmの太さの矢を束にまとめて入れると，少なくとも1,743本は入る。

1,743本の算出は次の様にした。

(イ)　①図のように６角形を作り，直径ＡＢで二つの半円に分け計算した。

(ロ)　まず，台形ＡＢＣＤのＡＢ上に矢の中心を並べると矢は45本（360mm ÷ ８ ＝45）並ぶ。

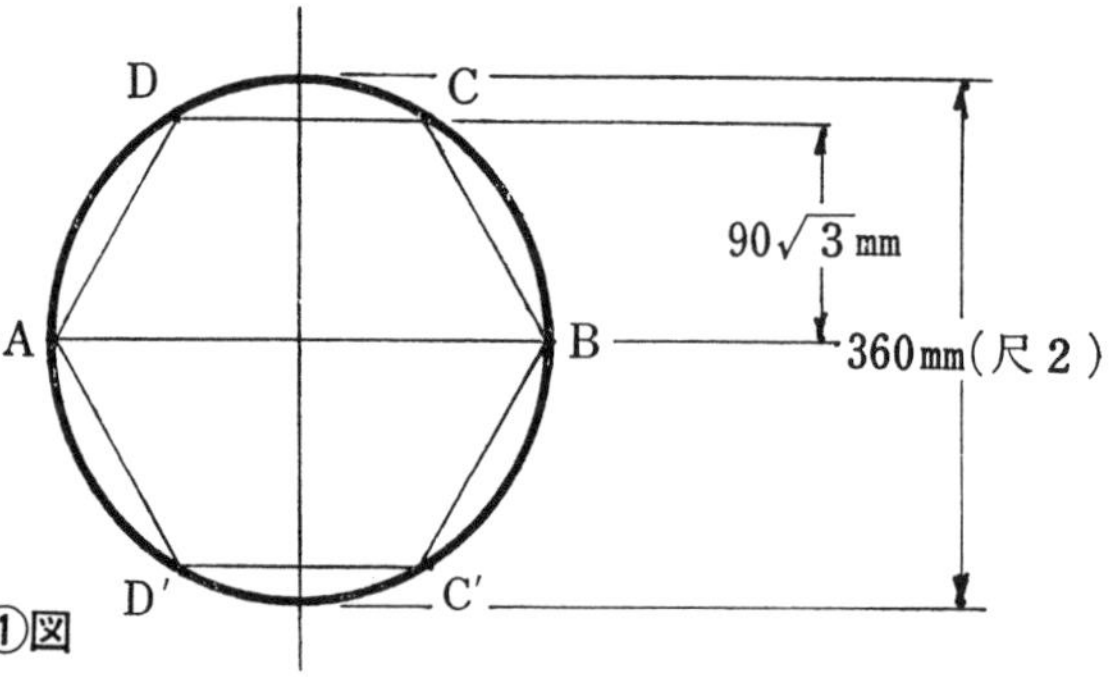

①図

(ハ)　(ロ)の矢の列を１段目として次々と並べＣ，Ｄに達するまでの段数を考えると矢は②図の様に重なり22段 ($90\sqrt{3} \div 4\sqrt{3} = 22.5$) 並ぶことになる。したがって台形ＡＢＣＤには759本

$$\overbrace{45+44+\cdots\cdots+24}^{22本}=\frac{22+(45+24)}{2}$$
$$=759$$ 並ぶ。

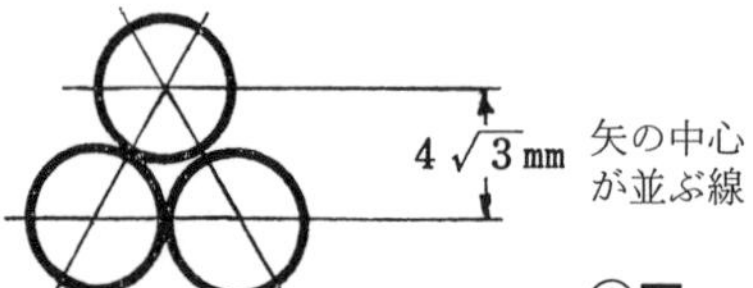

②図

(ニ)　斜線部分の実際計数45本を補正すると的の上半分にはいる矢の本数は894本（759＋45× ３ ＝894）となり

(ホ)　ＡＢより下半分の矢数はＡＢ上の矢数だけ少ないはずだから的全体には少なくとも1,743本（894× ２ －45＝1,743）はいることになる。

当たりの強い人に矢摺籐のどの辺に的を付けているかと尋ねると、正確に返事のできない人が多い。それでいて的に向かうと、同じようなところに正確に当てている。ということは、的付けに強く神経を使わず、矢摺籐のどの辺か定かでないのを気に止めないでも、自然に的に付くということであって、的は見てはいるが、とらわれてはいない証拠である。

さらに数歩を進めて的に心（神経）を止めぬよう、心眼（神経ではなく心で見分ける働きのある目）と、童眼（こどもの眼のように柔らかい目）あるいは仏眼（仏の眼）で、気も心も柔らいだ気持ちで的を見、そして全神経は止まることなく、一分のすきもない体勢作りと、弓・矢の動、操作に馳けめぐるような境地に達したいものである。

よし、このような境地に至るには程遠いとしても、平常われわれの相手は、二八メートルの距離に三六センチの、二、〇〇〇本近くも入る面積の的である。心を新にして的に対するよう心がけたいものである。そして当たりについては、的付けにこだわるより、体勢の崩れの方にはるかに問題の多いことを知ってもらいたいと思う。

㉑呼吸と動作

初心者が呼吸など意識しないで行う弓射も実は呼吸が合うことによって、弓・矢の運行が可能なのだと考えられる。しかしそれは極めて不確実なものでしかないが、実際に呼吸に動作を合わせ、間合がとれるようになると、技も大分進んだことになる。

息は気によって納まり、気は息の具合によって静まるものであるという。心気を静め、呼吸を調えるためには、呼吸に合わせて動作を行うことから研究する必要がある。といっても最初のうちは、意識的に呼吸に動作を合わせようとすると、かえって両者のバランスが崩れ、時には引分けの途中で息詰ることもしばしばある。けれども身についてくれば、意識しなくとも動作に呼吸が合い、スムーズな弓・矢の運行ができるようになるものである。

「息合は詰めるのではなく、詰めないのでもない、おちついた普段の息合を良しとするけれども、呼吸は鍛錬によって、更に活かすことが出来る。細く永い呼吸を鍛錬することと同時に「平常和平」の心を養い、時に臨んで変ることのない様に心がけることが肝要である。

また行射中は口を結びしめぬよう心がけること、口をむしび締めると息合が詰って体に力味が出たり、いろいろの事が頭に浮んでよくない。逆に口をあけ離すのもよくない。口を開けっ放しでは息合が外れ放心し、あるいは、他に捉われて精神の働きを失うものであるから注意が肝要である。

只《ただ》人々のうまれつきのくちつきにて、求めて結ばず開かず、ここでも自然のままが良いのである。息の詰らぬようにするには奥歯を軽く合すのも一つの方法であり、また頬を軽く含ますのも良い。

また息合を練習するとき、初心者に三つの澄み所、上手に四つの澄み所があるが、ただ澄しのみでは気合はない、只射の位をつける手段なのである。

（一） 初心の三つの澄み所

第一の澄み所は弓構えして後威儀を正し、息を入れ替え（吸って呼く）気を臍下に納めて後打起しをする。

第二の澄み所は打起して体の不正を正し、息を替え（吸って呼く）臍下にて弦を引込む心持にて気を臍下にはくべきである。

第三の澄み所は放して後とかく気の抜けるものであるから射放して後臍下の力の抜けないように心かけることである。

（二） 上手の射手の心得べき息合いに四つの澄し所

第一の澄し弓構えしての澄しである。

足踏みより弓構えに至るまでの間は、息合を気にせぬように進退をし、弓構えて息合の動静に注意し、おもむろに打起すべきである、息をつくのではなく、平静の中に節のない換気が必要である。

第二の澄し打起しての澄しである。

打起して後息合を考え、五体力味の去るのを待って引込むのがよい。踏み込み横の線を確立している中に更に地を踏んまえ、天を貫く伸び伸びとした気合である。

第三の澄し所は保っての澄しである。

引込み保つ時、左右の平衡もよく息合もよい無念夢想の中に心機一転するの界である。無念無想にはまず気の迷い、道具の迷い、技の迷いなどをのぞくことに心がけることが肝要であるが、のぞくことにとらわれてはならない。

兎角《とかく》引込みより引つけまで気合のつむものであ

るから、伸合って後の放れる時、平静な気合を保ち放れること。保ちの澄みである。

第四は放れての澄みである。

射放して後気を入れ、自然の残気を顕すべきである。放して弓手・妻手のすわりよく残身の縦・横の線を貫き、この横線の伸びが失われないよう、気合平静にして心静に左右の手を収めるのを放れの澄みといい、残身の要（かなめ）なのである、この収り泰然自若たる中に、自分を中心に位置する気合で、顔を正面に静かにかえすことが肝要である」（小笠原流）

以上、息合・気合・澄み所の重要であることを詳細に教えている。簡単なことのようだが、口のあり方など大切な心がけになる。

㉒気息と肺活量

さて、気息とは吸気で空気を吸い込み、呼気で空気を体外に吐き出す呼吸のことであり、息合いは、呼吸を、合わせるべき動作によって一定する息づかい、あるいは間合で、これには相手と調子（気合い）を合わせることも含まれる。

一般にわれわれが吸い込む空気を「呼吸気」といい、このあと更に深く呼吸し、詰るところまで吸うと、「呼吸気」の約二倍位いの空気が入る。これを「補気」という。この補気と呼吸気を反対に吐き出しつまり普通の呼吸で全部吐き出したあと、更に空気が出るが、その量は補気とだいたい同じかそれ以上ある。これを「蓄気」という。この三者の全量が「肺活量」（身体の健否を検する目安の一つ）である。

弓射の場合の呼吸は普通の呼吸と違って、弓を引くという動作とその運行が伴う。この動作と運行をスムーズに正しく生きたものにするためには、心身の安定を計らねばならぬが、その原動力となるのが、以上の「三気」を活用した気息の調整による息合なのである。そして動作はすべて息合いによって生きてくる。いわゆる生気体（いきいきした体勢）となるというのもこのことに外ならない。

㉓呼吸運動の様式

ではどうして息合いと動作を協応させるか。呼吸運動の様式には、胸式・腹式・胸腹式などがある。胸式は主として肋骨の運動によって行われ、腹式は腹部を一張一縮し横隔膜の伸縮によって行う呼吸。胸腹式は胸式と腹式を併用するようなものである。

以上の外に**横隔膜呼吸**とでもいうべき、前三者とは全然違った呼吸のしかたがある。

それは呼吸気で大きく胸を開いて一ぱいに空気を吸込み、次に鳩尾《みずおち》の辺から下の空気は、下腹をふくらますような気持ちで腹に納め、同時に上部の空気を外部に吐き出す。つまり**一ぱいに吸った息を、上半分吐きながら下半分で腹をふくらます**のである。こうすると下腹部は完全に緊張する。以後下腹部はそのまま生かし、鳩尾から上だけの呼吸を軽く静かに行うと、腹部は緊張しているが少しも息つまることもなく呼吸を続けることができ、訓練次第で対話も自由に出来るようになる。このような下腹部の緊張法を**臍下丹田**の力というのであって、ここ、下腹部に力が入ると気分は落ち着き、気力も勇気も得られるので弓射時の肢体（手足）の活動は、みなこの臍下丹田を起点として行われるものを良しとするのである。

息合いが大切だからといって、無やみに上っつらの呼吸に動作を合わせようとしても、以上の構えがなければなかなか合うものではない。また腹部の緊張が必要だからといって、われわれが排便に力むようなものとは全然違うことが知れよう。

呼吸法も以上のようにいろいろあるので、一口に言いきるわけにはいかないが、ここで述べた最後の「横隔膜呼吸法」は、筆者の経験をもとに特に**臍下丹田の働きを重視した方法**であるから参考にと考えるので、現在の自分の呼吸に合わせて研究されたい。

呼吸法、呼吸は静かに細く長く、一動作一息がよいという。たしかに理想であるが、息の長い人と短い人がある。これも訓練によって次第に長くすることもできようが、弓射という動作が伴うところに難しさがある。長い人はよいが短い人はどうしたらよいか、当然息を継ぐことになる。

たとえば、引分けから会に入る寸前に息が切れたとすれば、そこで息を継がなければならない。方法はここで「短く太く」吸い、あとは細く長く吐く。歌手が大きな声で長く歌う時、息の継ぎ目で一息吸い歌を続けるのと同じ方法をとれば、結構間を合わせることができるものである。

弓射では全て吸う息から動作を起こすのがよいとされている。会、離れへの弓・矢の運行の始めである打起しを吸う息で行うためには、取懸けのあと、吐く息で物見を定めれば、打起しは吸う息になる。以後は吐く、吸うを動作に合わせるように研究すれば自然にできるようになる。

だが、吐けば吸うしかない呼吸であるので、吐く息で動作を起こしたとしても、動作の区切りで調節し、次の動作に移れば、あまり変わらないようである。

いきあいはよのつねにしもよきものを
つむるはつくりやまいなりけり（小笠原流）

息合いは自然の息使いでよいのであって、息をつめるのはつくり病（不自然な息使い）である、というのである。

また、会から離れまでの息合いは、昔は引分けの途中や会に入ると息を止め、離したあと弓倒しをして息を吐くという教えかたが多かったが、息つかいもこの歌のように自然に逆うことなく軽い呼吸のうちに離れるのが正しいということができる。というのは、会に続く離れの瞬間、吸う息では離れは生かされないはずであるから、息を止めているか、細く長く吐いているかであるが、引分けまたは会の軽い呼吸の中で静かに吸い込まれた息が、離れの瞬間気合の発動とともに吐き出されるのが自然であるからである。

事実剣道でも吸う息では打込めないとして、気合い（吐く息）とともに打下していることはよく知られている。ただし、この吐き方は、腹の中の空気まで吐き出すのではない。

前に述べた横隔膜呼吸のように、半分腹に、半分気合いとなって外に出るからこそ、力も入るというものである。弓射の場合は声を出さないから、その分を鼻から外に、半分腹に締めればよい。

なお、射場に入ってから射位までの歩行にあっては、動作を呼吸に合わせる場合と、呼吸に動作を合わせる場合があることに注意したい。射場に入って定めの座へ、定めの座から本座、または直接本座までは、足の運びに呼吸を合わせ、本座から射位に進む時は、息合いが主体となって的と結ぶ気合で呼吸に足の運びを合わせるのが方式である。

「足（あし）とは足数をいい、歩とは距離をいう」（「弓道教本・基本動作＝歩き方74ページ」）とある。

例えば、三足といえば「一、二、三で揃える」。

三歩の場合は「一、二、三、と踏んで四で揃える」

「道場内での歩き方は、男子は二メートルをおよそ三歩半、女子は四歩半で呼吸に合わせて上体を運ぶ」（弓道教本・基本動作＝歩き方74ページ）と定められている。

（四）打起し

①打起しの操作

取懸けて弓手・妻手ともに無理なく自然に伸ばし（131ページ、写真参照）縦の線を生かして胸を開き、両肩を後方下に沈めながら、呼吸に合わせて打起すのであるが、この時の上肢の操作（打起し）には、主として次の二通りがある。

一、弓を持ち、弦を保った左右の**拳で**打起す。

二、両拳はただ弓を持ち弦を保つだけで、両肩関節を軸とした縦の線と、腋の下から肘先までの**上腕下筋の働きで**打起す。

どちらも拳を上げることに変わりはないが、操作上の筋骨（筋肉や骨格）の働きは全然違っている。

この打起しに働く上肢の諸筋を、前述する「主働筋の左・右差」（57ページ参照）の調査から筋電図によっ

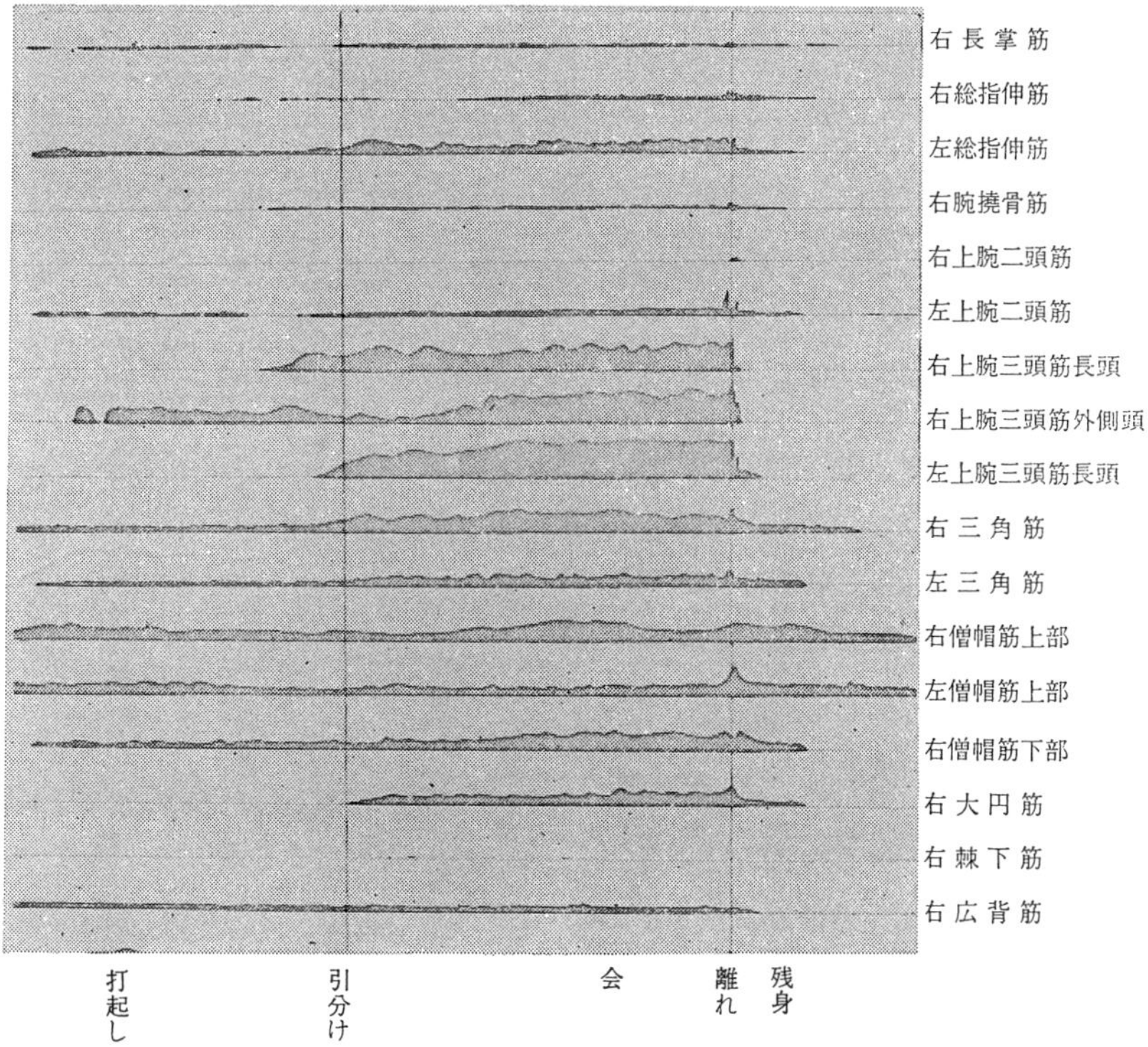

(1)拳だけで打起すと引分け近くまで，各筋はほとんど活動電位が認められない

て調べたところ、

一、は弓を持ち弦を取懸けたあと、これを拳だけで打起するもので、いわゆる手先弓（手先の操作）であるから、体と上肢（腕）との運動の繋りが肩根で切れるために、初めは上腕の各筋はほとんど活動電位が認められず、引分けに入る頃から、急激な活動電位が見られる（上図）ということは、肝心な縦の線と打起しの上肢との連繋がとれていない証拠となる。

従って受け渡しのあと大三になって縦の線との繋りを作ることになろうが、それでは実は手遅れなのである。

また、そのことが離れの後にまで続き、離れと同時に上腕伸筋群の緊

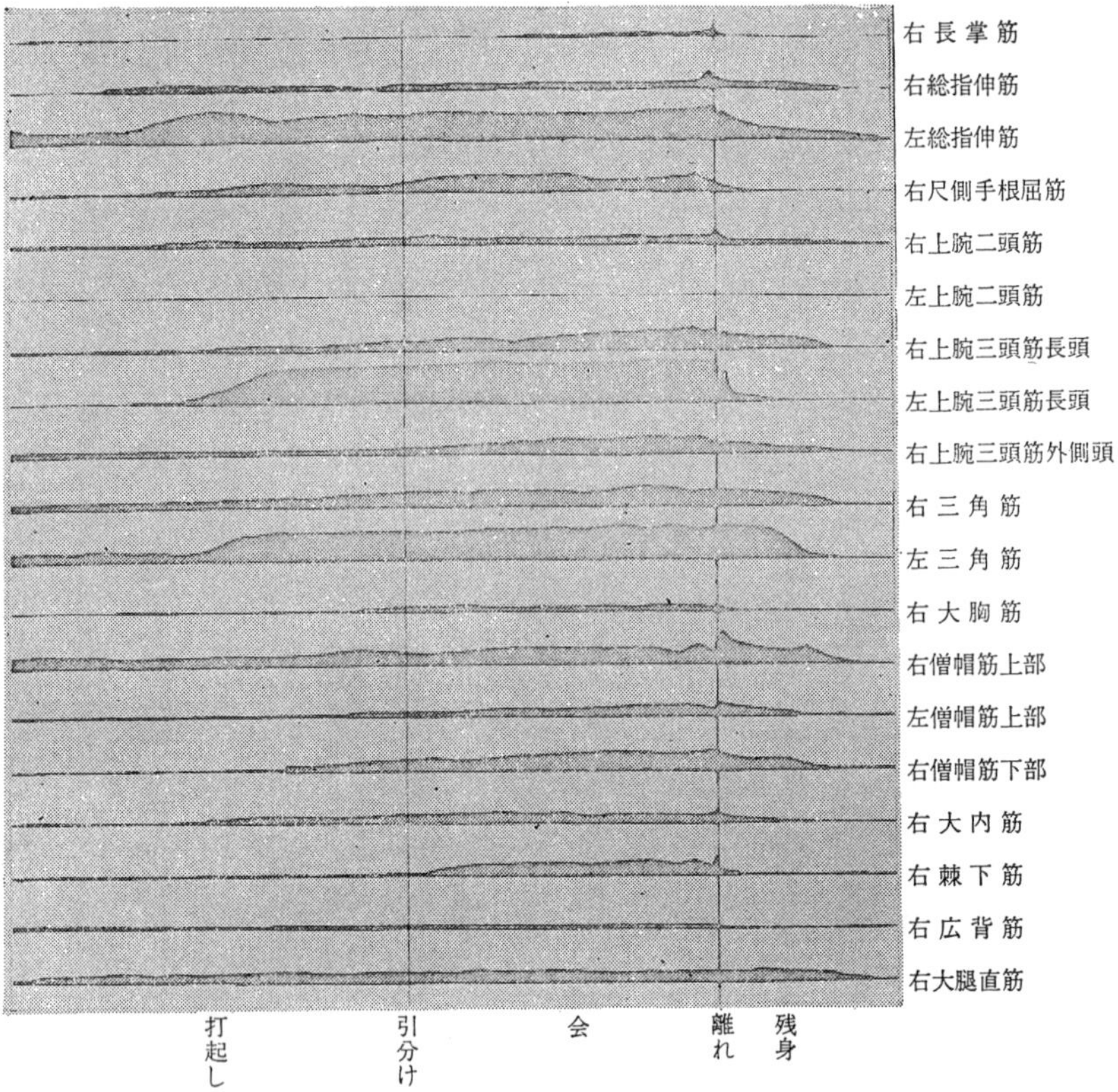

(2)縦の線と上腕が一体となって打起されると，取懸け・打起しの前後から各筋が緊張を示す

張（活動電位）がプッツリきれている（同図残身参照）。「残身は〝離れ〟の結果の連続であるから、離れの姿勢をくずさず、気合のこもったまま体は天地左右に伸張し」（弓道教本・残身122ページ）であるから、離れた後も上腕伸筋群の緊張が続かなければならないが、ここには残身における伸びの働きは全然見られない。

　これに反し二、は縦の線を柱とした両肩根を軸に、体から左右上腕への諸伸筋群の連繋した働き、すなわち、両腋の下から肘先までの上腕伸筋の働きによって打起すのであるから縦の線と上腕が一体となって働き、取懸け・打起しの前後から各筋の活動電位が見られる（128ページ図）。このことは、引分けから会に至る体の横線の働き（伸び）とも関連して、以後全ての操作に体を生かして使うことが可能であるから、完全な「弓体一如」の体勢を作るのに役立つのである。しかもこの体から上腕の働きは、離れのあとも両腕の緊張が続き（同図残身参照）活動電位が見られる。これが会・離れ・残身に続く天地左右への伸びであり、残身に余韻となって生きるのである。

ではここに述べた、二による打起しの方法を紹介しておこう。

例えば、左右の上肢、指も全部前に伸ばし、開いた両手（掌）で矢箱のようなものを挟んで、前の方に押しながら上にあげてみるとよい。この時両肩が上に吊りあがると、矢箱は肩と水平の線までしか上げられない（130ページ写真右）が、胸を開き、両肩を後方下に落としてあげれば、頭の上の方まで上げることができる（130ページ写真左）。

両腕を伸ばし重いものを高く上げようとすれば、自然に肩根は後ろに締まり（落ち）手先が上がるものなのである。そして挟んだものが重いほど、その差（肩を落とす力）が大きい。これは両肩が後方下に締まることによって、上腕下筋（伸筋）が働くからである。これは体の縦の線を使い、肩根を軸とした上腕伸筋による打起しの方法と少しも変わらない。「拳に無用な力を入れぬように、――両肩は下に沈むように」（弓道教本・打起し111ページ）というのはこのことである。

ただし、肩根を後方下に落とせといっても、弓・矢を全面上部に打起すのであるから、幾分上に張られる場合があっても、拳だけの打起しでなければ、引分けて肩根が締まれば少しも心配はない。また、同じ打起しが出来るとしても、弓構えの時の上肢の構え方で肩根（特に妻手）の動きも変わるものがある（130ページ、打起しと妻手肩参照）。打起しの目的が無理のない体勢による受け渡しや、引分け、そして会の伸合を充実さ

胸を開き両肩を後ろ下に落として上げれば，頭の上の方まで上げることが出来る

肩根が吊り上がると，肩と水平の線までしか上がらない

せるための準備動作の一つであるから、大三の位置で弓力を妻手の肘先に正確に受けようとすれば、この打起しにおける妻手肩のあり方も問題になるのである。

打起しでもっとも避けなければならないのは、両腕を肩ぐるみ前に突き出して胸部が狭くなるような不自然な打起しである。小さく見えるばかりでなく、以後の操作も十分出来ないからである。胸を開いて両腕を伸ばした取懸けの位置で腋の下から肘までの上腕下筋を軽く左右に張る操作も、実はこの不自然な打起しを防ぐことにあるのである。

②打起しと妻手肩

現在一般に見られる弓構えについては、

一、弓構えの時、両上肢を前に自然に伸ばし、上腕を軽く左右に開く(左ページ写真)。

二、弓構えの時、肘先を左右に張る、極端な場合は張り過ぎて上肢を折っている（132

ページ写真①)。

の二通りの方法があることはすでに述べたが、一、については前項で触れた通りである。

二、は上肢を左右に張りすぎて、そのまま打起すと妻手肩と上肢との関節は、ちょうど右腕を真横から上にあげた時と同じように、体と上腕の骨格(肩の関節)が互いにかみ合ってしまう。つまりクラッチが入ってしまい、腕を上にあげると肩は必要以上に吊り上げられて自由を失い、そのために大三の基本の形である、額の上に弽の紐皮を持って行くこともできず、もちろん肘も上げきらず低いために拳だけが上へあがる。当然弓力は手首受けになって肘は遊んでしまう。この形で肘を上げようとしても肩根に無理がかかるだけで上げられない。自然肘先を右に引いた大三の形となる。

取懸けて上腕を左右に開いた型

このような射手に肩を落とせ、肘を上げろといっても、肩の関節がかみ合っていては、肩を落とすことも肘先を上げることも不可能なのであるから、肘や肩を気にする前に弓構えから一に改め、自分の体の側の線から前に無理なく自然に上げれば、その場で思う通りの打起しが出来、弓力も立派に肘に受けることが出来る。打起し—大三に送り込みながら肘を引くから右肩の関節がかみ合ってしまうのである。この場合の肘は弓力さえ逃さなければ上にあげるだけでよいのである。以上の理由によってあまり大きく肘を左右に折ることは賛成できないのである。

③背面筋も左右に開く

また、注意したいことは胸筋を左右に開き、弓構えをするように述べたが、引分けから会に入る途中でも胸部を

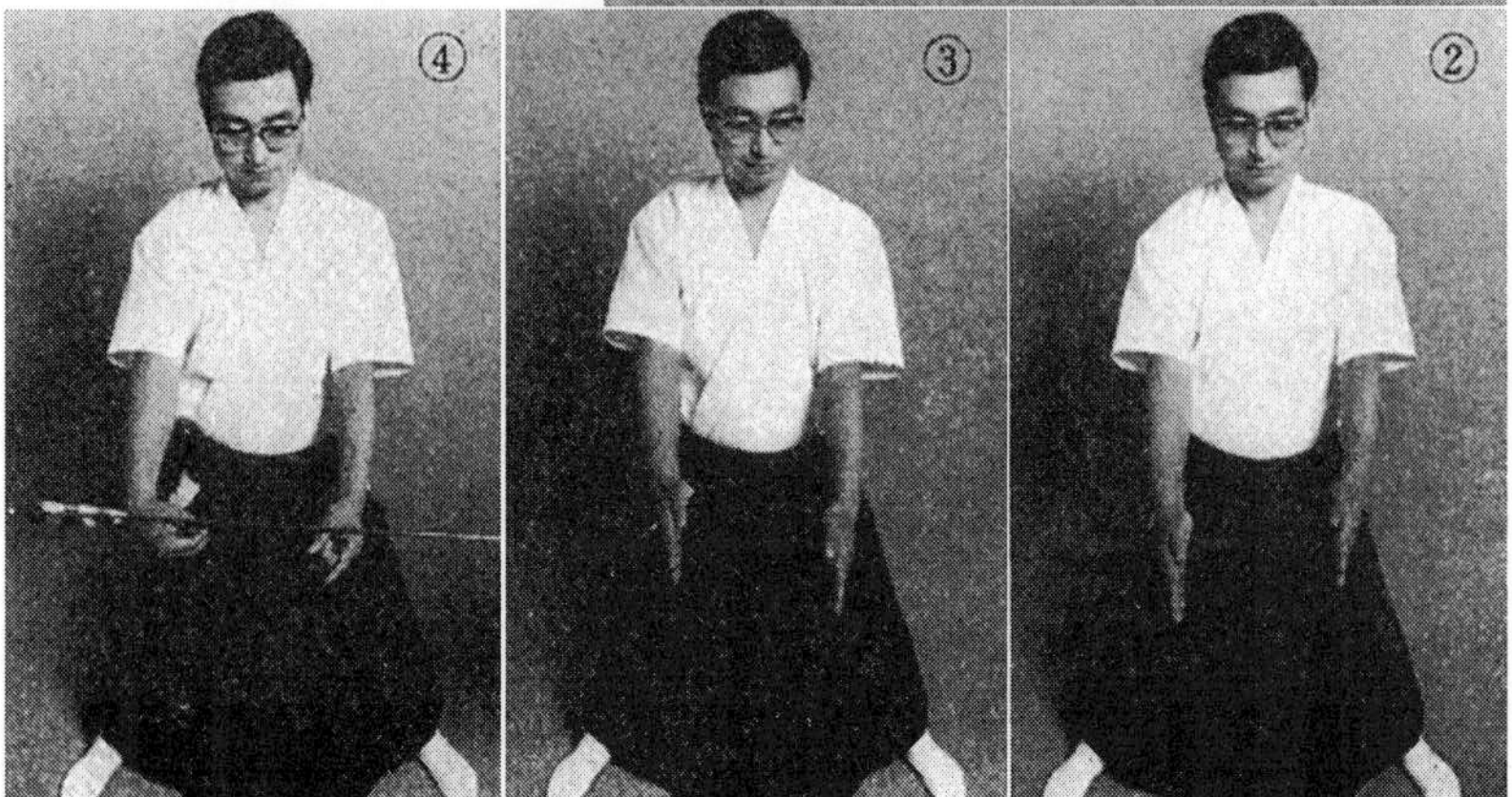

大木を抱えた型①と左右の手の長さの違い②③④

左右に開き上体(腰から上)を前に送り、弓力を体で割って入る必要があるが、同時に背面の筋も背柱を中心に左右に開かなくてはならない、ということである。「自然体とは人間の骨格の正しいあり方を示すもので、左右すべての活動が相対的であり対応的であるのが自然の法則である」(弓道教本・基本体型100ページ)とすれば、当然左右のみでなく前後も対応的であるべきで、天地左右とともに前後の伸のバランスもとる必要があるからである。

　昔は再三述べる通り射形も違っていたが、引分けから会の伸びには胸部を開き背面は背柱に向かって内側に縮めさせたものであるが、これは伸合ではなく、前面が伸びて背面は縮める、不自然な形となる。

④打起しと手之内

　打起しの弓は常に垂直でなければならない。気なしに打起すと弓が左右に傾いたり、本弭《もとはず》を前に突き出すこともある。そこで弓を真っ直に打起すにはどうしたらよいか、打起しと左右の手之内の関係を考えて見よう。

　取懸けた時、妻手の母指の根の弦枕にある弦を意識(弦を持つ感じ)し、打起しに入った初めから、この妻手を僅かに先行させ、左拳は力を抜き、弓を軽く持って、妻手について行く、といって極端に遅れてはならず、外観は両拳が同時に打起されていくようにする。こうすると取懸けた時の妻手の母指に軽く弓の重味を感じるが、それだけ未完成な弓手の手之内は軽く、自由があり、送り込みから受け渡しまでに完成される弓手の手之内の操作がやりよくなる。

「弓構えを崩さず、弓の本弭を身にそへ勝手(妻手)より打起す心よし。打あげと云うは、先手(弓手)よりあぐるなり、これは草鹿、丸物、流鏑、犬追などの時ならでは用ひざるなり」

と「美人草」も述べている。

　また、このような打起しの手之内は、弓が前後左右に傾くのを防ぐのに役立つばかりでなく、手先が軽くなることによって、打起しの主力となる上腕の働き(126ページ、打起しの操作参照)を生かすことにもなる。

このように打起しは堅固な胴造りを基礎に、手先だけではなく、緊張した体を使って打起すことが以後の操作のためにも肝要で、これを呼吸に合わせて運行すると、より落ち着いたバランスのとれた操作ができる。そのためには常に下腹部（丹田）は緊張していなければならない。胴造りの時からここを充実させ、打起しに移るととかく下腹部の緊張は弓・矢の運行に左右されて抜けがちであるから、重ねて丹田に注意しつつ打起すと、腹部に満ちた気力は両腋の下から左右に落とした肩を通って上腕に流れ、体から上肢の伸筋が十分に働く。古い言葉であるが「腹から打起せ」といわれているのも、ここのことであろう。呼吸による動作のバランスと丹田の充実は、体全体の筋の活動を左右するのみでなく、精神安定にもつながる重要な役割を果たすのである（121ページ、呼吸と動作参照）。

小笠原流では打起しの高さも足踏みの広さと同じように三段階に分け、次の様に教えていた。

初習の足踏みは極めて広く、打上げ（昔は打起しを打上げともいっていた）は能《あた》ふだけ（できるだけ）高く上ぐべし。

中習は足踏み漸く狭く、打上げは頭の天辺又は髻（もとどり・たぶさ——髪を頂きに束ねたところ——あたま）の高さに上ぐべし。

上習は足踏み狭く、打上げも従って低く額の高さ又は目の高さを限りとする。

このように足踏みの広さと打起しの高さを、技量によって分けていたが現在では、打起しの高さは約四十五度を基準とする「弓道教本」の打起しを良しとしている。ただし筆者の経験では引分け以後の体勢作りのためには、いずれも高目の方が良いようである。しかし実際には弓力を肘に受取る関係で、拳の高さより肘の高さの方が問題である。つまり妻手の肘は高めにそれだけ拳を下げれば手首にある弓力も無理なく上げた肘先に移って肘に受けることが出来るからである。

⑤斜面打起し

斜面打起しは、弓構え（左斜めの構え）の位置からそのまま上に打起すのであるが、体勢を整え、体で打起す点では正面打起しと少しも変わらない。

また、斜面打起しで左斜め上（大三の位置）に運ぶのに、

一、弓構えの両拳の間隔を変えずに打起す。

二、弓構えの位置より、なお心持ち押開きながら大三に持って行く。

三、妻手取懸けのあと、その位置で弓手手之内も整えず、左斜め上に運び（打起し）ながら手之内を整える。

などがあるが、いずれも流派による操作の違いであって良し悪しはつけにくい。

斜面打起しは、取懸けですでに左斜めに弓を押開いているから、そのまま打起せば大三の位置であり、次は引分けでよいが、正面打起しは、打起しただけではまだ、引分けの準備が出来ていない。

従って「正面打起し」は、正面上から左斜め上に運んだ「大三」まで含めて「打起し」と考えるのが至当であろう。

ところが、「引分けの方法には、つぎの三つの様式がある」（弓道教本・引分け113ページ）といって、動きの関係から打起しと引分けを合わせ、次のように述べている。

一、正面に打起し「大三」を考え途中とめずに引分ける。

「大三」を考えというのは、とめないが「受け渡し」を考えてというので生理的に（筋骨の働き）は大三をとるのと変わらない。

二、正面に打起し「大三」をとり引分ける。これが一般的な打起しである。

三、左斜面に打起して、途中とめずにあるいは「三分の二」をとり引分ける（弓道教本・引分け113ページ）。

三、は斜面打起しの弓構えから大三の位置に運び（左斜面に打起し）引分けの途中とめないものと、「三分の二」をとって引分ける、の二つがあるわけである。

斜面打起しというと、日置流だけのものと考えられ

ているようだが、時と場によって小笠原流にも斜面打起しがあり、日置流にも正面打起しがあったのである。

⑥矢先の向け方　斜面打起しで手之内を作るとき、まれにではあるが、矢先を審判席の方に向けているのを見かけるが、昔は公文所（くもんじょ、今の審判席）に矢先を向けることを極度にきらい、最高の無礼とされていた。これは今でも変わらないばかりか、矢こぼれなど不測の失態も考えられるので、弓構えの操作中、矢先は常に的の前近くに向くよう心がけたいものである。

　かりそめも貴人のかたへ矢の先の
　　むくをぶれいとこれをいうなり（日置流）

弓手は自然に伸ばし弓をとる。妻手は弦を取懸けるために多少共手首が折れる。当然左腕が長く右腕が短くなるから矢先が前に出る。ところが簡単な操作で左右の腕の長さが違うようになる（132ページ写真②③）両図共体の位置は変わらないが同写真②は左腕が長く同写真③は右腕が長く見える。この方法を利用して弓手の方だけ短くすれば、多少妻手首を折っても矢先は前には出ない（同写真④）。

自然に伸ばした両腕を同写真③は左肩根を後下に締めたもの、同写真②はその逆で右肩根を後ろ下に引締めたものである。

ちょっとしたこのような肩の操作で、矢は水平に的の方に向けることが出来るのである。

（五）受け渡し

①送り込みと大三　正面で打起してから引分けに移る間に生理的には、打起しに働いた筋から、引分けに働く筋に弓力の受け渡しが行われる。人体の諸筋にはそれぞれ働く範囲に限度のあることは述べたが、打起しに関与する筋により、そのまま弓が引分けられるのではなく、引分けに働く筋に引き継がれていく。その打起しと引分けの分岐点で、それぞれに働く力の受け渡しが行われるという意味で、こ

れを「受け渡し」と呼んだ。そして正面打起しの場合はこの受け渡しによって大三に送り込まれるところから「送り込み」ともいっているが、こうして送り込まれた位置が一般にいわれている「大三」である。竹林派の教えで「押大目、引三分一」といって、引分けに際しての力の配分を、弓手は父（陽）妻手は母（陰）として、父母陰陽の和合によって子供（矢）を育てるもの、母は常に父に逆らわぬように、そして父である弓手は押大目（おおめに押し）で三分の二、母（妻手）は少なめに三分の一の割合で引分けよ、というところから来ている。動と反動はその力は相等しく、その方向は反対であるという物理学上の原則に支配されるのであり、これで実際は五分と五分の働きとなるので、円満に子供（矢）は育つというわけで、押大目の大と引三分の一の三を取って「大三」と要約されるに至ったのである。

正面打起し、斜面打起しの別なく、左斜め上の大三の位置から引分けることは弓射の常道であるが、立派な会離れを望むならば、この受け渡しの操作をおろそかにすることはできないのは当然であろう。

弓道八節の全てが一貫した大切な動作であることはいまさら述べるまでもないが、大三は引分けをも含めた以後の諸動作の良否を支配するところで、大三における弓の高さや妻手拳と肘の位置ならびに、それぞれに働く筋の受け渡し方法など全てが大きく影響するので細心の注意を必要とする。

また、弓射の動、操作ではむだな力を使わずバランスをとることが肝要であり、そのためにはすべて最短距離を移行するのが合理的なのである。とすれば送り込みも必要最小限度の距離をとり、むだのない働きで行い、こうして送り込まれた「大三」の位置は、次の「引分け」がこれも最短距離を移行して会に納めよい位置でなければならない。

打起しで、打起しの高さは高目の方がよいと述べたが、実はこの高さであれば次の受け渡しから送り込みによる「大三」まで最小限度、むだのない運行ができるからである。

例えば、正面上から左斜め上に送り込んだ時、弓と弦を保った両拳は高いが肘が低く、あとから張り上げるとか、額の上に止まらなければならない妻手拳を的の方に送りすぎ、弽の紐皮が額を通り越して、あとから引き戻したり、拳と額の間隔が広すぎた位置で受け渡しが行われるなど、すべてむだな力が働くことであって、弓と体が一本にならず、会にあっても正しい伸びは得られない。受け渡しではこのようなむだな働きがなく、送り込みの左右の拳は常に同時に同じ速度で移行するよう心がけることが大切である。

②打起しと大三

受け渡しは、打起しと引分けの中間にあるので、この双方に関連がある。いま、その関連から受け渡しの運行をみると、正面打起しでは、大別して次の四つに分けることができる。

一、打起しで止め、大三で止める。

二、打起しで止め、大三で止めないで引分ける。

三、打起しで止めず、大三で止める。

四、打起しでも大三でも止めずに引分ける。

ここで「止める」という言葉を使ったが、これは止めるのではなく、弓・矢の運行中、それぞれの位置で働く筋より次に働く筋への弓力の受け渡しが行われるもので、筋力は止ることなく連続して生きていなければならない。ということは、これらの動作は水の流れの如くスムーズに行われ「節」をつけてはいけないのである。

受け渡しにあって例えば、縦の線を生かし、丹田(下腹部)を充実させるとか、受け渡し中に完成しなければならない弓手・手之内の整え、左右上肢の運行と、納める位置「大三」など引分け以後に必要であり関連のある働きや操作を考慮しなければならないが、一のように正面上で止め、また大三で止めるという二度も体勢を整える必要は認められない。

とすれば二、三のいずれかとなるが、ともに射の運行上さほどの差異はない。二は正面上で止め、ここでそれ以後の体勢を整えるものであるが、しかし、打起しでは気息の調整を主にして、伸び伸びと打起すのがよいのであるから、三のように受け渡し「大三」の位置で体勢とともに引分けに必要な気息を整えるのが合理的と考えられる。ただし三にあっては正面を打起す高さが一定しないうらみがある。

過去の武徳型（旧武徳会で制定した）の打起しは一時期、正面で取懸けその位置から左斜め上「大三」まで、弓を押開きながら運んだものであるが、これは操作の上で生理的に無理があるというので、翌年には、両拳が肩の高さを過ぎてから左斜め上に運べ、と訂正されたことをおぼえている。これなら肩にも腕にも少しの無理もなく大三まで運行されるので悪くはない。

四では打起しも、受け渡しもともに低くなりがちで、よほど熟練しないと引分けは身に添ってこないので体にはまらず、総体に伸びにくい恐れがある。もっともこれは高段者のすること、などといわれ、ちょうど昔の小笠原流の上習と同じで技術が身につき、受け渡しで筋と筋との働きがスムーズに転換できる人に限られるであろう。

やはり一般には会の完成を期するために、生理的に正しい受け渡しを行うべきである。

斜面打起しでは、弓構えの位置（左斜めわき）から大三まで打起すのであるが、

一、弓構えのまま左右の拳の間隔を変えずに打起す（ここで開きすぎている人を多く見る）。

二、弓構えの位置より、なお心持ち押開きながら大三に持って行く。

三、妻手取懸けのあと、左斜めわきに送らず手之内も整えず、左斜めを通して打起しながら手之内を整える。

などあるが、いずれも流派から来た操作の違いで良悪はつけにくいが、一般的には二の操作など無理がないと思われる。

③理想的な受け渡し

さて、弓手は伸ばすだけで他に動きがないから、当然下筋（伸

筋）の働きとなるのに対し、妻手は肘から先を折るから、生理的には肘を折るために屈筋が緊張（縮む）する、これが一般的な考え方である。ところが、操作のしかたで必ずしもそうとは限らない。

ということは打起しから受け渡しに移行するとき、

一、自動的に前腕を折って拳を大三の位置に送り込めば、自然に屈筋が緊張して弓力を保つことになる。

二、これを他動的に折られた状態では、屈筋は殆ど緊張しない。

では、他動的に折られた状態とはどうしたらよいであろうか。それにはまず弓構えの時左右に胸を開いて取懸けたあの感じの肩（131ページ、弓構え参照）から打起し妻手の腋の下から肘先までを下すじの力で強く上に張り伸ばし、肘から先の前腕から手指は力を捨てて、ただ弦を保つだけで妻手拳にまかせてしまうと、妻手拳は弓手が弓を左斜めに押し開く時の弦に引かれて、肘から先（前腕）は自然に折られていく。この時当然上部に張り伸ばした上腕と肘先に弓力を強く受けることになるが、肘先はその位置から動かない程度にしっかりさせると、折られた妻手拳と紐皮は理想の位置（額の上部）にとまる。

一、二ともに正面上から左斜め上に拳がそろって移行する外観は少しも変わらないようだが、一は屈筋の働きで前腕を上腕に引きつけているのに対し、二は弦を保った拳とともに前腕が弓力に引かれて自然に折られている、というように全然内容の違った働きになっている。

そして二の妻手拳は弦に引かれているのであるから、ここには力を使っていない。ということはこの時の弓力を受けているところは肘を通した上腕伸筋（下すじ）の働きとなる。そして打起した位置から肘が動かなければ、妻手拳は鞢の紐皮が顔の正面額の上に来るから、額と拳の間を拳一つが行き来できる位置に納めればよいのである。

また、神経を使わずに作る大三では、打起しの肘先が低いと、とかく弓力が妻手首にくることが多いが、このようなときは、肘先を真上に張り上げ、手首に弓力を止めぬようにして力を抜き（ただし鞢帽子にかけた指先の力はゆるめてはいけない）、弓の抵抗力を矢先に流せば、弓力を肘に受けることができる。

鞢の紐皮が額の上にあれば、これを右肩の後ろ下から覗《のぞ》くと拳全部が見える（左写真）ということは、次の引分けにあってその位置から直線的に拳を肩の上に引きよせることができるわけである（142ページ引分け参照）。

また、弓手は正面上から妻手より先行して弓を左斜め上に移行し、肘を起こして内側にひねり自分の矢束の半分以下を押し開き、矢先は篦一本分位い下がるのがよい。

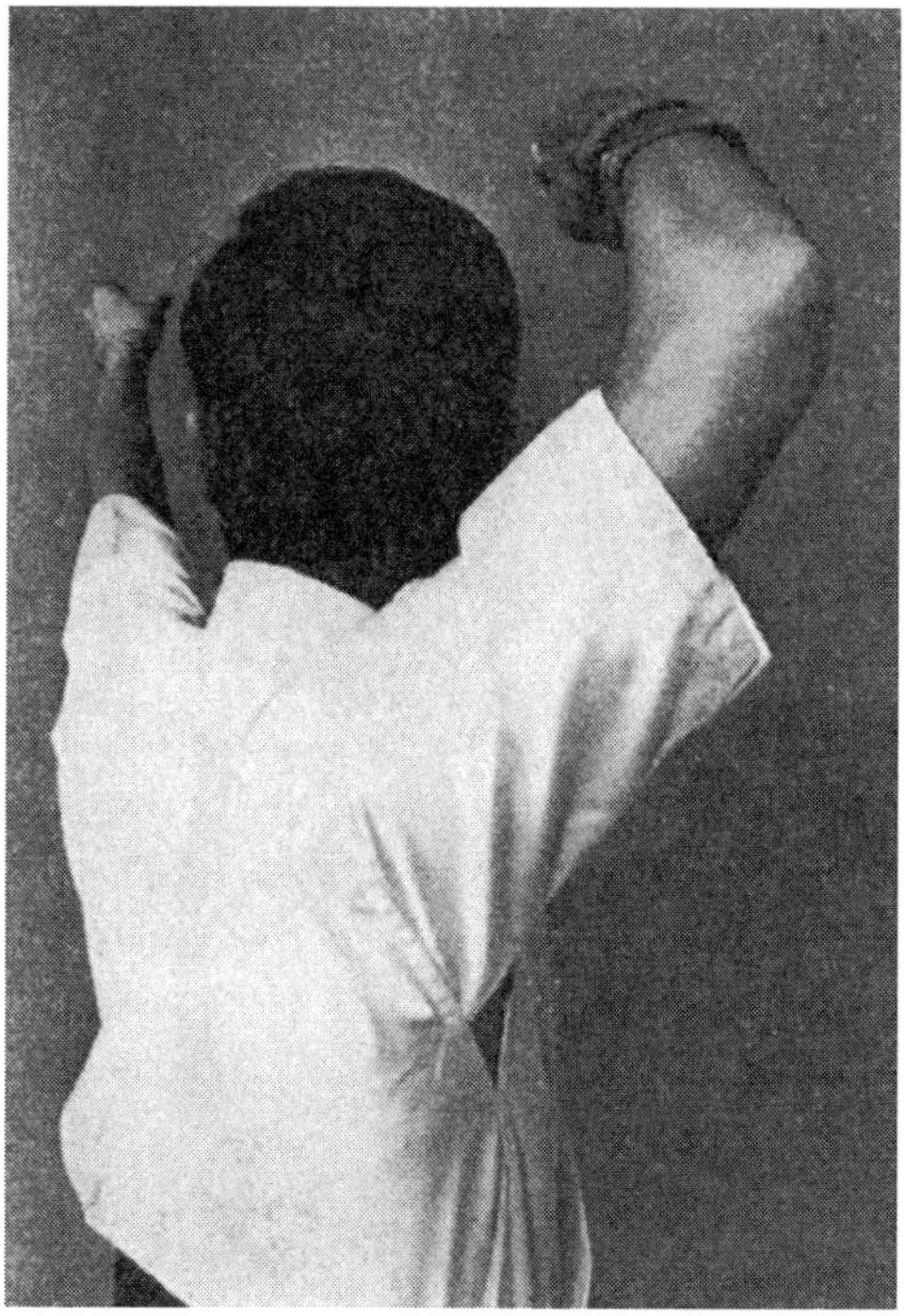
大三（肩の後ろから見て拳が見えるもの）

こうしてでき上った大三の形、これが基本であり、ここまで持って来る操作が基本動作であって、前後の動・操作に無理がなくむだな力を使わずに、理想的な位置に納めた大三ということができる。

このような理想的な大三を作る練習としては、弓を持たずに胸を開いて肩を落とし、右手を高く上げて、肘を動かさずに肘から先を折ってみるのも一つの方法である。拳は自然にこの位置（鞢の紐皮が額の上）におちつく。また自然体で引分けた正しい会の位置から、両肩関節を主軸とし、妻手肘を副軸として大三の位置まで戻してみるとよい。もちろん肩根が凝ったり手首に必要以上の力がこもってはいけない。あたかも弓手の手之内と妻手の肘先とでゴム紐を引き合っている感じで——これを繰り返して行うと、自然で無理のない大三の位置を知ることができる。

（六）引分け

①引分けは体で引く

引分けは、受け渡し（大三）から矢束の残り半分を左右均等に引分けるのであるが、左手は弓を持ち、右手には弦をかけているので、とかく弓手・妻手ともに手先や手首の力にまかせて引きがちである。しかし、自然体の射法にあっては手首ではなく、正しい筋骨の働きにより、全身を駆使して引分けなければならない。主に上腕下筋の働きである。

「胸の筋骨と背の筋骨を使って、胸の中筋から左右に開くように、体を弓のなかに割って入る気持ちが必要である。いわゆる体で引くことが肝要」（弓道教本・引分け114ページ）である。

なぜ体で引分ける必要があるか、といえば弓の働きは反動力であるので、縦線の伸びと横の線に伸びがなければ縮められるからで、それには弓手は弓力に応じて真っすぐに押伸し、妻手拳は弦に引かれる力を肘に受け、肘で引くことである。肘で引くためには、右手指先は弽の帽子にかけるだけで、持ってはならない。

このことはクレーン（起重機）の働きをみるとよく分かる。物を引っかけるフック（鉤）そのものは上げる力を持っておらず、引き上げたり、移動させるのは動力である。これを引分けでいえば、妻手先はフックで、弽の帽子に指をかけるだけでよく、引き分けるのはクレーンの本体と動力のように体を使っての肘で引かなければならないことになる。

では、具体的にどのような両上肢の働きが必要であろうか。

弓手は肩根を締め、これを軸として、上腕下筋を使って、前方、的の右斜め上から的心に向かって真っすぐに押伸し、妻手は肘先を、同じく肩関節を軸とし、上腕下筋の働きで、横の線上、後方に矢束一杯に引き納めればよいのである。

②矢束

「矢束とは大体その人の背丈に比例して定められる矢の長さで、弓を引く時に最も適した矢の長さのことである。これを計る最も簡単な方法は矢筈を咽頭（いんとう・のどさき）にあて、左腕を一杯に伸ばした中指の先までの長さとしている。

この**束**《づか》というのは、昔その人の引く矢の長さを計るために使われた方法で、矢を四指で握った幅（約二寸五分＝七・五センチ）を束といい、束以下は指一本の幅（約五分＝一・五センチ）を**伏**《ふせ》といった。

たとえば、二尺九寸＝八七・八センチの矢束は十一束六伏といっていたのである。

矢束ほど引て味へ心なく
　弦に引かるなひぢの力よ（竹林派）

手首の力を抜き弓力を肘で引き十分伸びれば、矢束一杯に引ける。

③正面・的心と裏的

そしてこの時、弓手拳は正面的心に、妻手の肘は的と反対の後方、射位と的との距離と同じ二八メートル先の仮想的心（裏的・心の的ともいう）に妻手の肘先をそれぞれ突っ込む気持ちで、左右最高限度まで、上腕の下筋で伸び合うことである。

すると、妻手拳は肘先に引かれるが、その拳を大三の位置から直接首の後ろ、上腕に深く重ねるようにするのがよい。もっとも、このような妻手の作用にあっては、大三における弓力の受け渡しを正確に肘に受け、手首の力を抜いて弓力を矢先に流すように注意しなければならない。

このような引分けによって、次の会における伸合に入ることができるが、ここで、背柱を中心に、左右の筋骨の働きがすべて均衡を保って、正しい伸合を行う上で注意しなければならぬことがある。

④左右下筋の伸びと力のバランス

弓手は肘を起こして、肘の内側を前に向け、腕の下から肘先に向かって下筋の伸びと、手之内が働けばよく、妻手は前腕を上腕の上に深く折り重ねるように引けばいいのであるが、実はこれでは形の上で弓手と妻手の肘の納まり方が違ったものになる。つまり弓手は肘を内側（右）に起こすのに対し、妻手は、前腕を上腕の上に重ねる位いに引き納めるので、肘の内側は上向きになるからである（下写真）。これでは背柱を中心とした左右上肢の筋の働きはバランスがとれていない。そのために肩を吊り上げ肘は下がってしまうことがある。

しかも妻手の働きは斜め上（受け渡し）から引分ける肘先の移動方向は斜め後方下に働くので、そのままでは肘先は落ち、前腕は上に立った形（手首にたぐる）になりがちである。残身の時肘が下り手首が上向きに飛んでいるのは、みなそのためである。

そこで妻手の拳を引き納めたら、重ね合った上腕と前腕の肘先を後方上に捻るように働かせつつ、腕の下から伸びると、肘の内側は弓手と同じ方向に働く。そして、両肩を背面下方に引き締めると、初めて左右両上肢の筋骨による均衡のとれた伸合ができることになる（144、145ページ写真、肘に挟んだ矢の向きによって肘先の働きが知れよう）。

こうした会にあって、妻手肘の内側は弓手のそれの

バランスの悪い射法

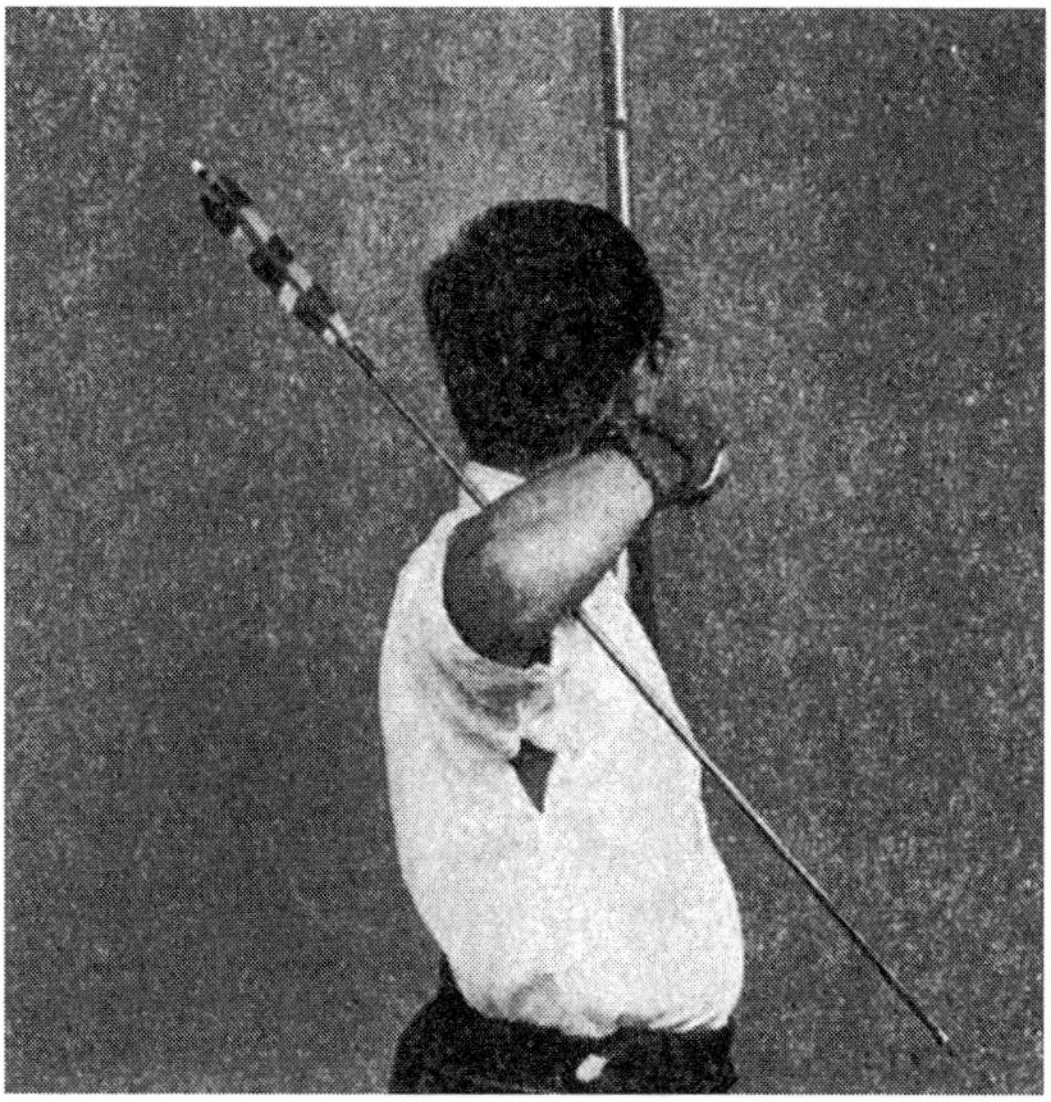
均衡のとれた伸合

ように完全な前向きではないが、両腋の下から肘までの主伸（下すじ）の伸びが左右平均に働き、このまま離れれば、結果は弓手の肘と同じ向きの残身となり、理想的な一文字の離れとなるのである。なお一文字の離れについては「離れ」（159ページ）を参照されたい。

⑤引分けと妻手の働き

引分ける時、妻手のどこを引いたらよいか、この引き方には、後に来る伸びや、離れに大きく響く重要な操作である。だが、取懸け方や引分ける弦道（大三から引分けてくる弦の通る道）によってもいろいろに変化し一様ではない。不用意に指先や手首に力の入る取懸け方をすれば、弓力を肘に受けることが出来ないからである。

妻手のどこを引くかについては、まず次の四通りがあげられる。

一、拳で引く
二、手首で引く
三、小指・薬指を堅く握って、これをたよりに引く
四、つまんで引く

以上の四つは手指や拳が主体となるので肘で引くものとはいえない。

五、弦枕の弦を引く
六、弽帽子に懸けた中指または薬指の先を引く

一と二の二つは手首、肘のいずれによっても引分け

られるが、五は四のつまんで引くのとあまり変わらず、中指か薬指の先を肘で引く方が後に述べる理由によってはるかによいのである。また弦道については、

七、外を引く

八、身に付いて引く

九、七、八、の中間を引く

十、先手付け

以上の四通りが考えられる。

一、二、三、四のうち三を除いて、すべて初心者に多い手先で引くものであって、これらは取懸け方から改めて研究する必要があろう。三はある程度進んだ人の引き方であり、また昔の体勢ではよくこの方法を使ったものである。小指と薬指を堅く握ることによって上肢の安定を計り、他の指の力を少なくして離れを軽くするという考えかと思うが、小指と薬指を堅く握れば、必ず手首が緊張する。手首が堅くなれば上腕二頭筋（屈筋）や肩の筋までが緊張し、このため右肩が吊り上がって、上腕は凝り上肢左右のバランスは取れないことになる。

以上は三ッ弽の場合であるが、四ッ弽で小指を堅く締め、これをよりどころにして引分けた場合、締めつけられた妻手には伸びはないので、前者と少しも変わらない。両者とも小指・薬指を締めずに、手首を軽くして引分けられる、取懸け方から研究し直す必要があろう。すなわち、「右手先は弦にまかせて右肘で引く」という（弓道教本・引分け115ページ）通りに。

といって小指・薬指を広げっぱなしもよくない。力を入れずに軽く握っておけば引分けの弓力は直接肘に来て、肘で引くことができるからである。

四の指先でつまんで引く形（104ページ写真参照）は、これも離れが軽くなると考えてのことと思われるが、昔のように右腕全体を固め、指先の操作で離れを作った時代ならこれでもよかったかも知れない。しかし、これでは引分けの途中、弓力が加わると、抜けそうになる感じを抑えるために、無意識のうちに拳全体が堅くなり、三の結果と少しも変わらないことになる。従

って縦の線を伸ばし横一文字の伸びから離れを生み出そうという現代の射法には適さないのである。

さて、引分けにあって妻手の肘は弦を引くのであるが、そこには、弦枕に引っかけた弦を直接に引くのと、間接に引く、の二つの方法が考えられる。

確かに矢筈は弦に懸けており、それに接近して、䩞の弦枕を懸けているのであるから、弦を引けばよいと考え、弦枕で直接弦を引くことになる。だが、これはいわゆる弦枕の引っかけ引きであって、引く力がここに集中され弦は抜けにくく、結局、指を大きく開いて離さなければ離れない、という無理があり、離れの弦は弦枕に引っかかり、バシャンといやな音を立てた「引きちぎり離れ」になることが多い。

これに対し後者の六は、䩞帽子に懸けた中指（三ツ䩞）あるいは薬指（四つ䩞）の先（第二関節と第三関節の中間）を肘で引くことをいう（104ページ、指をかける手之内＝鉤＝参照）。

この場合、引く働き（伸び）と弦枕から離れる弦の張力とは間接的な関係にあるので、弦を直接引く五とは全然違い、䩞帽子（母指）に自由な軽さがある。肘に引かれた指先の張り合いが生きていれば、弦から弦枕が離れよいから軽い無理のない離れになるのである。ただし、肘が引いた指先の張り合いは、十文字の伸びによって生きるのであり、また、この伸びによって矢の線の張り合いも生ずるのであるから、体の十文字の伸が止まっては、この離れは生まれない。

七、八、九、十は弦道の良悪、つまり引分けの進行状態である。弓・矢の運行はすべて、最短距離（むだのない動き）を理想とするものであるが、七のように体から離れた外（遠く）を引分けると、あとから引き寄せるだけでもむだな働きとなって、体を割り込むような体勢作りは望めないのである。といって八のようにあまり身に付き過ぎて引くと、弦は胸につかえて引き込めない。引き不足（ひきたらず）になるばかりでなく、体の伸びも思うようにならない。以上両者とも「過ぎたるは何とやら」でやはり中庸《ちゅうよう》がよいのであって、七と八の中間を引く九がよく、これを肘で引分けることができれば、体一杯に納まり、伸合いの自由もある。また一〇のように弓手拳を先に的に付け、あとから妻手を引いて頬付をするのは、結局妻手肩や手掌に無理がかかり、体のバランスも崩れて納まりにくいので、引分けは左右均等に引分ける必要がある。

右拳を大三から直接右肩上に持って来たのでは引分けが小さいと、大きく見せるために上の方を丸みをかけて引くのを見るが、これも外を引く七と変わらず無用な操作であって、その多くは弓力を手首に受ける手首引きとなり、必要以上に矢束をとることになる。

弓射の大きさは体全体を使って大きく伸び伸びと引く体の大きさであって、手先だけの操作ではない。

また、弓の名手は弱弓を強く引き（強い弓を引いているように見える）それは体を引くからである。そして強弓を軽く引く（体全体の働きで引くから、ちょうど弱弓でも引いているようにみえる）という。体全体を使って引く筋の働きは背柱に近いほど強く、両上肢は先に行くほど柔らかみのある強さに変われば体の弓になる（43ページ写真、上肢力の分布参照）。無理のない筋力が弓の復元力より強く作用し、弱弓・強弓ともに自由に引けることになるからである。つまり弓を引くというより体勢作りが先行し、それに引かれて弓があるという感じなのである。これがほんとうの「体で引く弓」である。

⑥引分けの運行速度

打起しも引分けもすべて呼吸に合わせて行うよう述べたが、同時にその速度（方法）も体勢作りとの関連があり重要な動作の一つである。大三から気なしに引分けるととかく手首引きになりがちである。この場合は肘先（上腕下筋）が先行し肘先に引かれて妻手拳が静かについて来るという感じがよい。しかも引き始めは、ごくやんわり（静かに）中頃はやや早目（早くではない）に、最後はじんわり（静かに）会に納まるようにしたい。もちろん呼吸に合わせて行えばなおよいのである。

このことは書道稽古の初歩の頃、横一や縦亅の字の運筆に、初めゆっくり力を抜かず、中程早目（早くではない）、最後もゆっくり静かに納めるという教えを思い出すが、まったく同じ感じなのである。

⑦引分けと妻手の絞り　受け渡しで、弽を内側（紋所を上にし、自分の方に見えるよう）に前腕を肘のつけ根から軽く絞り、そのまま引分け、会でその状態を崩さぬことが肝要である。この時手首だけで捻《ひね》る人が多いようだが、手首で捻っては強過ぎて、手首ばかりでなく上腕まで凝るのでよくない（写真下）。

指を全部伸ばし弦枕に弦をかけて肘から先の前腕全体で内側に絞ると軽い絞り方を感じ取ることができる（150ページ上写真）。これで帽子に指先を懸ければよい。この絞りの感じは大三から会・離れまで変わってはならない。

受け渡し（大三）でこのように絞ると、弽の中の**人差指の根の上部に弦の当たるのをはっきり感じる**（150ページ下写真）。大三からはこの感じた個所と、弽帽子にかけている中、または、薬指の先の二個所を意識して逃がさぬように肘に引かせるのである。これを「弦をもらえ」ともいうが、この操作によって母指から肘の内側までの線が真っすぐになって絞られているの

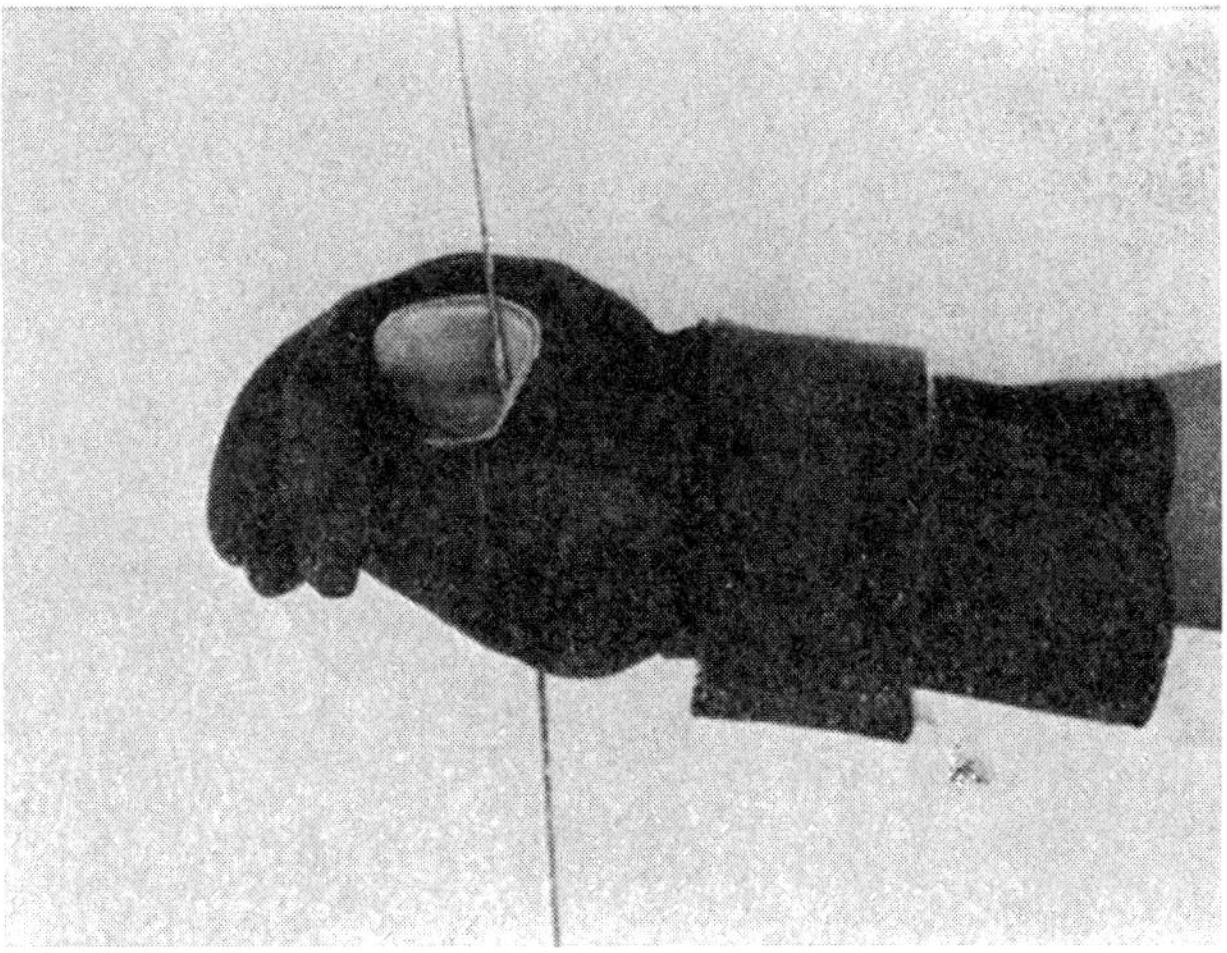
手首で捻っては，強すぎてよくない

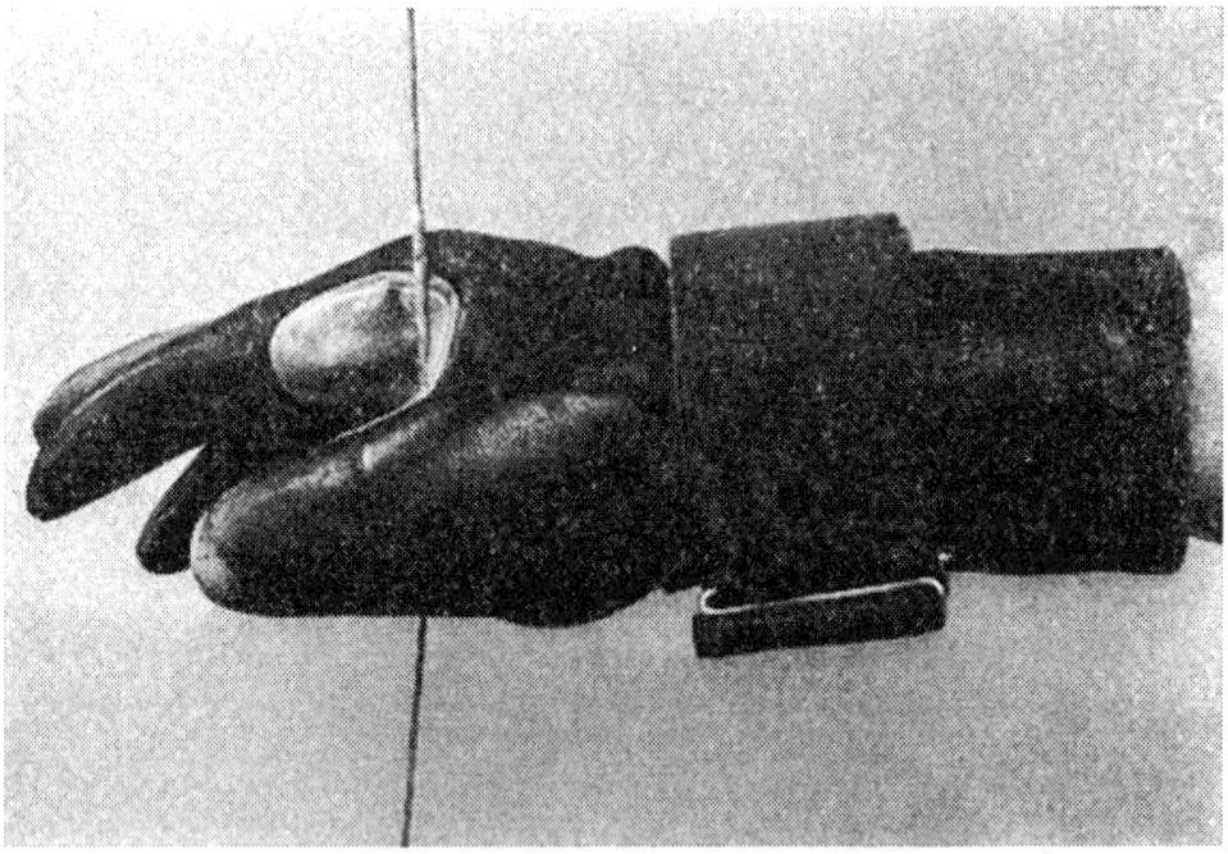

指を全部伸ばし弦枕に弦をかけ，肘から先全体で内側に絞ると軽い絞りの感じがつかめる

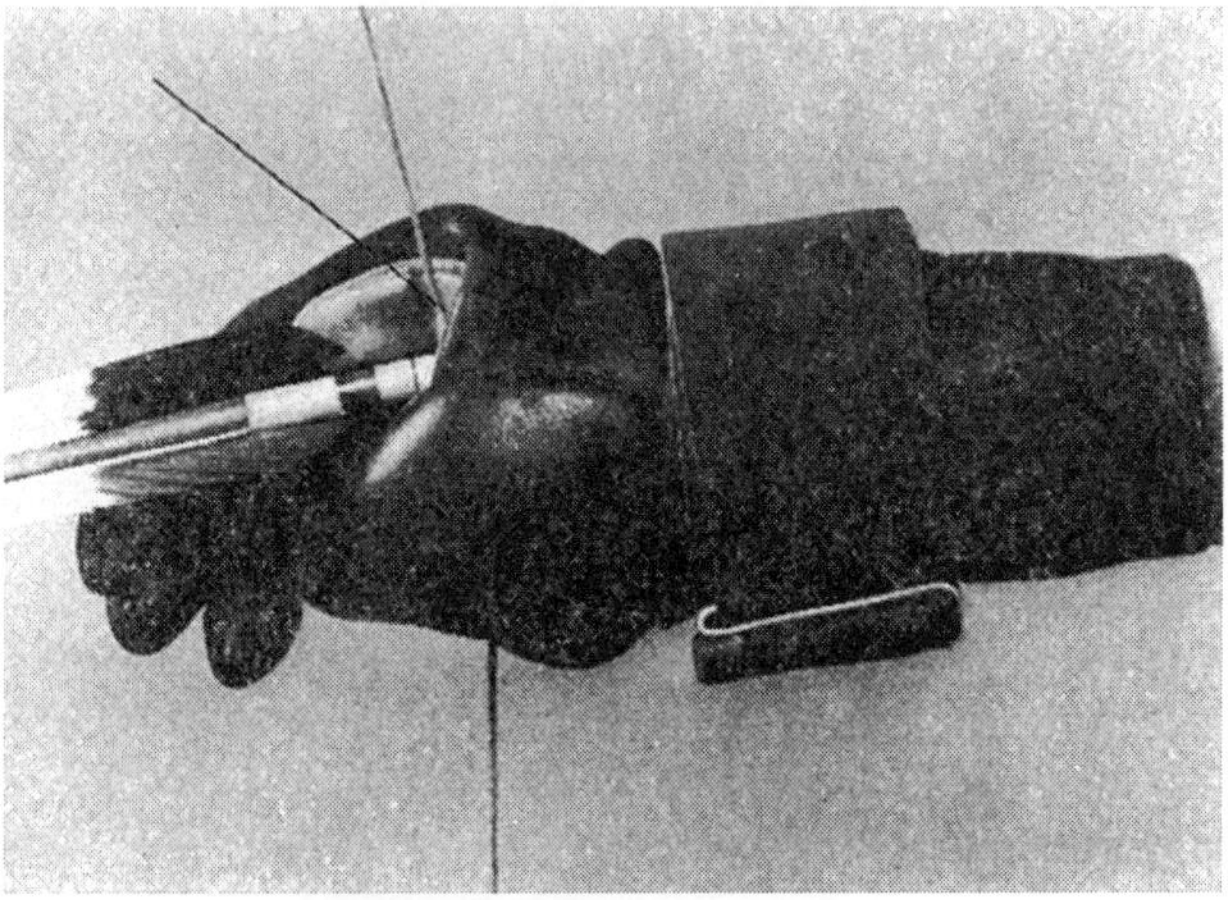

人差指の根に弦の当たるのを感じる

で、引分けの途中から手首の外側に折れるのを防ぐところから、弓力は終始肘に保つことを可能にする。大三で妻手の肘に受けた弓力を、引分けの途中で手首が外に折れ、弓力を手首に受けてしまうものも多いようであるが、この場合は手首の折れないことと、弓力を肘から逃さないために、拳が頭を通り越した時点で、もう一度肘から先を軽く内側に絞り、胸筋を開きながら引分けると案外手首の折れるのを防ぐことができる。

こうして矢束一杯に引き納めた体の横線は、それ以上伸びられるものではないが、真横の伸びからさらに肘先を後方（背中の方）に張り伸ばせば、体の伸びが矢の線の張合いに生かされることになる（162ページ、自然体と大離れの原理参照）。

しばしば会に入ると「肘先を締めろ」ということを聞くが、肩根を落として伸びた肘先は力を使って締めてはいけない。この操作（力）が強ければ強いほど屈筋が緊張して上腕が縮み妻手の伸びはなくなるからである（これについては次の会の「肘先の締め」156ページ参照）。

（七）会

①筋骨の躍動する会

射の生命は精魂を打ち込んだ縦・横十文字の体勢とその完全な詰合いと無限の伸合いにより、完成された会の深さ、そこから生まれる離れの鋭さ、残身の生きいきとした優美さにある。

昔も会・離れに中心がおかれ、そこに精神と技術が集中されたが、「武器」という条件に左右されることが大きかった。しかし現代では真に筋・骨の躍動による会離れが求められている。ここに昔と現代の弓射の違いがあるといってよい。

外観では矢が頬に付いた状態が会ではあるが、それだけでは真の会とはいえない。矢が頬について離れるまでの間に「会の深さ」というものがなければならない。それは会の体勢を整えるための詰め合い、体の縦・横十文字の伸合い、気合の充実、そして離れに至るまでの、その持続―会の深（長）さである。

このような「深い」会は各節の動・操作の積み重ねと、正しい縦・横十文字とその伸びによって初めて生まれるものであるから、会から離れに至る詰合いと伸合いは、わずか数秒間であるとはいえ、いや、それであるからこそ、事前の諸動・操作と十文字の体勢作りに完全を期する必要がある。というのは、会に入ってからでは、もはや手遅れで体勢も整わず「深い」会は望めないからである。

②詰合いと楔

詰合いは会にあって体の筋骨を正しい位置に納める働き、胸筋を開いた左右肩根の締め、弓手・妻手の張合いと両手之内の働き、これを「五部の詰」といっているが、離れの際に重要な働きをする急所急所を正しく整えることである（159ページ、離れと射開き参照）。

すなわち、打起し――受け渡し――大三――引分け――会に進むにつれて、筋の働きによって変化する両肩、両手之内、胸、妻手の肘関節などを生理的に正しく組み合わせ、次の伸合いや離れに必要な位置に納める働き、手之内の締めなどの操作、これが詰合いなのであるが、この働きはすべて統一のとれた働きであってバラバラであってはならない。

若い人には引分けて矢が頬に付くかつかないうちに離しているものが多いが、このようなのは一種の引きっぱなしで、詰合いが全くなく、もちろん伸合いもないもので会とはいえない。会で「天地左右に伸合うためには要所要所の詰合いが十分でなければならない」（弓道教本・詰合117ページ）のである。

そして要所要所を詰合うには楔《くさび》が必要である。詰合いと楔については日置流では「詰めるというは、寛《ゆる》ぎたる所を物をもってしかとつめるように稍和《ややわ》らかなる事である。楔とは寛ぎたる所に轄《くさび》を打込んで締めるがごとく堅く厳しい事である」と解説している。

この楔を入れる、を具体的にいうと

一、両肩根の楔

両肩根を後方下に締める。その上で正しく顔を的に向け物見を保つのであるが、右肩を上げれば首は自由に回る（111ページ参照）。けれどもこれは左肩とバランスを取って締めた上での物見でなければならない。従って妻手肩を後方下に締めつつ首の付け根から左に回し、胸鎖乳突筋を真っすぐに立てる（112ページ参照）ように顎を引き首を伸ばすと、肩と首とで首根の筋を張合い安定した位置を保つ、これが妻手肩根の楔であり、首の根の楔でもある。

二、弓手の楔

一般に右腕より弱い左腕で強い弓を押すのであるから、弓手の崩れぬよう補強する必要がある。まず伸ばした弓手の肘は内側（右）に捻る（肘を起こすともいう)。これが肘の楔になる。ここでも肘を内側に起こすために肩を上げれば楽にできるものを、肩は逆に後方下に締めなければならない。これが弓手肩の楔となる。

肘を内側に起こすのであるから手首もともに内側に捻れば楽にできるが、手首は弓の垂直を保つために、左に起こす、これを手首の楔という。

三、妻手の楔

妻手も肩を後方下に締め、肘を張るのであるが、引分けた時妻手拳は肩に担《かつ》ぐように引き納めることを体勢作りの上から理想とするが、この時の肘先に矢を挟めば矢は横になる。ということは肘の内側が上向きになっているということである。弓手の肘は起こして内側は前に向くのに妻手の肘の内側は上を向く。これでは左右上肢、特に上腕の働きはバランスがとれていない。そこでこの肘先をより遠くに張り伸ばしながらわずかに後方上に回すと、肘の内側は弓手と同じ向きに働きバランスがとれるばかりでなく、肘先は自然に締まり、これが肘先の楔となる。

引分けの時拳が首を通り越す頃手首が折れ(内側に曲がる)弓力を手首で引くものがあるが(142ページ、引分け参照)弓力は離れるまで肘になければ自然体の射にはならない。そこで弓力を肘に保つために、拳が首を通り過ぎた頃から手首を肘から軽く内側に絞(捻)る、これが妻手首の折れないための楔である。

四、胸の楔

伸合いの時上肢を腋の下(下筋)から左右に真に伸ばそうとすれば、胸筋を開きつつ肩根を後ろ下に締めなければならない。そして体の前後のバランスを取るためには背筋(背中の方の筋)も左右に張り伸ばさなければならない。

これが肩根の楔と同時に胸部の楔となる。

以上のようであるが、各所の働きは、締め、絞り、捻り、張り、伸ばし、開きと筋の働きは違うので、極めて難しいのであるが、軽く、鋭い離れを生み出すためには、これを克服する必要がある。

これらの詰め・楔が会における体の動揺を防ぐのであるが、そのためにも総体の詰め・楔、すなわち縦・横十文字と、その伸びが基礎でなければならないことはいうまでもない。

身のくさび心のくさび手之内の
くさびをしめてさっと射はなせ（小笠原流）

楔は締め固めるもの（屈筋を使って縮め固めるのとは全然違う）八方強味に緩みなく締め固めて均等に、体の緩みなく弓手に緩みなく、心に緩みがあってはならない、というのである。

③伸合い

次に伸合いであるが、縦・横十文字の体勢をあくまでも崩さずに、天地左右にバランスをとって伸合う働き、これが伸合いである。

引分けに横の線の伸が絶対に必要であることは再三述べた通りであるが、伸合いでは前述の詰合いと、弓手と妻手肘の張りによって生ずる矢の線の張合いを同時に働かせなければならない、という難しさがある。

会にあっては以上の詰合い、伸合いの働きが絶対条件であるが、**なぜ**このような働きが必要なのかは、次のことによっても知れる。

例えば、左斜め上で受け渡された弓力を、左右に張伸ばしながら引分けるときの両上肢の筋は、なだらかな坂を降るように左右斜め下に向かって移行する働きをする。両肩根を締めずにこのまま離せば、筋の働いている斜め下に切り下げるはずである。会に詰合いのない引きっぱなしの人によくある妻手の切り下げは、このような筋の働きの結果である。

引満てまたとのふることなくば
放つ矢ことのいかで中《あた》らん（小笠原流）

十分に引き満ちたとしても、ここで整えることがなければ、中りは多くない。気合いを以て八方に伸びることである。胸を中心として天地左右に張り伸ばす心である、形は心に従って適宜に伸びるものである、というのである。従って矢が水平に頰に付いた時点で、斜め下に働いている左右の筋を横一文字の伸びの働きに変えるために、両肩の締めが必要になるわけである。会で肩根の納まらない時、伸合いが完全であれば、肩根を落とすことも、締めることも自由にできるところから、伸合いを先行させ、詰合ったあと、離れのための伸合いを行ってもいいはず、という考えも出て来る。では伸合いが先か、詰合いが先か、それとも同時がよいのかについて考えて見たい。

引分け方によって、すべての関節の納まりも変わって来るから、一概に言い切ることはできないが、詰合いも伸合いも会における両翼のようなものであって、どちらが先行するかは、会に入るまでの諸動・操作の良否によってきまる。

引分けながら伸び、会と同時に詰合いで体勢を整えることもできれば、一応引分けて矢が頰に付いてから各所の詰合いを行い、次に伸合うということも考えられるが、いずれにしても引分けただけでは完全な会にはならないから、一般的には前者が適当と思われるが、それも引分け方によって不可能な場合がある。

ということは、引分けで体の横線の縮む人、肩根の凝る人などは、凝ったり、縮んだりする働きに左右されて、ほとんど伸ばすことができないからである。このような時に体の縦・横十文字に伸ばすこと、つまり伸びを先行させれば、急所急所の詰合いは自由にできることになる。

手先や拳の力で引分けると、上腕の働きは屈筋の作用するところとなり、これでは伸びはない。従って第一に屈筋の緊張しない操作（101ページ、妻手の手之内参照）によって引分けなければならない。とすれば、基本的には体の横線を生かし、伸びながら矢束一杯に引分け、会に入った時点で詰合い、準備完了、あとは離れのために伸合うということになろう。というと、詰合いの前後の伸びが別々の働きのように考えられるが、そうではなく、伸びによる引分けの延長が会であり、会の伸合いの結果が離れであるから、息合いとの関係もあるが、引分け以後の伸びは会・離れ・残身まで一貫した働きでなければならないのである。

④肘先の締め

昔は弓手肩を落とし、妻手肩を上げた構え（14ページ、昔の射法参照）であったから、当然肩が上がれば肘は下がり肘先は締まる、これによって妻手も安定したので、当たりは強かったものである。

現代でも妻手肘先の締めによる妻手の安定ほど重要なものはなく、また将来も変わりはないであろう。だが妻手肘の締めというと昔の射法のように上腕二頭筋（屈筋）を使って、前腕を締めつけてしまうことになりかねない。これでは左右上肢のバランスは崩れ、自然体は保てないことになる。

では、自然体の射法における妻手肘先の締めとは何か。自然体である以上、あくまで正しい縦・横十文字の伸びによって生かされる肘先の締めでなくてはならない。

すなわち、引分けから会に入るに従い、上腕下筋で左右真横に伸びる時、妻手の肘がその伸びによって遠くに行くほど肘関節を接点として上腕と前腕は自然に接近し、その上でなお肘先を張伸す（会の伸合）と同じに、この体の伸が矢の線の張合いとなって生まれる（189ページ、離法十種九参照）。この時上腕と前腕の接点である肘先は自然に締まり、安定する。すなわち縦・横自然体（凝り固まりのない）の十文字を作るためにも、肘先は締めるのではなく、自然に締まるのでなくてはならない。

この締まりによる肘先の安定は、伸合いにおける弓手の押し伸しに対し、常に均衡した張合いを保つので、弓手が正確で離れに無理がなければ当たりは絶対であるといえる。

なぜならば、伸びることによって肘は自然に締まり安定する上に、なお弓手の伸びに対し妻手の上肢（肘）も一文字に伸びて、左右伸びのバランスが正しくとれるからである。

この伸びることによってできる肘先の「締まり」は肩根の締めと共に屈筋を使って締めつけた昔の肘と同

じように安定した妻手となるのである。

ただし、体勢を無視して肘の締まりだけを求めたのでは、必ずといってよいほど、妻手上腕を凝り固めて締めることになるから、真に正しい十文字の体勢とその伸びを会得し、妻手肩が凝り固まることなく、両上肢の働きに自由が持てるようになるまでは、いたずらにこの肘先の締めにこだわらぬよう注意したい。

⑤体の伸びと矢の線の張合い

「伸合いは、矢を引き伸ばすことではなく、気力の充実である」（弓道教本・伸合118ページ）伸びとは矢を引き伸ばすことではない、と教えている。矢の線の押し引きも張合いであって当たりにも関係があるから、その均衡を保つことが必要ではあるが、体の横線、つまり左右上肢の筋の緊張（伸び）とそのバランスによって張合いとなって生かされるものでなければならない。

そして引分けられる矢の線は、矢束一杯に引納めて張合いがとれれば、以後はすべて気力や精神力を加えた**体の方の働き**（伸合い）である。つまり引かれてくる矢の線には矢束という限度があるので、あとは張合うだけであるが、体の伸びには限度がなく、矢が弦から離れてもなお、伸び続けるような「**無限の伸**」でなければならない。人体の伸びには無限の可能性があるからである（128ページ図参照）。

口割りと矢の本矧（もとはぎ・羽根の下に巻いてある糸）が近すぎるといって、矢束を無視して手首で引く人を見るが、その多くは右肩が縮んでいるか、首が回り兼ねて横目になっていることが多い。このような時は、胸を開いて両肩を落とし、首を伸ばし右肩を後ろ下に引きつつ顎を引き首の付け根から左に強く回すと矢束一杯に引けて、形の上からも理想的な矢束になる（112ページ参照）。矢束を必要以上に引いても矢押しは強くなるものではない。矢束だけ引いて矢の線の張合いが生きて離れれば、その方がはるかに鋭い矢飛びになるのである。

伸合は弓手に定め妻手にしめ

腹より惣身筋骨をはれ（小笠原流）

弓手を定め妻手を納め、戻らぬようにバランスを取り、腹を中心に惣身（天地左右）に筋骨を張り伸ばせ、ということである。

「弓と矢の分離せんとする決定的瞬間である。このときは力は天地左右に流れ、技は十分に働いている」（弓道教本・伸合118ページ）で体の伸びを意味しているが、矢の線だけの押引きを離れの直前に行い、これが体の伸びであるかのような錯覚をしているものがあるが、これはあくまで押し引きであって伸びとはいえないのである。

では最も多いその一例をあげてみよう。

会に入ってから妻手の手首で弓力を引っ張り、弓手とのバランスで当てているもの。これはいわゆる引きっぱなしである。この操作の大部分は大三における弓力の受け渡しに原因があり、その内容も二つ考えられる。

一、受け渡しの時弓力を正確に肘に受けて引分けるのだが、前にも述べたように妻手拳が首を通り越した頃から（おそらく本人は意識していないだろう）手首を外側に折って引く、この頃から肘に引いたつもりの弓力は手首に移ってしまう。

二、受け渡し（大三）の時に弓力を肘先に受け渡さなければならないのに体勢の関係（多くは肩との関係、130ページ、打起しと妻手肩参照）で肘が上がらず、そのために始めから手首で受けて引き、会にもって来るもの。

一、二ともにこれでは引きっぱなし以外に方法はない。ということは結局、受け渡しで正直に弓力を肘に受け、会の伸から離れまで絶対に弓力を肘から逃さないことである。

これができて初めて、体の伸が肘先を通して矢の線の張合いに生かすことができるのである。

⑥会の深浅

会で詰合い、伸合って、「精神・身体・弓矢が渾然《こんぜん》一体となり、満を持し気迫をたたえ、間断なく天地左右に伸張して（伸合い）発射の機を熟させる」（弓道教本・会115ページ）この満を持し気迫をたたえ、天地左右に伸びる、これが結局会における体の伸びであり、伸の深さに通じるのである。

詰合いや伸合いは会の一環であり、その完成には時間が必要であるが、何秒かけなければならないというものでもない。なぜならば、問題は内容にある。会の長さはその人々の体力・技倆・精神力によって違いがあるからである。ただ一般的な希望としては、矢が頬に付いてから離れるまで少なくも四、五秒から七、八秒かける必要があるとされている。

会の深さを離れの準備動作と考えられる詰合い、伸合いの時間を除けば、これによって完成された真の会から離れの時間は、それほど長いものではない。あるいは一瞬時に過ぎないこともあろう。しかしそれでも充実したものなら立派であることはいうまでもない。

実際には詰合い、伸合いを含めた働きを考えると五、六秒なければ真の会に至ることは難しいと思われる。

会の短い人に「会が浅いからもっと**持て**」ということをよく聞くが、ただ時間かせぎに持つだけでは何の意味もねうちもない。会の中には、詰合い・伸合いという重要な仕事が含まれているのであるから、矢が頬に付いてからただ持つのではなく、この仕事として、詰合いの後、深く間断なく天地左右に伸張する伸合いを研究すれば自然、会の深さは保つことができる。

（八）離　れ

①離れと射開き

古来、離れについては「朝嵐」（180ページ、朝嵐の事参照）「鸚鵡《おうむ》の離れ」鸚鵡返し（人から言いかけられた言葉に対してそのまま返答をすること）という言葉があるが、弓手のリード（伸び）に応じて妻手が軽く無心のうちに離れるもの。弓手の伸びに応じてとは、弓手と妻手の矢の線の釣合よく張り合って離れることで理想的といわれている。

「梨割《なしわり》の離れ」

なしわりは肩むねののびよくはなれ
　かいなのつぎめに心あるべし（日置流）

胸を中心として両肩が平均に伸び、梨《なし》を割ったように離れる。それには胸から肩・肘・腕首の関節の納まりに心し、筋骨の詰めくさびを十分に利かせよ、ということである。

村雨や稲葉の露ということも
　そのほどほどをしるよしぞしる（小笠原流）

村雨は「村雨の離れ」稲葉の露は「雨露利の離れ」のことである。村雨の離れは肘先強く詰めて放し、後方へ四寸（約12センチ）さっと引く、離れたあとの拳と肩口との間が四寸であること。

稲葉の露の落ちるのを離れにたとえた「雨露利の離れ」は稲葉の朝露がたまり重味がかかると、自然に軽く滑り落ちるのと同時に稲葉がハネ起きる反射運動を弓射の離れにたとえたのである。

「紫部の離れ」これを「四部の離れ」といって、離れに際し、弓手・妻手と両肩の詰の四か所が一致して働き、離れることをいう。この四か所の働きの中心が胸であるので、胸から割れるようにと、この胸を加えて五部の詰めといい、離れも胸を中心に離れるのを理想としていた。

つまり、離れは押手で押し切るものでもなく、妻手で引きちぎるものでもない。体の中心を貫く縦の線を軸に、体の中心から左右に分かれるように離れるのをよしとしている。

以上いずれも軽妙な離れを説いたものであるが、村雨の離れで述べた通りほとんどが、妻手肩を上げ肘を下げて強く締めた昔の離れ方で、右拳は肩口と三寸（9センチ）か四寸（12センチ）しか開かないもの、これを流派の離法としていたのである。

従って離れ口の軽妙さには変わりはないが、現代の一文字・大離れの射法では、**妻手総体の位置や働きが全然違って来ているので、**昔の離れとして参考までにとどめたい。

筆者も印西派に入門以来長いことこの小離れであっ

たが、当時は

一、的前と巻藁前は四寸（約12センチ）の別れといって小さく

二、指矢前（堂前）は八寸（約24センチ）

三、遠的は一尺六寸（約48センチ）の

別れ「射開き」で、いずれも小離れであった。これは体勢自体が小離れにしかならないような構えであったから矢の線（妻手の肘から矢先まで）の張合いのバランスはとれても体の十文字、すなわち天地左右への伸合いのバランスはとれていなかったからである。

引絞り抜かしてやるとばかりにて
　小離れになることぞくやしき（小笠原流）

ただ矢を抜かすだけでは、その勢いはなく、これでは軽い離れではなく弱いものになる。

現代の体の正しい十文字と、その伸びの働きによって生かされる、矢の線の離れは小手先の技巧などなくとも、軽く見事に離れてくれるのである。つまり、昔の小手先の技（離れ）が、現在では体を基礎とした上肢全体のバランス（伸び）によって生かされる、大きな働きに変わったといえるのである。

②真の射道

引付けて締合（伸合）ふうちに弓も矢も
　我身も知らず放るるぞよき（小笠原流）

充分伸合った時、一念不動にして無念無想に、弓も矢もなく自分も知らないうちに自然に離れるのがよい、というのである。

離れが離れとして独立したものであるのなら、離れそのものについてのみ述べれば、こと足りるであろう。しかし、離れは引分け・会の延長であり、その結果であるので、離れのみで解決されるものではない。

特に現代の射は、積極的でしかも正しい縦・横十文字の体勢における伸合いのなかから、生きた、スピードのある鋭い矢を発矢させることにある。

すなわち、完成された十文字の伸びに徹し、離れを求めず、絶対の境地に没入、自然に離れを誘発するも

のでなくてはならない。

しかし、これは容易に体得し得るところではないが、ここに至って初めて「真の射道」といえるのではあるまいか。

離れのためには事前に離れられる体勢を整えなければならない。それが弓道八節の足踏みから会における伸合いまでの動・操作である。これによって、いつ離れてもよい十文字の体勢ができ、天地左右へ無限に伸合ううちに離れが生ずることになるが、自然体の離れは、大きく一文字に離れることが常識となっているので、その大離れについて考えてみよう。

③自然体と大離れの原理

「自然体と十文字の伸」についてはすでに述べた通りであるが、その伸びの中からの自然の離れと大離れについて、弓と弦の関係から、その原理を説明してみよう。

弓に弦を張って横に置き(163ページ上図)、握皮のところに人間の頭を入れる(同中図)と、弓を引いているところを上から見た図(同下写真)と同じになる。

弓には張顔・形の上での変化があり、人間の体も多くの関節があるので一本の棒のようではないが、弓が弦を張り伸ばしている働きと、われわれが体の横線の伸びで矢の線を張り伸ばしている働きとは双方ともに変わるところはないのである。そして体の横線が、弓が弦を張っている時のように、骨格を正しくして伸ばし通すことができれば、妻手の前腕を通して肘から矢先までのいわゆる矢の線が、体の伸びに引かれて**矢の線の伸張**(張合い)**と変わり**、バランスもとれて生きた離れを生むことができる。「総体の詰め(各関節の納まり)が上下左右均等に張り合い、胸の中央から割れるが如く離れることとである」とされているように、現代では縦・横の伸びが離れを誘発するという、軽妙さばかりでない、大きな意味の自然さに変わって来ている。従って離れは当然大離れとなるのであるが、離れをただ大きくするために前腕や手掌を飛ばすのとは全然内容を異にするものである。

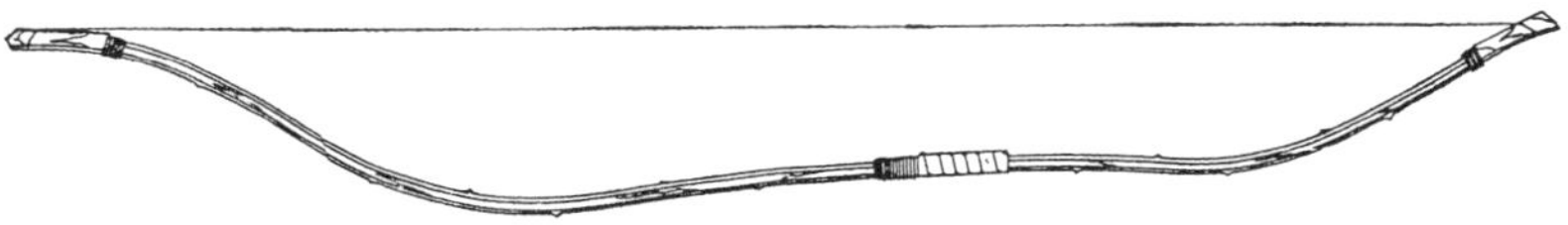

弦を張った弓を横に置いて

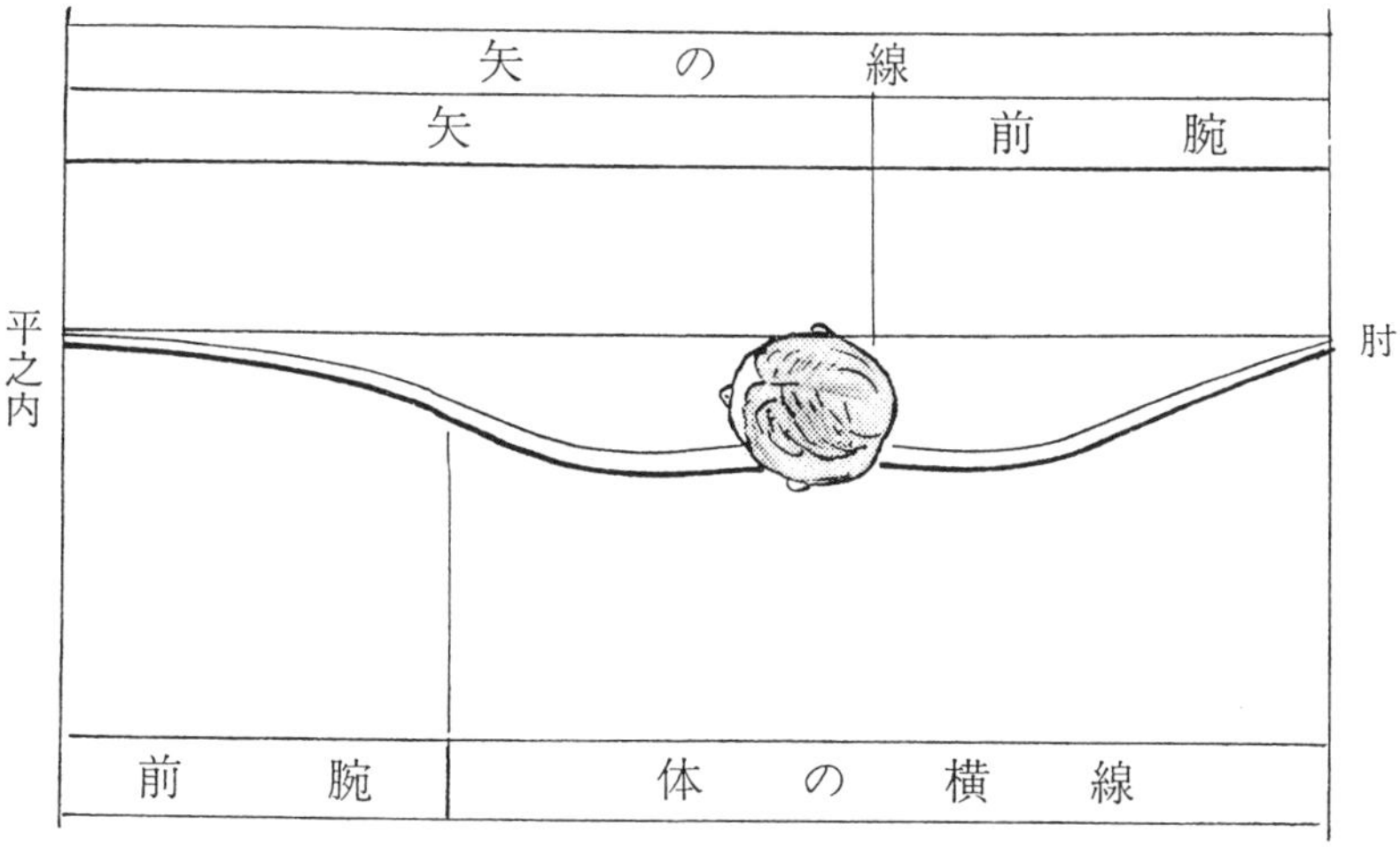

弦と弓の握り皮のところに頭を入れると，下の写真と同じになる
(弓の張力は体の伸び，弦の張り伸ばされている姿は矢の線)

会の姿を上から見たもの。上図と同じになる

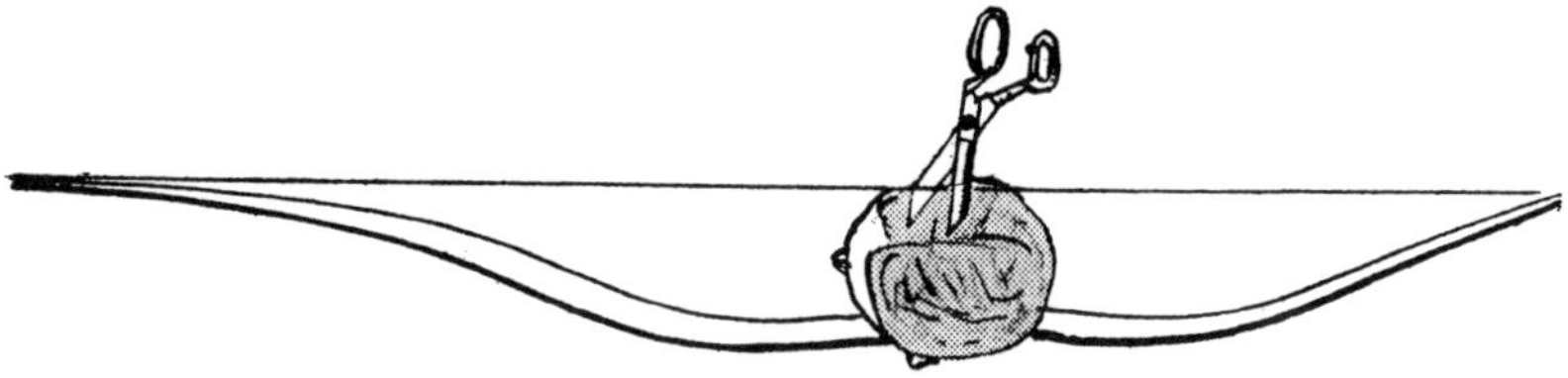

中仕掛けのところを離れ口とみなしてここに鋏を入れてみよう

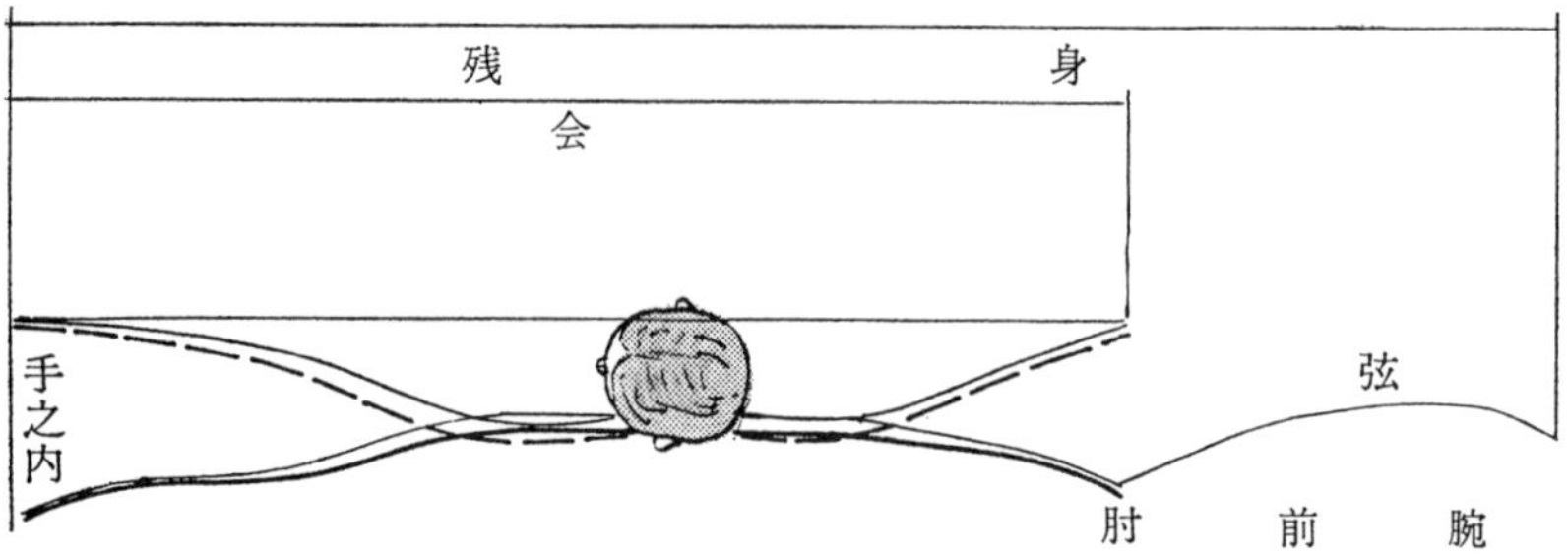

弦自体飛ぶ力はないが，切られれば切り口を先に見事に飛ぶ

弓に張った弦は両弭《はず》によって張り伸ばされている。この弦の中仕掛けから上を引分けた時の「矢」、下は弓を引分けて来た「前腕」に相当する。そして中仕掛けの所を引き放つ「離れ口」（弦に矢を番《つが》えた位置）とみなし、ここに鋏を入れてみる（図上）。弦自体には働く力はないので、自ら飛ぶことはしない。従って何ら技巧が働く性質のものではない。だが、切られれば切り口を先にして上部は上に、下部は下に目にも止まらぬ早さで飛び離れる（図下）。しばしば離れの瞬間に中仕掛け、その他から切れ、切れ口が手首や足の甲に飛び、鞭で打たれたように痛いことがあるが、この時の弦を飛ばす働きをするのが、弓の反撥力、張力に外ならない。これを実際に弓を引いている人体の働きに置き換えてみると、

一、弓の張力は体の横線の左右への伸びであり、弦はその体に張り伸ばされている矢の線（肘から矢先まで）に相当し

二、弦に鋏を入れる時、これが伸びが最高潮に達し

体の伸びこそ絶対の要因

た時で、今まさに離れんとする瞬間と考え

三、この時、期せずして弦が上下に大きく飛び離れる。これが前腕開飛・離れに当たる。

つまり体の伸び（弓の張力）で張伸している矢の線（弦）は何の技巧（離れのための操作）もなく、ただ鋏で切られるだけで弓の反撥力（体の伸び）によって弦（矢の線）が開飛する。

これは体の伸びが矢の線の張合いとなって開飛する、自然体の離れと全く同じといってよい（上写真）。

こうみて来ると、体の伸びこそ自然の離れの絶対の要因であって、これによって矢の線を強く張伸することができれば、弓に張られた弦が自然に飛ぶときのように、ここで手掌や手首の工作など必要のないことが知れるであろう。

そして、体の横線が、弓が弦を張伸している時のように、両上肢とも伸筋（下すじ）の働きで左右真横に可能な限り伸び通すことができれば、その伸びの力で、弦が大きく飛ぶように、妻手の前腕は大きく開飛する。こうして自然体の天地左右への伸びの離れが大離れとなるのは当然ということになる。また、拳を矢の延長線に抜くために、会に入ってから右肘を後方（背中の方）に張り伸ばすよう主張したが、弦を切られた弓の本弭《もとはず》、下ほこが反対側（後）にはね返るあの感じである（164ページ図中の肘）。

④弦を持つから離すことになる

ところで、弦はただ鋏で切られるだけで何の技巧もなく飛び開くといったが、われわれは弽帽子の弦枕に弦をかけ、しかも帽子の頭を抑える。従って、鋏で弦を切るようなわけにはいかないと考えられようが、それは「弦を持つ」からで、そのために技巧が必要となり、離さなければ離れないことになるのである。

「弓道教本」の弓構えにも、「弦を持て」とは教えていない。「弽の母指を弦にからみ、四ッ弽の場合は薬指を母指ではねるように押え、中指・人差指はこれに添える。三ッ弽の場合は中指を母指ではねるように押え、人差指はこれに添える。これを〝取懸け〟という（弓道教本・弓構え109ページ）」と述べている。ここでいうからみは絡み付く（まきつく・まといつく）ではなく、搦（からみ・くるめる）という意味。つまり「弦枕に弦をかける」と考えたい。

四ッ弽は薬指を、三ッ弽は中指を、両方とも母指ではねるようにというのは、弽帽子の中の母指は指先を起して、薬指または中指をこれにかける、ということで決して指を折って持つということではない。また、四つ弽の中指と人差指、三ッ弽の人差指はともに弽帽子にかけた指に添える、でこれも持つのとは違う。弽の帽子に指をかける、これが正しい「取懸け」なのである。かけた指なら無理なく軽くも抜ける、すなわち軽い離れ口となるのである。

⑤昔の小離れ

現代ではだれでも大離れになったが、昔の離れはほとんどが小離れで、筆者の入門した日置流印西派の皆伝、河合龍節師らの離れを実際に見、現実に教えられたが、その離れは現在いわれている小離れよりも遥かに小さい離れで、残身の時、母指頭が耳たぶに向かっていなければ、よいとはいわれなかった。少なくも四十年前からの弓人は皆体験されたはずである（159ページ、離れと射開き参照）。

昔、弓を使った飛び道具に「弩弓《どきゅう》」というのがあった。堅固な台に大きな弓（小さな弓を数張りつけたのもある）を固定させ、矢を番《つが》えて、弦《つる》を一定の位置まで引いて放つ。

何度引いても弦の収まるところが決っており、人体のようにくるいもなく、力が一定しているので、矢は常に同じところに飛ぶ。当時の弓射はこの弩の台を思わせるような体の構えで、妻手の肩根を上吊らせて腕を固めていたのであった。このような形が伝来の射法として長く受け継がれてきたのである。右肩が上がれば肘は下がる。そして屈筋（上すじ）の働きで弩弓の台のように上肢を固めてしまうから、これには伸びがない。従って手先と手掌の巧みな操作で発矢させていたのであるから、当然小離れにしかならないのはいうまでもない。

最近は全般的に大離れになってきたが、たとえ少しであってもこの旧形の体勢から大離れを出そうとするものがあるとすれば、これほど不自然なことはない。事前の体構えが小さくしか離れられないように、体を凝り固めているからである。もし、この形から大離れが出たとしたら、屈筋が伸筋の開飛に働く時点で、目には見えなくとも二段離れか、肘を無理に後方に大きく振っているに過ぎないことになる。従って自然に開く大離れにするためには、骨筋の働く生理的な作用からしても、体の構えから改めなければ本格的な大離れにはならない。

また、体の構えもできていない初心者に多く見られる離れに、

一、拳をただ大きく飛ばす

二、妻手を大きく切る

などは形の上だけの大離れであって生理的には真の自然体の大離れとはいい難い。体の縦・横の線の伸び

がなく、肘も利いていないから、手先や拳を飛ばすことになるのである。

　三十年ほど前、大離れが問題になった始めの頃採りあげられたのが、この初心者の大離れで、初心者は技がないから大きく取れるのであって、技術が進めば段段小さくすべきだという主張がなされたことがある。つまり、昔からの流れもあって、弓歴の長いものは小離れが当然であるというわけであったが、古い考えからすれば、これに理由がないわけではない。再三述べたように、昔の射形では、意識的であるとないとにかかわらず、妻手上腕の働きが屈する筋（上腕二頭筋）を使うものであったから、このような大離れの初心者に、屈筋を使って肩を上吊らせるように教えれば、小離れになるという生理的な理由もなりたつからである。

　しかし、このような考えかたは、今の時代の常識からは逆であって、左右の均衡を保って大離れのできるものを、ことさら不均衡な古い形に改めさせて、小離れに仕上げなければならない理由は見出せない。

　なお、二についていえば、昔の体構えから特に遠方に矢を送るために、ただ妻手拳を大きく切らせるものであって、体の十文字の伸びから作り出される大離れとは全然異なったものなのである。

⑥一文字の大離れ

　次に、自然に逆らわない体勢から生まれる離れは、大離れの上に、両上肢は肩の平行線に一文字に開かれるということである。というのは自然体の会は主伸（41ページ主伸参照）を主力とした体の横線と、これにプラスした縦線の伸びにある。この十文字が完全であり、その伸びが上下左右平均に十分に働けば、締まって崩れない肩根を軸として、体の横線の伸びに引かれた矢の線の張合となり、両上肢は左右平均に開かれる。当然、一文字となる。

　体勢が崩れず両肩関節が締まったままの離れにあっては、弓手が拳幅約一つ分左に開き（169ページ図上）拳幅半分ほど斜め下にさがると同時に幾分的の方に伸びた「射開き」となる（図下）。というのは、弓を持たずに両腕を左右に開き、両肩を後ろ下に締めると、肩と水平のこの位置にくる。これが自然なのである。

それは、体格によって多少の差はあっても残身で肩と平行線上に止まった弓手拳を、会における的付けの位置に戻してみた時、肩根が締まっていれば、ほぼ拳一個ほど右に、拳半分ほど上にあげて始めて的付けの位置に来ることによって知れる（165、169、170ページ写真、図を参照）。

この会・離れから残身への動きは大体19キロないし20キロ前後の場合で、弓が弱ければ、的付けを上にあげるので、弓の下がり方は多少大きくなる。しかしいずれにしても部分的であるにせよ、この自然位の残身以内に収まらぬのは、残身としては動き過ぎだといえよう。その原因の多くは肩根が浮いているところからくるのである。つまり、弓から開放された左右上肢は、肩と平行線真横に伸ばした位置に止まるのが自然で、体の十文字の伸びからの離れとしては、これが生

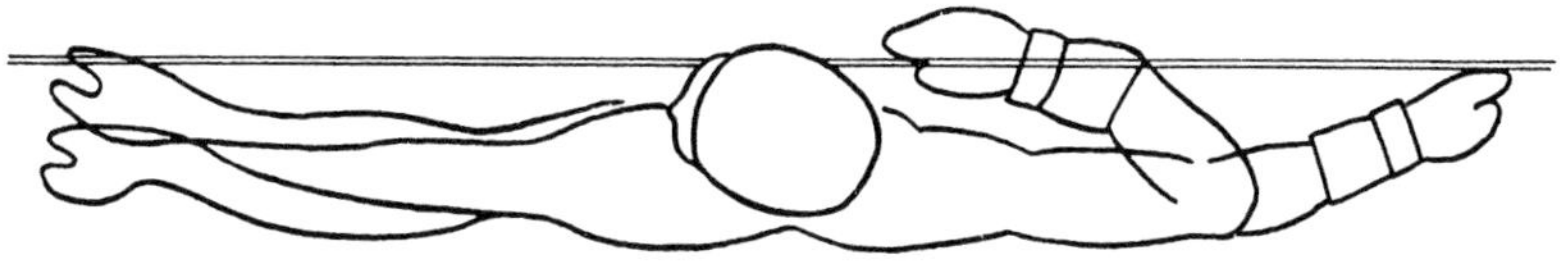

拳幅約１個分左に開く（上，下の図は写真を二枚合わせて書き写したもの）

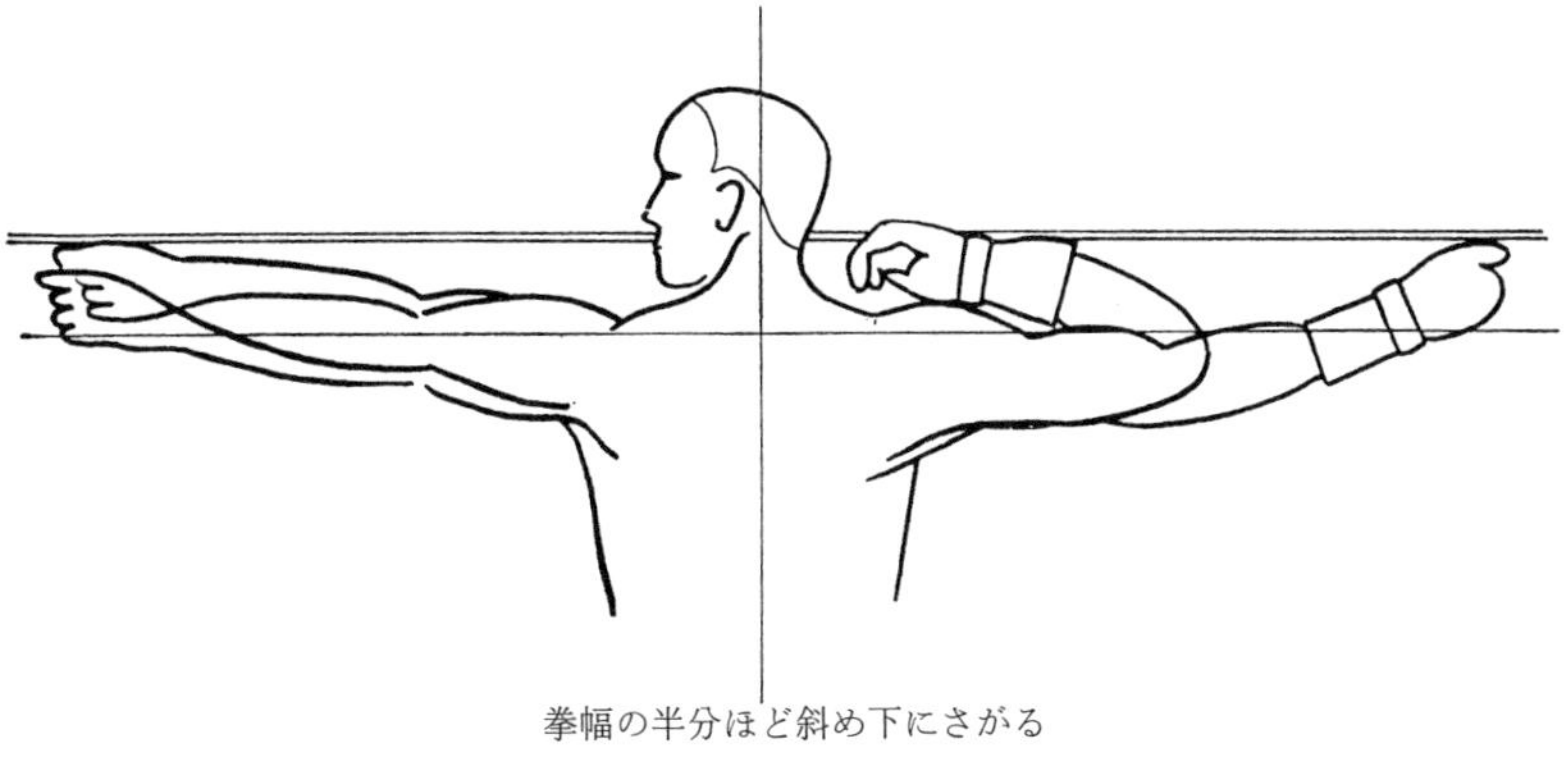

拳幅の半分ほど斜め下にさがる

箱根誠心道場に於ける講師研修会の時、現会長中野範士のストロボ機にて二重写しをした筆者の会と離れ

理的にも正しい位置（残身）であるからである。

かつて、伸合いつつある弓手拳は、矢が離れても動く（左に開く）ものではなく、その位置に止まるという説もあって研究して見たことがあるが、次の理由によって不可能、不自然であることが知れた。それは弓手拳の弓を、左に大きく開くものもいるが、この場合の多くは肩根の締めが弱く瞬間肩根が浮くことによって起こるものがほとんどであろう。体の横線の働きは、やはり主伸（背柱を中心に腋の下を通した肘先まで）が強く、肘から先の前腕・手指に無理な力が加わらなければ、このようなことはなくなる。

なお、一文字の大離れといっても二つのタイプがある。

一、初心者のように拳だけを飛ばすと100パーセント開いた一文字の大離れになる。

二、体が正しく十文字に伸び肘が利いて離れると大体95パーセントくらいのところに余韻（伸び方）を残して止まる。これは意識的にここに止めるのではなく、体の伸びと矢の線の張合いの結果、肘が働けば自然ここに止まる。

形の上からだけ見ると、両者ともあまり変わらないものに見えるが、一は体の伸びではなく矢の線の張合いもなしに、ただ拳と前腕を飛ばしているに過ぎない。二、は体の伸びや肘の働きが利いているので残身も生きている。これが理想的なのである。

⑦焦点を絞る　会の姿を上から見た時、軀体、両上肢の幅のある体構えに対し、送り出される矢の太さは、わずかに8ミリ前後でしかない。当たりはこの約8ミリの矢の頭（筈）を矢の直線に添って送り出すか否かによって決まるものである。すなわち、弭の弦枕にある弦を、矢の延長線に向かって真っすぐに抜くことができるか。どうかである。

それにはもちろん体構えの堅固さも必要であるが、幅広い体の構えを、いずれかの個所で調整し、焦点を矢筈の太さに絞ることが肝要であろう。たとえば手先のバランスで当てている弓でも、離れの瞬間、矢の太さに張り合いのバランスがとれ（絞られ）ているから当たるのである。しかし、この場合の焦点は、一般にいう手先弓での当たりに過ぎない。よく「腰を入れろ」「弓と弦の間に体で割って入れ」という。この両者ともここでいう体の焦点を絞るのと同じ意味といってよい。いいかえるならば、写真のピンボケをなくすために焦点を絞るのと同意である。弓射もピンボケでは当たりはないからである。

少なくも体の伸びによる離れを望むならば、縦の線の伸びを軸に体の横線と矢の線を頭の上から見て、極力幅狭く接近させ、体と矢の二つの横線の中心に伸びの働きを絞ることである。特に小さなもの（金的）や洋的の金星などを狙う時、この焦点を絞る（弓手の手之内を締め、妻手拳を軽く内側に絞る）ことを心がけると、矢の集ること妙である。

それには体構えの堅固さのために、引分けが問題で、受け渡し（大三）は肘を生かし弓力をここに受けるために、多少高目がよく、つとめて体に引き寄せて

手首を折らぬように矢束一杯に引き、胸筋を開きつつ弓と弦の間に体で割って入り胸弦をつけ、妻手拳は肩

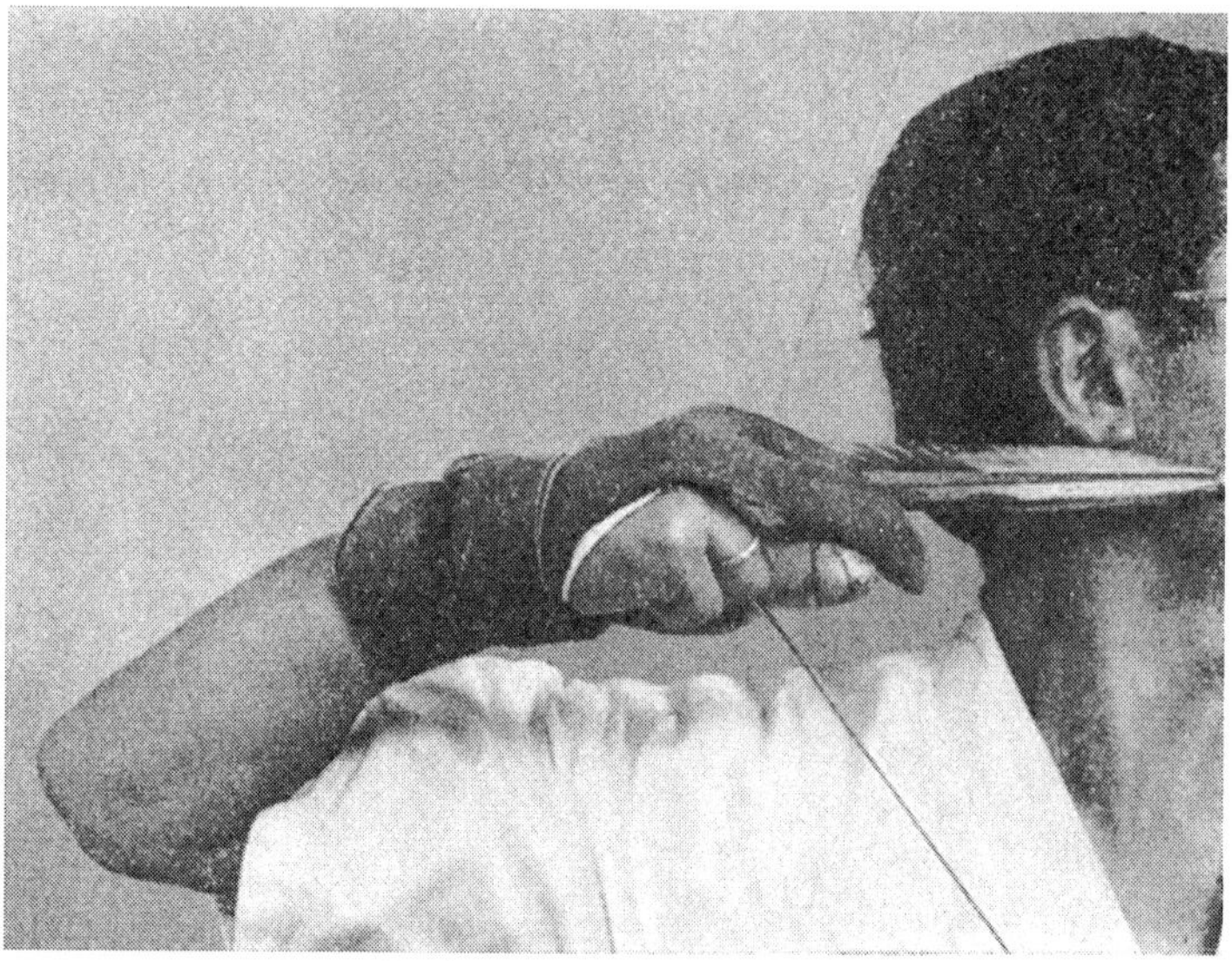

手首は軽く肘（上腕）で引分けた妻手

にかつぐように深く引分ける。これを上から見ると前腕は上腕肩の上に重なって、幅の狭い体勢となり、矢の太さに伸びの働き（焦点）を絞ることができる（上の写真）。

引分けで遠く、または低く、大きく見せるためとかで、むやみに上の方を引いていては、このような体勢にはならない。

会の鈍いLの字形

もちろん、上肢だけの問題ではない。縦の線である

足踏み・胴造りから基本に従うことが肝要である。

また会の姿は、特に肘先の位置等によって一様ではないが、引分けた矢と体の間隔は狭い（弓体一如）ほど肩関節の納まりはよく、従って焦点を絞って伸び易くもなる。その上引分けた時、妻手の肘を深く一杯に入れることができるので安心感を持てる。

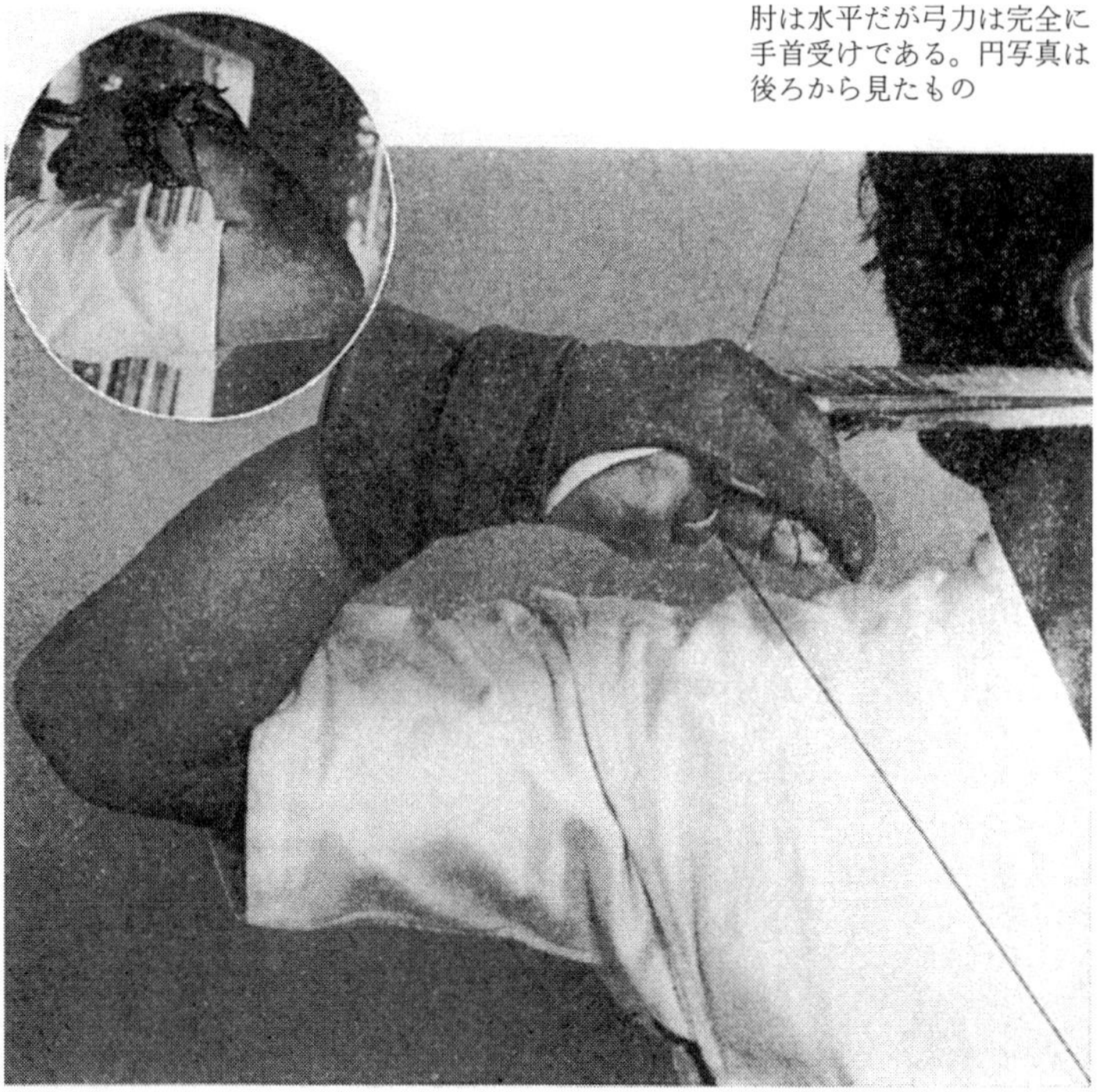
肘は水平だが弓力は完全に手首受けである。円写真は後ろから見たもの

肘が深く入るというのは妻手肩を落として横線一杯に引き納めたあと、なお、肘先の働き（上腕の伸び）を止めずに、肘先を矢の延長線より後ろ（背の方）に引き伸ばすことで、この時、矢の線は妻手の手之内——弽の弦枕を境に矢と前腕で鈍いL字形を描く（172ページ下写真参照）。

この形、肘に引かれた矢の線が肘を軸として、矢の線の張合いを作りこの伸びと弓手の伸びが体の中心から左右に開飛（離れ）させるもの、これが自然の離れとなる。

離れの外観は以上のような離れも手首を飛ばしていても同じように見えるが、手首を折ったり、弓力を手首に受け（173ページ写真）たりすれば、一本であるべき体の伸びと、矢の線の張り合いが手首で切れるので、体の伸びによる矢の線の張り合いから抜けるのではなく、別の力で手首（拳）を飛ばして離れを作ることになる。これが妻手を飛ばしているといわれる、最も多く見られる離れである。

二本の線で述べた通り、体の十文字の伸びによって矢の線の張り合いが生き、この伸びが左右に分かれて離れとなるのである。これが完全に伸合えば、上から見た時の体の幅もこの伸びによって潰れた二つの横線の中に溶け込めなくてはならない。

ということは、左右の手で手拭を軽く内側に絞るような感じの矢の線を体の伸びで張り合い、体肢とも凝りがなく、素直であれば、矢の延長線一本に焦点は絞れるからである。

弓はただ押手勝手の定りて
　離れに物のさわらぬぞよき（日置流）

弓手・妻手が安定して自然に離れるのがよいというのである。拳を飛ばすのは「物にさわる」ことである。

⑧離れと随意筋

昔から離れは「無心」でなければならない、と教えられ、軽い離れを望まれている。「無心」とは特に意識しないことであるから、離れも軽くもなろう。しかし、弓射の主たる動作は、意志によって行動する随意筋の働きであるから、常識的には無心などあり得ないことになる。だが、随意筋の働きは必ずしも意志の力を必要としない場合もある。

例えばわれわれは別に意志の力を借りなくても、歩行の時左右の手を振って、自然に体のバランスをとっている。つまり随意筋といっても、意志の力によらなくとも運動するものもある。随意筋の働きを主体とする弓射にあっても、これと同じ働きが可能であって、「無心の離れ」など正にこれに入るのである。

打起し・引分け・会などの動作はすべて意志による働きであるが、離れの際の左右の手之内は、修錬を積むことによって、「離そう」という意志がなくとも、一定の時点で離れるようになる。それは離れに作用する筋の収縮伸展が、自然に行われて指先が働くからである。

⑨離れの動機　この時の指先の働きは極めて微妙なものがある。弓を引き絞って、会が深くなった時、弦を受けている髁帽子にかけた中指、または薬指の指先が一瞬無意識のうちに極めてわずかながら、目にも止まらぬ働きをする。しかしそれは、離すのではなく、離されるのでもない。といって、自然の離れだからと待っていても離れるものではない。そこにはいつ離れても見事に開飛してくれる働き（準備）があり、これが動機。（一定の動機が支配的にあらわれ目的が遂行される）となって髁帽子にかけた指先の弦が弦枕から離れてくれる、という働きに変わり、気がついたら離れていた。つまり「離れを人に知らさぬぞよき」という歌にあるように、自分も無心に伸びているうちに離れてしまったというもの。これが無心の離れである（157ページ、体の伸びと矢の線の張合い参照）。

しかし、このような無心の離れは引分けて一秒や二秒で離しているうちは、遠い夢であろう。これには長く修錬を積んで初めて可能となるのであって、ここに達するまでは、意識的に離れが生まれるような稽古を積む必要がある。

⑩妻手前腕の絞り　それにはまず前提条件として

一、前腕の絞り

二、横線の伸びによる矢の線の張合い

の二つの働きである。

一、については「引分けと妻手の絞り」（149ページ）を見ていただくことにし

二、についても前に触れたが、離れとの関係について詳述したい。

妻手拳を肩に重ねるように深く引分け、体の横線が一文字に伸びた時、上肢の納まりを前から見ると、上腕と前腕は肘先を軸として、前腕を上にV字を横にしたようになっている。これを肘で引分けたものとすれ

ば、上腕と前腕は同じ力で張り合っているのである。これでは前腕を開く前に離すか、ここから矢の線を引きっぱなしにするか、または拳を飛ばして離れを作るか、にするほかはない（183ページ、妻手拳は矢の延長線に抜くこと参照）。

矢束一杯に引いた体の横線は、それ以上真横に伸ばすことはできない。これを射手の横（肘先の方）、的に向かった位置から見ると、肘先しか見えない（下写真）が、ここで肘の内側から母指の先までが外側に折れないためと、引力を肘から逃さないために、妻手拳を軽く内側に絞り、肩根を軸に、胸の中すじから背面後方に肘先を張伸ばすと、これが体の伸びによる矢の線の張合いとなり、同じ位置から上肢を見ると前腕の外側全体が見えるようになる（177ページ写真）。要するに胸を割って深く引分けることである。

こうすることによって、妻手の肘と弓手の手之内とで矢の線の張合いが生かされて離れにつながるのである。つまりこの時の前腕の働きは、離れを前提として横V字型から、肘を軸に拳は外側に働いてL字の張合いに変わり、弾力がついてバネの働き（55ページ弾基伸参照）となり、いつ離れても前腕が開飛してくれる準備ができ上がる。このように妻手拳が飛んでくれる働きを、会の伸合いのなかに生かし、バネとすることができれば、離れは自然に生かされるばかりでなく、瞬間的にバランスのとれた一文字の離れとなるのであ

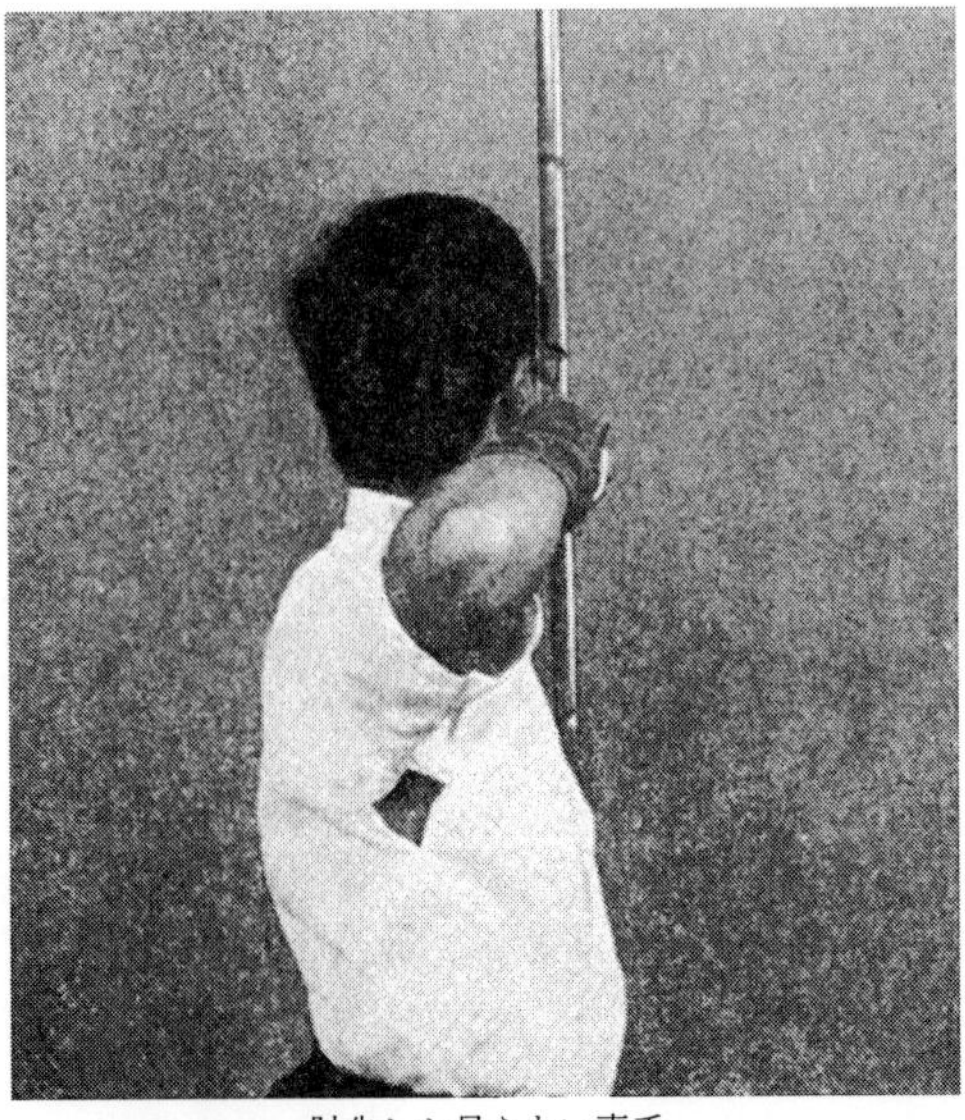
肘先しか見えない妻手

後ろから見て拳までが見えるもの

る。

⑪離れの働きを会の伸びの中に生かす

ということは、だれでも会に入れば妻手の前腕を飛ばして離れを作ることは知っている。その離れの操作を**会の伸合いの中に生かせ**ばよいのである。体の横線の伸びによる矢の線の張合いが離れにつながるというのは、このことで、瞬間的に拳を飛ばすのとは全然違っている。

こうして離れが無理なく自然に生まれる体勢を作ることが、前にも述べた**離れの動機**（175ページ参照）となるのである。

⑫母指を弾き手首を返す

そしてこの離れの瞬間、妻手の手之内にある弦は手指を開いて離すのではなく、

三、母指を弾く

四、手首を返す

の操作を同時に行うのである。

三の母指を弾くためには、前にも述べたが弽帽子の中の母指を折って持ってはいけない。母指は取懸けの時から軽く伸ばし、その爪の先を起こして帽子の中の上部につけて置く必要がある（105ページ㊳参照）。なぜならば、このわずかな操作が引分けの時妻手首の折れるのを防ぐことと、三の離れの瞬間、母指を弾く働きの助けにもつながるからである。

こうして中指あるいは薬指の第二関節と第三関節の中間を、鉤の手之内にして弽の帽子に懸けこれを肘（実際には上腕下筋）で引く、この働きは弓手・妻手の張合い（伸）に変わり、会における詰合い・伸合いに続いて弦枕から弦が離れる瞬間も、なお張り通さねばならない。この伸びが生きていることによって離れの（母指の爪先で弽の帽子に懸けた中指または薬指の先を弾く）操作が一段と軽く、引分けのとき内側に絞った手首を外側に返すことをも含めて、見事に弦が抜けてくれるからである。ということは、伸びが止まっていては、離れの操作に無理がかかるということである。

この母指で弾くのは、例えば人差指の上に玉をのせ（下写真）それを母指の爪先で弾く（179ページ写真）と玉は相当の早さで飛ぶ。この弾くスピードが離れの瞬間肘に引かれている張合いとのバランスで、弦から弦枕が見事に抜けてくれるのである。

母指を弾くと同時に手首を返しながら、他の四指は軽く握られなくてはならない（179ページ写真参照）。

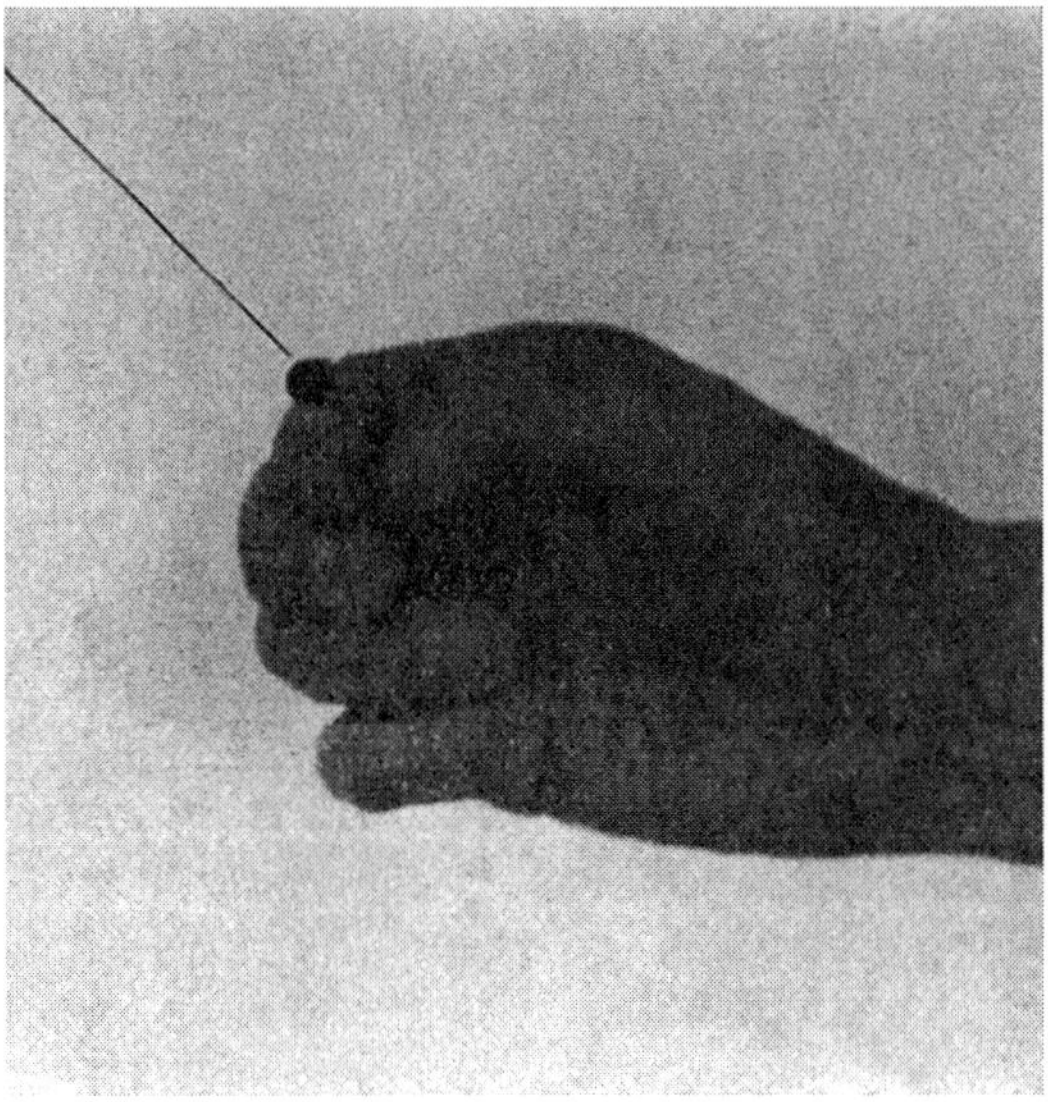

肘先しか見えない妻手

これを握り締めないと離れに生かされた上肢の働き（伸びの力）は離れと同時に抜け、残身における余韻を生かすことができないからである（179ページ左右同形となる残身の手之内参照）。

母指を弾く離れのためには事前に弾けるような妻手の手之内（取懸け）作りが必要であって、持つ・握る・

つまむ等の取懸け方からは、この自由は得られないから体の自由もある「鉤の手之内」を作ることである。

四、前腕を前記一、のように絞ったまま離すと、手の甲を上に母指を下にした形の残身になる（180ページ上写真）。これでは弽の弦枕に弦が引っかかって軽く離れない。引きちぎれ離れの多くはこれが原因である。そこで離れの瞬間、内側に絞った手首を反対に母指を上外側に返せば、弽の弦枕に弦の引っかかることもなく、軽く抜けてくれる。ただしこの働きは前項の母指を弾くのと同時でなければ効果はあげられない。この三、四が弦が弦枕から何の摩擦を受けることなく軽く抜けてくれる、妻手の手之内の働きである。

五、前述矢の線の張合いと三、四が同時に働けば前腕は自然に開飛（離れ）し、手首は半回転しながら、一文字の大離れになる。

⑬左右同形となる残身の手之内

なお、体が左右に伸び、この離れができて拳を軽く握った形（180ページ下写真）は、弓手が角見を利して離れた残身の手之内（181ページ写真）と同じで、両方とも母指を上にして伸ばし、他の四指を握った形を残す。ということは、母指を上にした弓手拳から左右上肢の上側の線を通して、妻手の母指先まで一文字に、バランスのとれた同じ形であるということである。

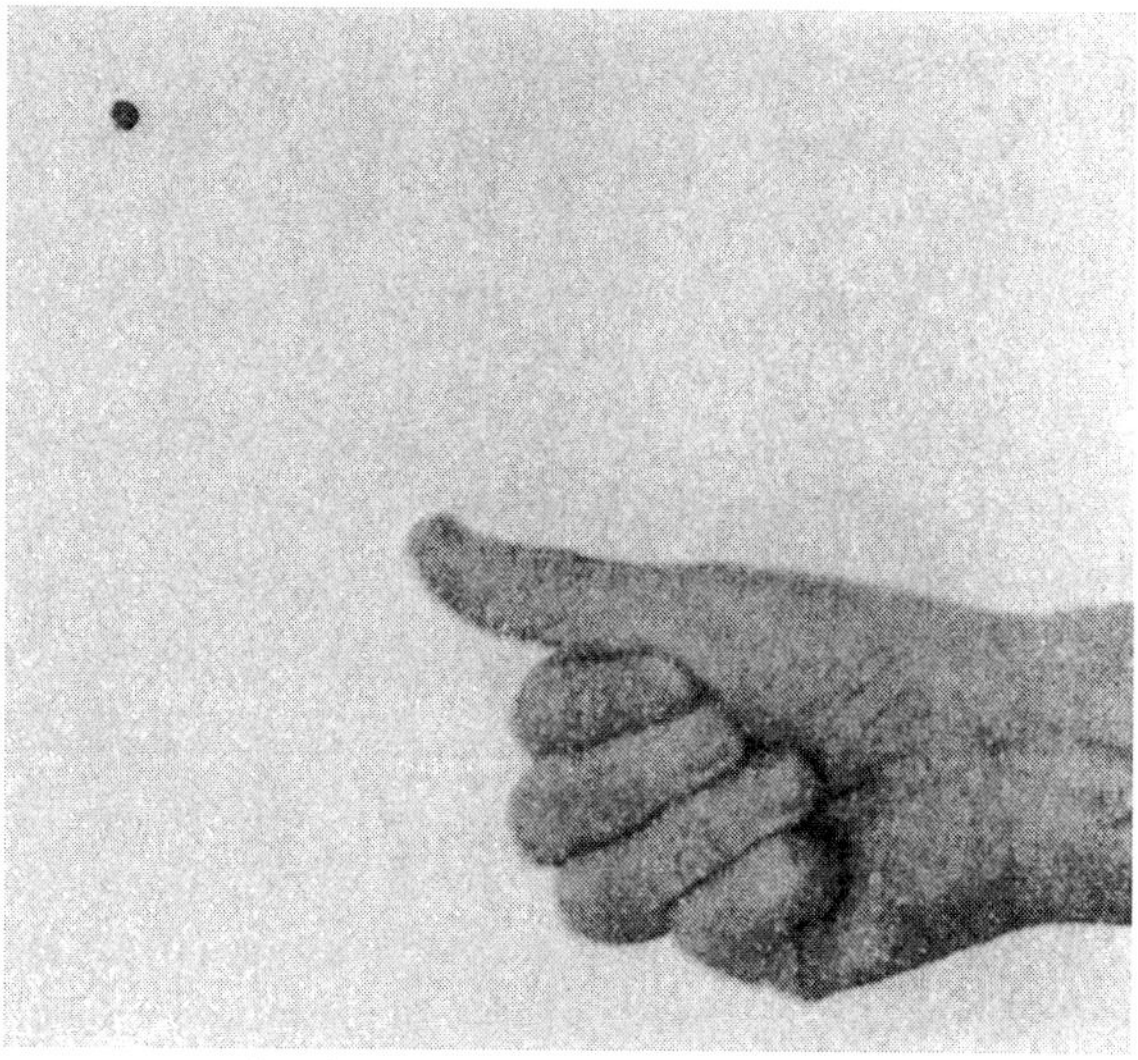

母指の先で弾き飛ばすと同時に，他の指は軽く握り締める。180ページ下写真と同じ

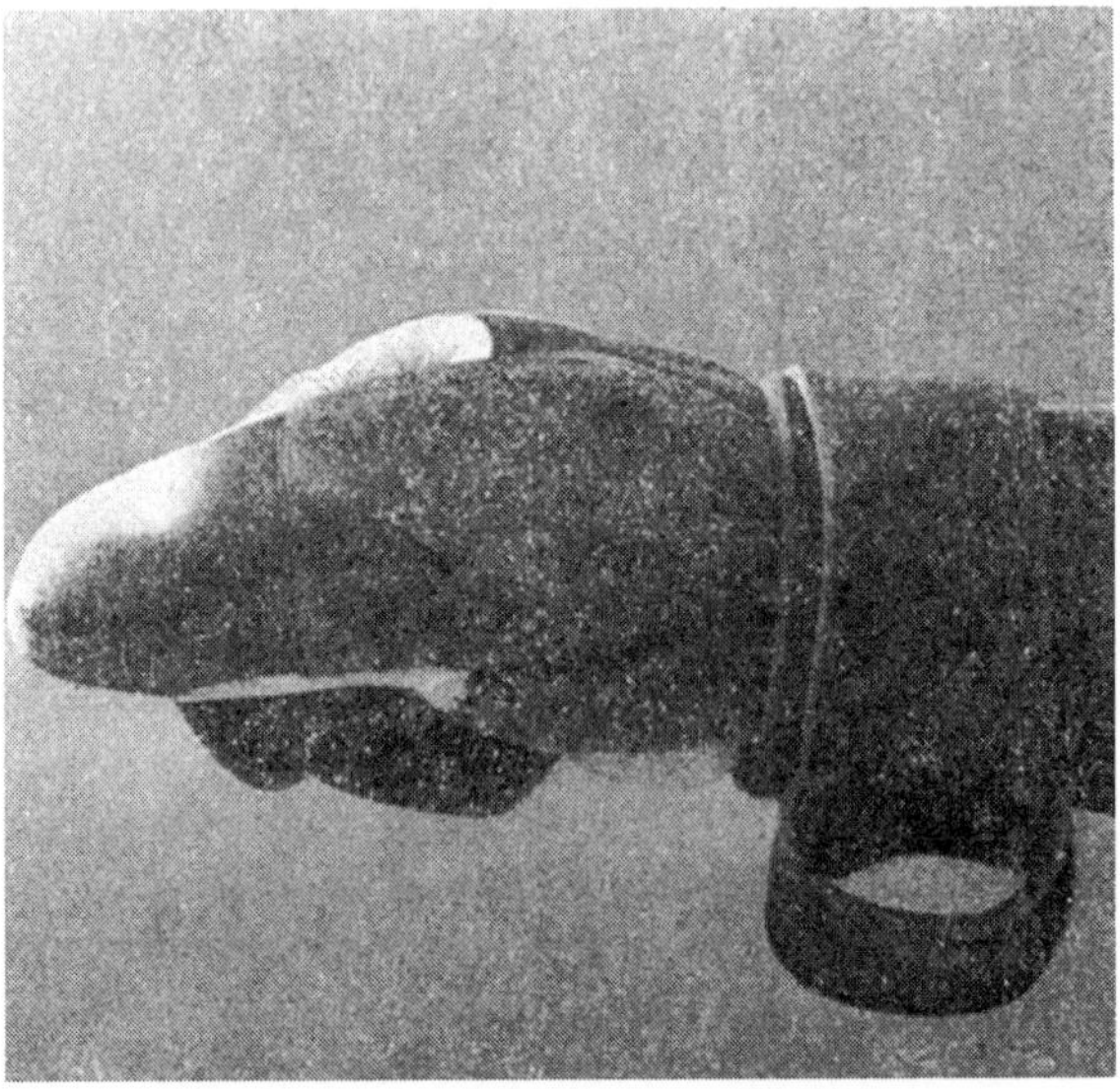

手の甲を上に，母指を下にした形の妻手

三の母指を弾くについては

掛金をはずすは弦をほどくこと
　大指はじく心得ぞよき（小笠原流）

掛金をはずすとは、弦を放ち解くことであるが、それには母指を弾くとよい、ということである。

日置流目録二十一ヶ条の一つ「朝嵐の事」

「朝嵐といぅは勝手（妻手）のはなれの名也、勝手の人差指・中指二本共少しもあけず大指ばかりをはじく様にぬく也。はじくと申して大指に力を入れはじくにてはなし、肘の力にてぬき出すをはじくように

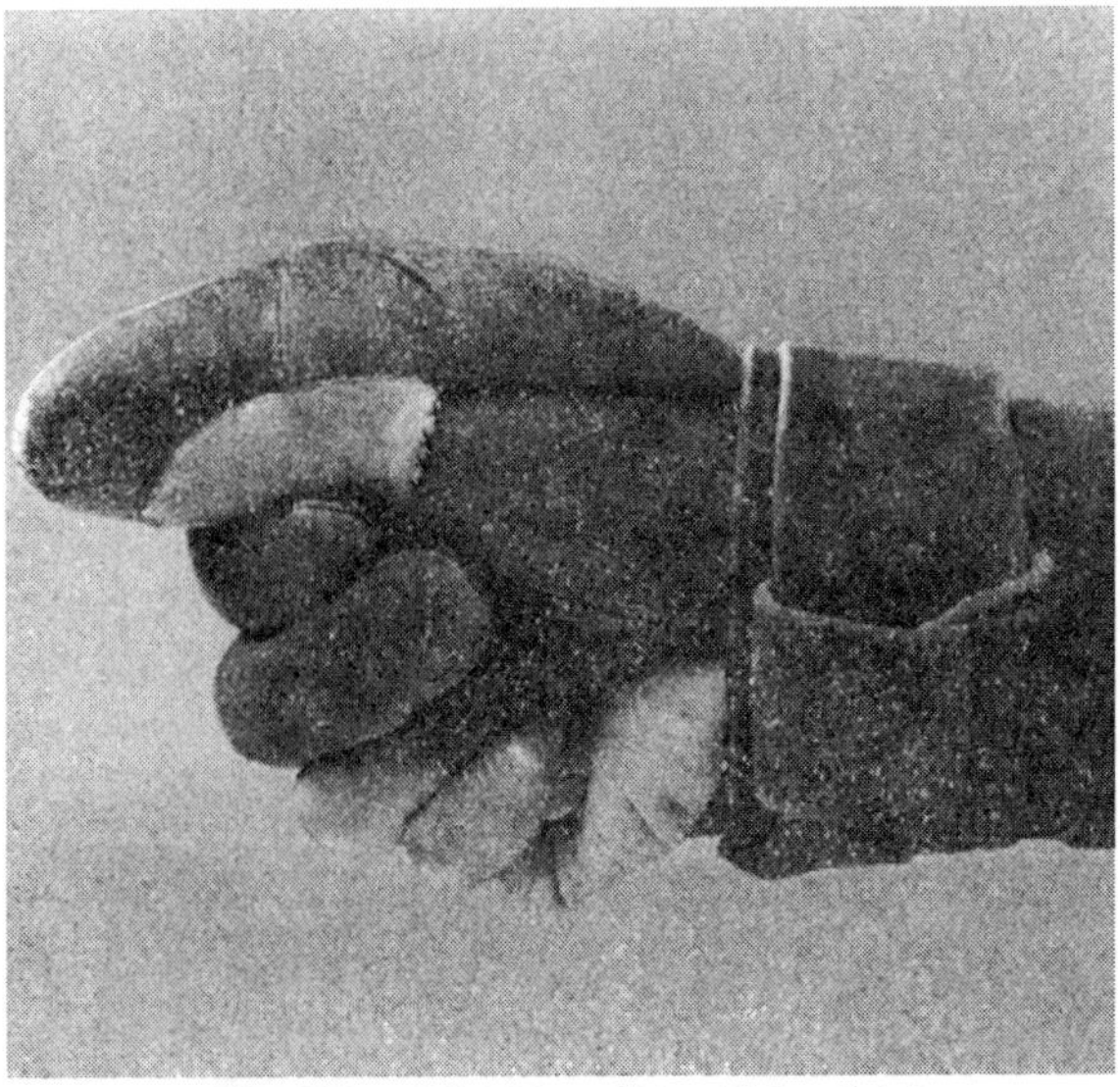

母指を弾き，手首を返して離れた妻手の手之内

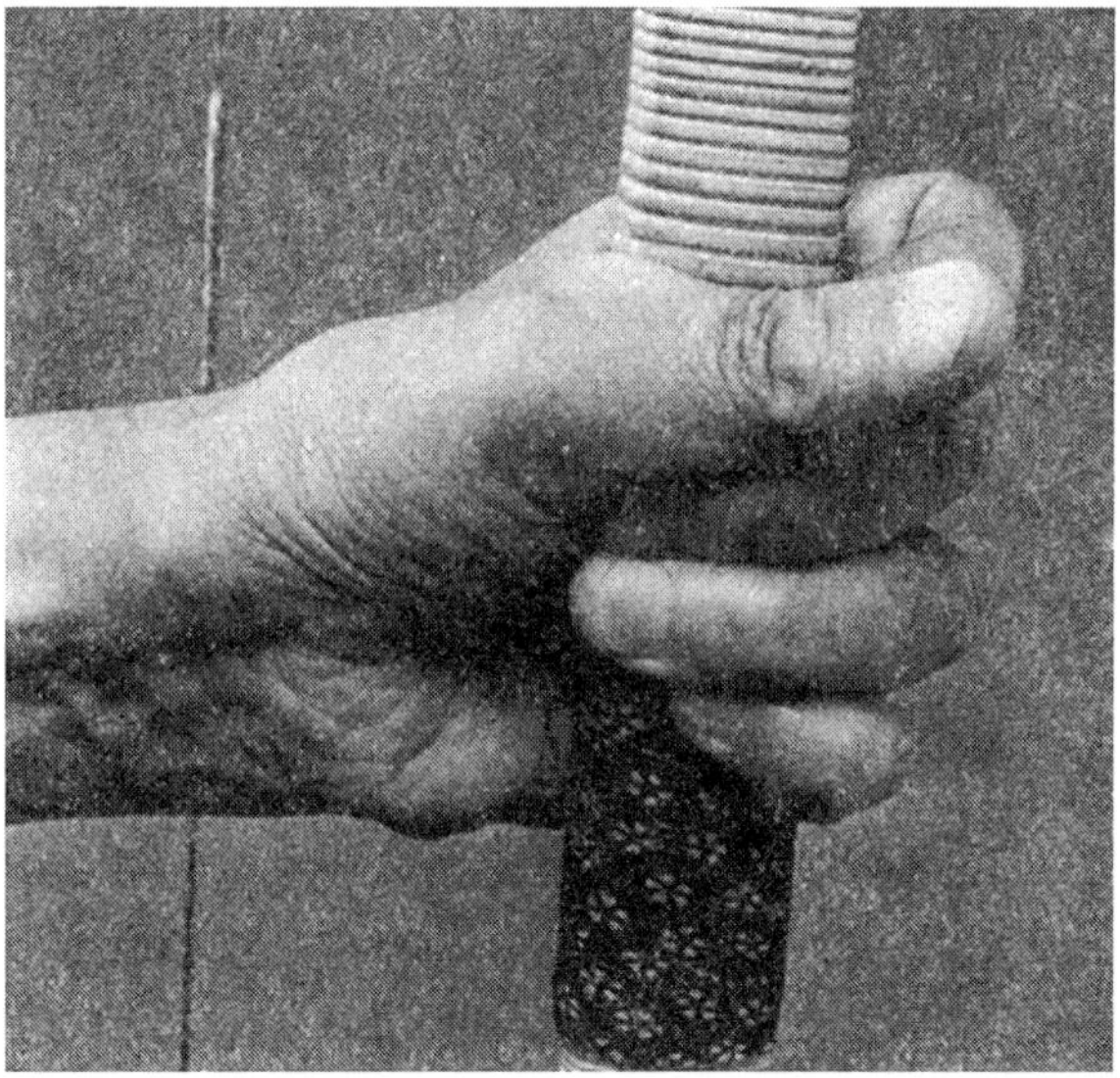
角見を利かせて離れた弓手の手之内

ぬくと中事也」。この離れの名、昔ははじきかけと云たる也。朝嵐と改められしは日置弾正公、吉田出雲守とある朝遠矢稽古のため近江の琵琶湖の辺に至りたる時、霧深く矢妻よく見えかたく暫くやすらい居られる時、比叡山おろしの吹起りて湖水の上を吹き渡し、今まで深くとざせる水上の霧を一時にさっと吹き払いたれば彼処《あそこ》は何処《どこ》よ、此所《ここ》は何《いずれ》と、明らかに見え渡り其《その》景色得も云はれざりければ二人相談の上離れの名にかたどり、はじきかけを〝朝嵐〟と改めし也」（日置流講談秘書）

現代もこの朝嵐と同じではあるが、指を弾くだけではなく、肘力の張合いの中から弾き出されるものでなくてはならない。

ところで、離れにおける弦と弦枕とはどういう関係になるのであろうか。筆者の考案した「鉤の手之内」による引分けは、中指または薬指の先を牒の帽子に懸け、その指先を肘が引くもので、直接弦枕の弦を引くのとは違い、弦枕から離れる弦の張力とは間接的な関係にある。従って、帽子の中の母指には、僅かながら自由があるので、次のような現象の起こることが考えられる。

⑭自然体の積極的な離れ

一、弦枕から弦が抜けるのより

二、弦から弦枕の離れる方が早い

一の弦が抜けるというのは、離れの直前に、ギリーギリッと音を出しながら矢を発する「かけほどき」をする、屈筋を使って妻手肩から肘までを堅めた昔式な体構えであると、妻手には伸びがないために、この「かけほどき」と弓手の押し伸ばしによって矢の線の張り合いを作り、弦枕から弦の抜けるのを待つ形の消極的なものになるのである。弦が弦枕から抜けることは早い程よく、その意味からも離れを待っていては後手になる。もっとも今も「かけほどき」によって離れを作るものもいるが、昔との体勢の違いを考えれば一考を要するものであろう。

現代の自然体の離れはもっと積極的であって、天地左右にバランスを取り、伸びて伸びて伸びぬくところに、矢の線の張合いが生き、それが離れにつながるものである。つまり二は伸合いによって張伸されつつある**弦が戻るのより早く**、**弦から弦枕が離れる**ので、瞬間、爆発的であるが、軽妙にして無理のない自然の離れとなり、当然矢は素直に付いているところに飛ぶのである。

大離れ、小離れ、緩慢な離れ、爆発的な離れなど、すべて離れ口の軽さは重要なポイントであり、軽く抜けること自体望ましいことである。しかし、離れ口を軽くするために、筋骨の働きが生理に反するようでは正しい、真の離れとはならない。では、筋骨の生理作用と離れ口はどうなるであろうか。

妻手の手首を折り指先に引っかけて引くと、弓力を手首が保つことになって自然に凝り、屈筋である上腕二頭筋（上すじ）が緊張して、妻手の伸びはなくなるばかりでなく、肩根が吊り上がって肩関節が納まらない。これに反し、手首を折らずに肘で引くと、上腕三頭筋(下すじ)が作用し、妻手は体から伸びて、上腕と肩の働きが自由となり、肩根を落とすことができ、左右のバランスもとれる。その結果、体の伸びが弓手・手之内から妻手の肘先までが一本になって伸び、これが妻手肘先から前腕を通ずる矢の線の張り合い（伸び）

に変わることはすでに述べたが、これが軽い離れ、生きた離れにつながるのである。

事実、肘に引かれた前腕が、手首で折れることなく母指側の線が無理なく自然に真っすぐとなって伸びれば、会の深さが矢の線の張り合いをより強いものとし、離れの瞬間、離れ口は軽く見事に離れるのである。

また、体の伸びからの離れにあっては、妻手前腕は弓手とのバランスがとれるので、横一文字に開飛（離れ）することになる。これでなければ真に体から伸び合ったとはいえないのである。

⑮妻手拳は矢の延長線に抜くこと

しかし、その際、妻手拳がどの方向に飛ぶかが問題である。矢の線の張り合いのバランスが正しくとれ、母指の弾きや手首の返しと前腕の開飛が同時に働いて離れたとしても、拳の飛ぶ方向が悪ければ、矢は外れてしまう。縦・横十文字の自然体の弓射による的中は、体の伸び合いによって生まれる矢の線の張り合いと妻手拳を矢の延長線に抜くことの中にあるということである。

拳の矢の延長線に抜くというのは、会の時に後方から矢乗りを見て的に付いた矢先から筈を通った後のその矢の延長線に拳を抜くことで、抜き方もいろいろあるが、二、三を記すと、弓手は完成したものとして、的に付いた矢を

一、その位置で離せば、肘や上腕が緩まないかぎり矢は真っすぐに飛ぶ。

二、その位置から手首の力でひきっぱなしにするか、体勢のできたものなら、上腕の伸びとともに矢の線を引きっぱなしにしても矢は真っすぐに飛ぶ。

理想的には再三述べているように、体の十文字の伸びが矢の線の張合い（伸）となって離れにつながるものでなくてはならない。

それには、引分けにおいて体の横線一杯に引納めたとすれば、妻手の肘はそれ以上横には伸ばせるものではない。

「昔はこれを八、九分に止どめ、あとの一、二分で張伸しつつ離せともいった」

が、現在はそのような姑息《こそく》な手段は必要としない。なぜならば「鉤の手之内」によって真横に伸びた妻手の上腕には

一、肩のあげおろしや

二、妻手の肘先を背面（後方）に張り伸ばす働き、

など大きな自由があるので、一と二を働かせて伸びれば、肘先は真横の線よりさらに後ろの方に張り伸ばされ、離れることによって、拳は矢の延長線に抜けてくれるから、矢は着いているところに正しく飛んで行くことになる。

つまり肘を軸に飛ぶ**前腕―拳が矢の延長線**を横に飛べるだけ肘は後方に張り伸ばされなくてはならない（164ページ図下、弓の本弭《もとはず》＝下弭の返り方参照）。このような感じで肘は後方に張る必要がある。

以上が離れにおける妻手・手之内の働きであるが、それが完全であるとしても、両上肢の全てのバランスがとれなくては、離れは崩れることになる。

「両肩を基点として、両腕を貫通している中筋をもって、左右均等に張り合うことが肝要である」（弓道教本・詰合い117ページ）から、常に左右の伸びのバランスをとる働きは、弓手、妻手ともに変わってはならないのである。

⑯強い方に合わせる弓手、妻手

特に弓手の手之内の働きや、妻手の操作の研究中は、とかくバランスが崩れがちであるが、弓手が強いと思ったら、妻手の働きをそれに合わせ、妻手の離れが軽く強いものになったら、適当に弓手の角見を利かせてバランスを取るようにしたい。常に強い方、強い方へと力を合わせてバランスを取れば、次第に矢伸びもよくなるはずである。

このほか離れを誘う方法として、昔も今も採用されているものに弓手の押し伸ばしがある。

もっとも、再三述べるように昔は妻手を固めていたので、妻手には伸びはなく、わずかに上肢全体で肘を

引く位いなものであったから、多くは弓手のリード・押し伸ばしによって矢の線の張合を作り離れを誘ったものである。従って現在でもこの流れがあって、弓手を押せ、押せと弓手の張り伸ばしに重きを置く人もある。弓手を伸ばして生かすことは、決して悪いことではないが、弓道教本にも両腕を貫通している中筋をもって、左右均等に張合えと教えている通り、現代の弓射は骨・筋から正しく天地左右に伸び、弓手のみでなく妻手も同じ働き、同じ伸張が必要なのである。以上述べたことから、一文字大離れの特徴として、次の点をあげることができる。

⑰大離れの特徴

一、細かい技巧を必要としないので、弓を引くことのできるものならだれでもすみやかに会得できる（27ページ、二本の線参照）。

二、体の均衡がとれるので、射形は優美である。

三、体に凝ったところがないから、十文字の伸びも容易であり、関節を正しく納める自由がある。

四、体全体の伸びによる離れであるから、会は伸び伸びとし、離れは爆発的で迫力がある。

五、離れを特に作らず、弦枕に無理がかからないから離れ口は軽い。

六、体の伸合いが直接弦に伝わるから、緩むことなく、したがって弦《は》ねも冴える。

七、矢飛びが鋭い。

八、「あたり」が正確になる。

九、残身に伸びが生きているので、余韻を残す。

一〇、筋・骨が生理的に正しく働き、総体のバランスがとれるので、体育的な効果をあげることができる。

見所のなきこそ弓の上手なれ
　これ六こんのそろうゆえなり（美人草秘歌）

六根とは六識を生ずる六つの官、すなわち眼・耳・鼻・舌・身・意の総称であるから全てが調ったことを意味している。

さて、離れ方も昔の流派的離れから現代の自然体の大離れまで、数かぎりなくあるであろうが、ここでは正しい体の縦・横十文字からの伸びを前提として、以上で述べた矢の線の張合いと、その線に沿う妻手前腕の開飛(離れ)の点から離れを分類してみると、およそ次の十種に分けることができると考えられる。この離れは初級から以下順に高度・完全なものへと段階をなしているので、現在、自分がどの種の離れであるかを知ることによって、離れにおける射形、射技の改善、向上のための参考にしていただきたい。

⑱離法十種

離れも初心の時代は、妻手の取懸け方もよく知らないから弦を持ってしまう。持ったものは離さなければ離れないのが当然で、意識的に指を開いて離すわけであるが、鍛錬することによって、一種の反射運動となり、無意識のうちに離れるようになる。この段階に達するにはそれ程長い時間はかからない。

しかし、それだけでは真の離れとはいいがたい。これまで足踏みから会に至るまで述べてきた自然体の構え、射法を合わせて修練する必要があることは、すでに知っていただけたと思う。

初心者(初級)の離れ

一、「拳と拳で引き離す離れ」

多く初心者に見られる放し方であるが、この離れでの残身は両腕が棒のように一文字となり、体全体が大の字形になる。これを一般に素人の大離れという。

二、「矢の線に引分けながら、引く力を利用して引き放つ離れ」

いわゆる引きっ放しで、バランスが取れれば的中はよいが、早気になる恐れがある。また、この場合、肘が利かないと離れとともに肘の落ちるものが多いので、よい残身にはならない。

この二つは体勢作りが不完全であって、体の伸びが全くない離れではあるが、基本体さえ崩さなければ、ここから出発しても将来向上する可能性は大いにある。伸びはないが縮めて固めるところもないからである。これからやや進むと、「一応体の横線一杯に引分ける」ようになるが、この段階の離れには次の二通りが考えられる。

三、「引分け矢が頬についてから、改めて矢の線を引き放つ離れ」

体の横線を生かしているだけ、より上級といえるが、この場合、体の横線一杯に引分けて矢の線を張り合う時、

イ、手首を使って引き放つもの

ロ、肘で引いて引き放つもの

の二つの放し方がある。もちろんロの方がよいことはいうまでもない。

四、「引分けの初め、つまり大三の位置から、弓力を妻手首に受けて引き放つ離れ」

これは妻手の手首の力で弓を引き保つもので、弓力は手首で止まり、体の伸びや肘先の張りがここで切れて伸びないために、肩は上吊り肘先の下がることが多く、一文字の体勢は望めない。しかし、弓手の手之内と、妻手の手首で矢の線の張合いやバランスをとることができるので、当たりは悪くない。矢の線の張合いによる離れを会得する方法としてはよいのと、短期間に当たりを出すための手段としても役立つであろう。これ等の多くは受渡し（大三）の時、妻手拳を高く上げ過ぎるため拳と肘のバランスが取れず、手首は外側に折れ弓力をここに受けることになる。拳と肘のバランスとは拳の高さに対する肘のあり方で、肘を体の縦の線に添って高く上げ、手首の力を抜けば弓力は完全に肘に受けることができる。これを肘で引けばよいのである。ところが大三で完全に弓力を肘に受けながら、

五、「引分けの途中から弓力は手首に移り、そのまま引き放つ離れ」

もある。これは四と似てはいるが、内容は全く異なる受渡しで、一応弓力を肘に受けたあと、引

分けつつある妻手首が、首を通り過ぎるころから弓力が手首に移るもので、案外多く見る手首引きである。この多くは最後まで肘で引いていると思っているようだが、事実は以上の通りで、弓力が手首に移れば体の伸びと矢の線の張り合いが切れるので、結局、矢の線の張り合いのみに力が集中され、ときに手首の引き過ぎとなって矢束以上引くことが多く、残身は崩れがちである。この原因の多くは、体から離れた外の方、あるいは、上の方を引き回し過ぎるところから手首が折れ弓力が手首に移って手首引きになる。

以上はいずれも矢の線の張り合いが生きるので的中はよいのであるが、一、二は体勢作りに不完全という欠陥があり、三、四、五は一応体の横線の働きがあるのに、矢の線の張り合いを両拳で保つことで、体の線の伸びは生きず、結局拳と拳で引き放つことになる。

しかし、一から五までは、わずか一、二年で選手として活躍しなければならない高校生や大学生諸君は、しばらくはこの段階で当たりを身につけることも一つの考え方であろう。というのは「一応」整った体勢からの当たりを短期間に会得できるからである。「一応」といったのは、大部分が「あてる」操作であるということで、体の伸びが矢の線を生かして自然に離れて「あたる」のとは全然異なった方法であるからである。当たりがよいからといって、ここで満足していては射の向上は望めないことはいうまでもない。

中級の離れ

初級の域を脱し、縦・横十文字の体勢が完全になった人の離れにもいろいろな形がある。

六、「肩関節を軸とする離れ」

見たところ会の形はできているが、いわゆる肩離れで、上肢は肘から折れたままの形で肘を後方下に引く離れで、前腕開飛の働きが少なく小離れか、よくて中離れにしかならない。これは昔式に妻手を肩ぐるみ固める人に、多く見られる離れである。

いかなる体勢であっても、離れは肘を軸に開飛されるのが理想であるから改善する必要があろう。このような場合は、妻手肩や肘と手首の固まることを防ぐために、取懸けの手之内を「鉤の手之内」に改めなければならない。なぜならば、これ等の固まる原因の多くが物を持った時のような取懸け方による拳の力、手首の力にあるからである（104ページ、指をかける手之内（鉤）参照）。

七、「妻手拳で前腕を飛ばす離れ」

意外に多く見られる離れであって、開飛（離れ）の内容もいろいろであるが、拳離れと同じであって、拳を飛ばすために手首（手掌）の張り合いだけを利用するので、一文字に離れはするが、初心者の一文字に似たものになり、ただ大の字になるだけで残身に味がない。しかし、頬付けの高いものには有効ではあるが、拳離れであることは変わらない。

八、「妻手の開飛前にすでに矢を離し、その後で拳を飛ばす離れ」

これも比較的多くみられ、当たりもよい。巧者になると離したあとの拳の飛ばし方が瞬間的であるので、理想的な離れと混同されがちであるが、会における体の伸びがなく、体と矢の線の張り合いが切れているから、合わせ離れにしかならない。また体の伸びが止まっているので、一文字に前腕が開飛されたようにみえても、現実には矢が離れてから拳を飛ばすので、拳がどこを飛んでも問題ではなく、残身は形だけで充実しない淋しいものとなる。

以上、稽古の過程を通じて、多かれ少なかれ、いずれかの段階を経ることは避けがたいことであるので、体勢作りが充実して来るに従い、より高度な段階の離れを目標にして進むのがよいと思われる。けれども未熟の段階から直ちに高度な射技に移ろうとしても、失敗することが多いから注意したい。

高度・最高度の離れ

九、「十文字をなした体の縦・横双方の線の伸びが、
　矢の線の張り合いとなって生まれる離れ」

これが現代の弓射における理想的な離れであることは、すでに述べた通りであって、ここまでくると会の深さも問題になるが、初めて本格的な生きた射ということができる。

以上は全て動・操作を意識的に修錬し、積み重ねによって体得されるものであるが、さらに進歩すれば、

一〇、「無意識のうちに体は自然に真に伸び、忘我
　のうちに気合の発動した離れ」

となる。

「真に伸びる」とは縦線にあって、頭と足の先、横線にあっては左手先と右肘先の四か所が、軀体から無限に伸びることで、これを「四方伸」といい、これこそ会における真の伸びである（27ページ、縦・横十文字参照）。事実、この段階に達すれば、意識して動作をすることもなく、縦・横十文字は正しく維持されて伸合うことにより矢の線の張合いが生かされた会の極地で、気合が発動し自然に離れが生まれる。ここには離れの工作も動機も必要ではないのである。

なぜならば、このような高度な無限の伸合いの中には、離れの心が生きているからである。

これこそ目標とすべき最高の離れであり、自然体の射法が目指すところもここにある。

それには研究と修錬による技術的な裏付けとともに、体力、気力、精神力（心）の全能力を全面的に完膚なきまでに駆使する長年の努力が要求されるのはいうまでもない。

この最高度の離れは、一般になし得る技能をはるかに越えるものではあるが、これを体得できないとは断言できない。この境地に至って初めて、期せずして弓道本来の面目に徹し、神髄を極めるに至るのであるが、それはもはや言葉では尽しがたいものがある。

（九）残身

会の姿は引きたらずや引き過ぎを別にして、そう変わっては見えないが、その内容は同じ目的に向かって研究していても、残身に異なった姿を残すように皆違っている。会において伸び合った方向そのままに開飛されて残身になるからである。ということは、一様に伸び合っているようにみえても、皆多少とも異なった伸び方をしているということになる。

従って、残身はいかに器用なものでも意識的に作ることはできない理由も、会の伸び方や離れ方の結果として残る姿、これが残身であるからで、逆にいえば残身によって、会・離れの良否が分かるということにもなる。

自然体の射法にあっては、これまで述べて来たことから明らかなように、会にあって縦・横の両線が十文字をなして、天地左右の伸びに作用した全ての筋が、離れに作用し、右手拳が矢の延長線に抜ける離れとなり、離れた後もそれまで働いた**全ての筋骨が緩むことがなければ**、体勢は崩れることなく、弓手は動揺せず、妻手の肘や拳の落ちることもない一文字の残身となる。

このような残身には、十文字への伸びが離れてもなお生きているので、伸びの延長としての余韻が残る。これを残身が生きているというのであり、見るものを引き付ける気魄のこもった理想的な残身となる（128ページ、打起し筋電図参照）。

背柱を中心に左右両肘までの伸びを主伸と名づけて、他の伸びより重視した理由も、この主伸が主力となって働けば体の動揺もなく、いかにも伸び伸びとした残身となり、余韻を残すことができるからにほかならない。

ところが残身の崩れは伸びの働きの違いばかりでなく、離れと共に伸び合った力が残らず、抜けてしまうところからくるものも少なくない。

射はなせしあとよりかかる詰おしは
　つるねのくらいきかんためなり（小笠原流）

左右の伸びが残身につながり、そのあと詰め（後のすまし）は冴えた弦《は》ねとなって耳に残る。「つる音の位いきかんためなり」とは、弦ねによって射の良悪を判断することである。「残身は離れの結果」の連続であるから、離れの姿をくずさず、気合のこもったまま体は天地左右に伸張し、眼は矢の着点に注いでいなければならない（弓道教本・残身122ページ）。であるから残身の目使いは、矢の着点を確認することであり、続いて行う弓倒しも、会の伸び力が理想通り残身にまで生きていれば、両上肢の筋の緊張は持続されるので、悠々迫らず気合の籠った弓倒しができる。

もしも残身の両上肢に筋の緊張が残らない場合は、離れたあとの両拳を静かに握り締めれば、一応横線が緊張するので、前述の残身に似た型になる。そこで弓を意識すると、とかく弓を振り回すことになるから弓を考えないで、両拳を腰に運ぶ、という心持ちで行うと案外良い弓倒しができるが、これはあくまで方便でしかないから感じとれたら、会離れからの上肢の働きを研究されたい。

弓倒しは、気合の充実した残身から悠然と行うべきであるが、その速度は近距離の時は荘重に静かに、的が遠くなるほど早く倒すのが方式であって、双方とも間合いを考えなくてはならない。小笠原流では

　三つ拍子たがはぬやうに射る射手を
　　後のすましのよき射手といふ

としている。三つ拍子とは、弦音《つるね》と矢の的に当たった音と、弓倒しの間合のことで、この拍子のくずれぬ射手を「後の澄し」のよい射手、すなわち残身に余韻のあるよい射手といっている。また、弓倒しのない時でも、心の響きとして腹に応えるものがなければならない。

一二　消化された体技

だれが書いても天は天であり、地は地と読む。だれが引こうと弓を引いているに変わりはないが、

①的中必ずしも上手ではない

弓射も巧拙の差はあっても、だれが引こうと弓を引いていることには変わりはない。書には筆法があり、弓射には骨法がある。筆法に急所（感所）があるように骨法にも急所があり、これを把握《はあく》したもののみが良書となり、良射となる。書は読めば役に立つが、弓は引き離しただけでは意味がない。的に向かえば当てたくもなり、競技ともなればなおさらである。当たったことで一応目的は果たしたことにはなるが、問題は射の内容である。読めば役に立つ書も、当てれば一点となる弓射も、読めただけ、当てただけでは真の書道、真の弓道だといえるだろうか。ともに道としての基本があり、基本を積み重ねてこそ良書となり、良射ともなるのである。

良射必中といっても、骨法だけでは当たりは付かない。ここで肝要なのが会の詰合いや伸び・離れの急所を把握《はあく》することである。踊りを踊っていても皆的中するものもいる。競技が当たり本位であるがために、手っ取り早い当て弓に走るものもいよう。これでも当たりは当たりである。だが当てたからと言って、必ずしもその射がよいとはいえない。また、いかに射形が立派であっても的中しなければ、その射も上手だとはいえない。的がある以上、当たらなければならないからである。

もしも、当てることだけで満足しているものがあるとすれば、今の時代の弓道としては邪道であって、弓道ではなく興味中心の遊技に等しく、およそ道の本筋からは、かけはなれたものとなってしまうだろう。

②稽古の目標を定めること

弓射が武術として実利の面から淘汰された一時期矢場《やば》による遊技にまでなり下がった時代を経て、現在の体育的精神弓道に発展して来た経緯から考えて、伝来の射形は確かに窮屈なものであったが、長い伝統と精妙を極めた技術の積み重ねがあり、たとえ流派を異にしても、そこには厳とした一本の流れがあって、一

般の「当て弓」に見るような、バラバラなものではなかったのである。

昔の射形の骨法が、外観はもちろん、生理的に体育化された自然体の骨法となって、内容的にも相異のあるのが当然であろう。にもかかわらず伝統にこだわり、昔を追っていたのでは、逆行すればとて、進歩はないのみならず、新・旧骨法の入り乱れが迷いを生じ、一進一退、なかなか前進しきれないことになる。

一方、ある程度整った射形でありながら、失矢の多いもののなかには、昔式射法による骨法から脱皮し、現代的な自然体の射法の骨法を学びとる過程にあって、内面的に未完成であることが多い。しかし、射形が整いながら当たらない弓でも、一応筋が通り、見所のあるということは、それだけ自然体の骨法に生まれ変わりつつある証拠で、実は大きな進歩であり、「未完の開発」に努力すれば、必ず完成し得る可能性を持っている。

③当たりと妥協するな

また、大所高所に目標を置く研究家には、骨法や伸・離れの機微に接するまで、決して「当たりと妥協することなかれ」といいたい。当て気を出せば必ず失敗するからである。昔の射法は当たりに強く、自然体の射法は当たりが少ないと思い込み、その不足を昔の骨法で補おうとする傾向がないでもない。

しかし、それでは木に竹を継ぐように、中途半端なものになり、折角の自然体の射は育たないであろう。

④身心ともに甘さはないか

「人間の成し得る限界を遥かに超えた技能」も可能であるとの、あの境地にわが身を置き換えて、現在の自分を振り返って見たとき、弓射がいかに静的であるとはいえ、身心ともに何か甘さを感じないだろうか。精神的にも自然体の骨法の堅固さや理想的な射は、この甘さの中には存在しないのである。もっと厳しく、筋骨の働きの限界にまで天地左右に伸合い、詰合って、身心ともに炸裂するの気概を持って弓に立ち向かうところに、昔の当たりの強い体構えと変わらない新しい骨法を会得することができるであろう。それは手先の技巧ではなく、「体力を精神的に消化した体技」だからである。

⑤真剣な稽古

晴れの場（審査や試合など）で平常と少しも変わらない要領で引いているのだが、当たりが悪い、別に当て気も出したわけではないが失矢する。結果から見ると、自分の考えとは逆な動き、思わぬところに力みがきているケースが多いのである。周囲を意識しないように、的にとらわれないようにと、思う心が、すでに意識している証拠なのであろう。

場なれのために多くの会に出て気分をならすことも悪くはないが、より効果的な方法は、弓は自分が引くのであるから常に自分を見る稽古を積むことである。「平常心即弓道」という言葉がある。日頃的ばかり気にしないで自分の諸動・操作一つ一つに充分注意して身につけたら、そのままが晴れの場に出せるように心がけることであろう。

常々の稽古をしめてする人は
晴れなる時も心まどはず（小笠原流）

普段の稽古を注意して射るようにすると、改まった時も失敗することがない、場にのまれるのは平日の稽古に油断があるからだというのである。

全ての動作が八節の組み合わせであるから、一節一節を注意深く、的を見、足踏みをして自分を、取懸け・打起しつつ自分をと、全ての動作を基本から崩さぬ注意が肝要だというのである。

しかし、このように自分を意識しなければできないうちは、まだ初歩のうちであろう。結局は自分を忘れ場に応じた動・操作がスムーズに、自然に行えるようにならなければならない。体配（立ち居振舞い）は特にそうである。それには日頃から自信の持てる動きを身につける稽古を積み重ねる必要があろう。その上で自然に動作ができるまで、心身共に鍛錬し次第に上手となって無我無心、正射必中の神髄を把握するよう努力することである。

一三　早気ともたれ

早気ももたれも精神的なもので不治の病だと言われているが、そればかりではなく、技の欠陥からくるものも相当ある。そしていずれも軽症と重症があって、年代の若い早い時期、つまり軽いうちに手当てをすれば根治することもできるが、そのまま年数がたつと、ついに重症となって、なかなか直らないことになる。

①早気　早気の原因はいろいろあって一概にはいえないが、精神的なものとしては当て気や怖気《おじけ》であろう。

一、稽古中に頬や弓手を打つと恐れて次第に早くなる。いわゆる怖気《おじけ》である。

手之内ができていないところから手首を打つもの、指導者は早くこれを知って二度と打たせないよう直してやるべきである。方法は大三で弓手の中・薬・小指の三指と掌の中筋とで弓を十分に締めさせれば、弓に対する手の角度からも離れた時の弦は腕より二、三センチ外に止まり手には当たらない。また頬を打つのは多くが、耳の後ろにきている弦を、その位置で恐る恐る離すと直接耳や頬に飛んで来て当たる。体の横線の伸や妻手前腕開飛の操作があって僅かに外を飛んで当たらないのであるから、弓手と妻手のバランスを取って大きく開飛することである。

二、弓手の手之内が整わず力で持っていると、思わず早くなる。

手指や手首を使って握り持つと、手指の力が強すぎて体の線は伸びられず、手先だけで引くことになり、会にも納まらないから次第に早くなる。

弓手の手之内、妻手の取懸け方など十分研究する必要がある。

三、縦の線が伸びないと腰くだけになるために上吊って納まらず早くなるものもある。
四、引きたらずだと体が十文字に納まらず中吊りの形で安定しないために早くなることもある。
五、自分の力量以上の強い弓を引くと、これも体が納まらない関係で早く離れてしまうことになる。
六、当たりがこんでくると知らず知らずのうちに早くなることがある。

ここまで引けば当たるという案外気楽な時代があるが、この気楽さが早気の原因になる。弓射はもっと気分を引き締めた厳粛なものである。

筆者も残念ながら何十年の早気であるが、以上にあげたいろいろの原因とはいささか異にしている。

②八秒で二度の的付け

古い話であるが、ある時期平均八秒前後で離れ、二度的付けができたので、ほとんど失矢することがなかった。一射に二回の的付けというと、いかにも的にとらわれているようであるが、そうではなく、普通に引分けて会に入ったところで的付けは正確に付く。しかも目は的を正しく狙ったまま見てはいるが、気はここに止まっていない。心（意識）は体中をかけめぐって急所々々に働き、会における詰合いも伸合いも考え通りになる。その上で離れのための十文字の伸びに入るところで、もう一度はっきり的付けを確かめて離れる。稽古の時など矢が頬に付いていても会ではないといって、肩根を締め弓手の肘を起こし手之内を締めて妻手の肩や肘の納まり前腕開飛の準備までがすんで、さてこれからが会だと、本当に天地左右に伸び合って離れる。この詰合いや伸合いを一つ一つ丁寧《ていねい》にやると、大体八秒位いになる。当然当たりも強くなる。これが昭和十年頃日本射徳会の六段になった前後の筆者の射であった。

ところがこの時の審査員の先生方が「君位いになったら矢が頬に付いてから、肩だ肘だと細かい事をやらないで、大三から会に入ったら、そのまま伸合いの時間を長くかけて離れるようにしろ」といわれた。

早速大三で弓手・妻手ともにいつ離れてもよいように離れの準備をしたところで引分け、会に入る動作に改め、これを暫く続けた。当たりも変わらず良かったのであるが、会に入って伸びることだけで何も用がないために、矢が頬に付くと段々早くなって来た。何とか伸びの長さにつなごうと努力したのであるが、早くなるばかりである。

こう早くなってはどうにもならないと気付いた時はもう半年以上も過ぎていた。そこで元の八秒にもどそうとしたが、全然元にもどることができず、何十年来の早気の持ち主になってしまった。それ以来、終始早気からのがれようとあらゆる努力を怠らなかったし、いろいろの方便も研究した。が、方便は一生たっても方便でしかないことを悟り、気分を変えて正しく的に付けて引く方法を研究した。

それは当然のことながら、足踏みから丁寧に呼吸に合わせての諸動作を続けた結果、矢のりを見せて的に正しくつけ、詰合いも伸合いもでき、当たりも正確であった。落ち着いてここまでできるようになって考えてみたら七年かかっていた。一応普段は変わることなく、やっと早気から開放されたと喜んだものであるが、ある年全日本選手権大会の特別演武・持ち的射礼に立ったところ、大三で心の動揺を感じ、驚いて矢摺籐に目を移した。まるで早気の当時と少しも変わらなかった。幸いこの矢は的中したものの気分の悪さはこの上なし、お陰で乙矢は失矢であった。早気も重症となるとこんなものである。

さてここで最初に述べたように、やっぱり不治の病いなのかと考えさせられたものである。以上のようにいろいろの経験からいえることは、早気も軽症であれば完全に直るという自信もつき、指導して直った人も多い。早気で苦労している人も多いと思うので、その直し方を記してみよう。

事新しい方法ではなく、筆者が体験しここでも述べた呼吸に動作を合わせることである。呼吸に意識を集中して行射すると心の動揺を防ぐ要素が多分にある。特に大三から引分けには呼吸を大きく腹一杯に吸い込んで、引分けに合わせて細く長く吐く、これをしばらく我慢強く続ける。初めのうちは動作と呼吸も合わず離れてしまうが、数を重ねるうちに呼吸に気をとられてか、不思議と的が気にならなくなる。ただ細く長く引分けから離れるまで一息ではできない場合もあるが、呼吸をつなぐ方法（125ページ参照）もある。また、どうしても的が気になる場合は、弓と的を合わせずに的の右側外に弓を止め、詰合って最後の伸びとともに的付けをする方法を併用すればよい。いずれにしても難病の治療であるから、自分で自分を叱咤し、言葉は悪いが的と遊べるところまで行きたいものである。

③もたれ

もたれは早気の反対で、会に入って離そうとしても、なかなか離れてくれないという難病の一つである。これについては筆者には発言権がない。ということは経験がないからである。しかし、もたれの内容を調べてみると、ほとんどが会に入っての伸びがなく、ただ持っているものが多いようである。もちろんこのように伸びられないのにはそれなりの原因があるからで、そのほとんどが体を固め手首に力を入れて弓・弦を持ってしまうことから、体の自由がなくなり、伸びられなくなっているものが少なくない。これでは気合もなにもなく、ただ長く持っているだけで離れず、次第に疲れて縮んで離すことになる。このような場合は弓手・妻手ともがっちり持つことをやめて、弓手の手之内と妻手の取懸け方から改めて、まず体の自由を求め、その上で体の伸びをきかせれば、離れる以外にない体勢ができるはずである。

また、何か不安や怖気《おじけ》があって離せない場合もあろうし、心身の釣り合いのとれぬところから心気通ぜず、心が動揺して安心して離せないことも考えられるが、いずれにしても伸び合うことのできる体勢作りを研究し、多少とも伸び合えるようになったら、「伸び合いの結果が離れである」ことを心に留め、躊躇《ちゅうちょ》せずに、この伸びの動きを利用して、切って離つことである。

一四　基本に徹すること

①指導

人を指導するということは、何事によらず難しいものである。その場の思いつきで指導しているものがあるかと思うと、自己流をだれにでも押し付けているものもあり、相手によって教え方を変えている老練な人もいる。また内容には関係なく、外観だけからその時の射を見て「こうなったから、こうやれ」式の指導もある。これでも一時的には修整に役立ち当たるかも知れないが、真からの改善にはならないから二、三日過ぎると元に返ってしまう。倒れかかった家に支えを入れ、上から壁を塗ったようなもので、また崩れてしまうのと同じである。結局は建て直さねばならなくなる。

この建て直すことに早く目を向け、内面的に改善するような指導でなくてはならない。それには「こうなるから、こうやれ」であって初めて本格的な改善ができると思われる。

医者の治療にしても内部的疾患に対して、外部のみから手当てをしていては余り効果はなく、もちろん病状にもよるが、患部の根元を取り除くことこそ、真の治療のはずである。前者はこの外部からの手当て式であり、後者は根本的な改善法といってよい。

外観による手当て式でなく、人体の生理作用を、合理的に筋の通った「こうなるから、こうやれ」または「こうすれば、こうなる」という具体的な指導の方が、はるかに効果的であるのは当然であろう。

ただし、問題はその内容である。現在の弓界が「弓道教本」を指導書とし、審査も「弓道教本」によって行うと再三発表され実施されている。従って指導する方もされる方も、これを平素の研究目標としなくてはならない。その中心が教本の「射法八節」にあるとすれば、各節を分析しての「こうなるから、こうやれ」であり「こうすれば、こうなる」でなくてはならない。

また、学生、低段者、または女性にはどう教えたらよいか。あるいはまた、審査用と競技用の弓射を分けて指導すべきか、いろいろ考えられるようである。たしかに、初心者にむずかしいことを教えても、体がついていけないので、段階的にその人の技に応じた指導法が必要である。といって学生だから、低段者だからこの辺でよい、という教え方は、相手と弓道を侮辱するものであろう。体配や射形ばかりに重点をおいて、これが審査用、当てることを専らにして、これが競技用と分けて教えるのは邪道であって、弓射は常にこの二つを兼ね備えなければならないものである。

弓を引くこと自体は至極簡単であるが、さて、これを体得しようとすると、いろいろ難しい問題にぶつかり苦労することは、だれしも経験するところである。

現在の「弓道教本」に示されている射法八節は、昔の流派の長所をとり、射の基本を自然体の縦・横十文字の体構えに置き、これを完全なものにするため、基本に従って全ての動・操作を行うことを求めている。

基本体・基本動作を体配（立ち居振舞い）だけのものと、考え違いをしているものもいるが、実は弓を引く、そのことについても、基本があり、それに必要な基本動作がある。

従って指導者も指導されるものも、ともに基本に徹し、弓道八節を一貫して心技を統一されれば、心は冴え、射もまた生きることを強調したい。

②自分なりに自信を持て

弓射は一日や二日で完成されるものではなく、今日できても、あすはできない。いや一日の稽古にあってすら、いま、できて次にできないのが弓射である。とすると、弓射は一生かかっても完成するものでないとすれば、自信など持つことはできない、ということにもなろう。だが、それは最高の正射を目標にしてのことで、反復練習すれば、体が覚えてきて、自分なりに、ある程度の自信はつくものなのである。それは正しい「八節」にはほど遠いものであるかも知れないが、努力しているのであれば、これを一つの段階として、そこで自信をつけることは将来のためにも大切なことなのである。最高の射を目標とすることは必要であっても、一気にそこに到達できるものではない。徐々に自分を作り上げることこそ望ましいことではあるまいか。

また、弓をたしなむ人にあっても、弓に対する考えや目標が違えば十人十色になるのは当然である。しかし一致している点は的がある以上「当て」ねばならないということであろう。これには「当てる」と「当たる」の二つがあって、ここに問題がある。

「当てる」というのは射形や射技など問題とせず、ただ当てて満足するものをいい、これを一口に「あて弓」という。

「当たる」というのは日頃の鍛錬によって体勢が整い、諸動作も基本にかない、天地左右に伸合ううちに離れて当たったというようなのをいう。つまり「正射必中」という当たりである。

③的に執われると力みになる

平常当たりの強い人が晴れの場になると、とたんに当たらなくなるケースがよくある。当たる体勢の持ち主が気楽に引いても、時には自分の欠陥を矯正しながらでも当てているのに、的の回りを回っていて当たらない時期がある。その原因は、

一、特に緊張しているとも思わないが、例えば、日頃の稽古と同じように引分けたつもりであるのに、会に入ってもふだんの感じが出ない。

二、当てようとするので特に的が気になり「的付けなど少しも気にしていない」といいながら、実際には気になって、的に執われているもの。

三、自分ではいつもと同じ動作のつもりでも、緊張し過ぎたり、他人からの注意が気になったり、あるいは張り切り過ぎて、余計なところに力が加わり、力み（凝り）となっている。

などいろいろ考えられるが、この場合案外多いのが妻手拳の力みである。このことについては随所で説明

して来たが、拳に力みが来れば自然手首に凝り、手首の凝りは上腕二頭筋の緊張するところとなり、この筋の緊張（縮み）は妻手肩を吊り上がらせて、これも縮み肩となる半面、肘は下がり、緩みとなって体の伸びを失うことになる。

四、少しでも早気のあるものはなおさらである。

その他原因はいくらもあろう。

けれども、結局、的に執われていることからくる場合が多いのである。的に執われるとか、早気などは弓射の技ではなく、精神的な力みやあせりが技を沈滞させることから起こるものである。だが精神的なものはなかなか直らないと諦めてしまっては進歩がないから、一時的に方便（196ページ、早気ともたれ参照）を使って気分を落ち着け、次第に平常の気持ちで引ける道を切り開く必要がある。

晴れの場に出ると緊張するのが当たりまえで、緊張しない人、場なれている人も、実は初めからそうであった訳ではなく、そのように太い神経になれる修業を積んだからであろう。それよりも射技に自信を持てる修業を積む方が本筋なのである。そして、身についた技はどこでも自然に発揮できるよう心がけることである。平常の当たりから考えて、かなり自信を持っているつもりの人でも、さて本番になると実力を発揮できないことの多いのは、結局まだ自分のものになっていないからである。

④積み重ねによって進歩へ

常日ごろよく当たるからと、**漫然と引いていたのでは自信は持てない。**といって年中ひねくりまわしていてもよくない。やはり射法の基本体・基本動作を正確に、そして八節を一節ごとに注意深く行い、これを正しく身につける苦労を重ねるところに弓道の意義がある。筆者が指導している現在の射士に、

「一矢を引くのに注意する個所を、いわれるままに記録し、繰り返しこれを実行しているが、すでに二十数か所になる——まだありますか」と尋ねられたことがある。

そこで言下に「まだたくさんある、しかしこれからは数が減って行くようにならなければいけない」と答えた。

弓道教本の射法八節を一つ一つ注意深く分解して実行してみると、何十か所にもなるが、この数は段々減らなくてはいけない。

たとえば、今まで弓手一つについて、肩根を締める、肘を起こす、手之内（中・薬・小指の締力のバランス）角見を利かすなど幾か所も注意して一射を完成させていたものが、身についてくると「弓手」と思うだけで、これらの全てが一度にできるようになり、体が覚えるに従って三十か所は二十か所に、二十か所は十か所に減ってくる。つまり各節を注意深く丁寧に実行したものが集積して、最後に正射とまではいかないにしても、その人の射が完成されてゆくはずである。

先輩がなに気なく引いている弓射の、どことなく整って見えるのは永年このような稽古の積み重ねが身についた結果なのである。

弓射にはいろいろの方法段階のあることはすでに述べたが、これを正しく会得する過程にあって、何回か「これか」という自信のようなものが生まれるが、やがてそれも崩れてくることのあるのは、だれしも経験するところである。そこでまた出直し苦心を重ねて次の段階に入って行く。このように積んでは崩れ、崩れては積みながら努力を重ねるところに進歩がある。

「巧者」の射をみて、それにあやかろうという気持はだれにもある、「巧者」の長所を採り入れるのはよい。しかし初心を心として常に研鑽あくことなく、自らの努力によって向上するよう心がけることこそ肝要であろう。

昔の目録や印可の許の最後には、かならず「尓后稽古無之者我物に不成、故に無怠慢、鍛練専要也」と記されている。

「お前は免許されたが、引き続いて稽古をしないと自分のものにならないから、弛まず鍛錬するように」との教えである。

付録・審査、競技の運行について

筋電図記録装置により各筋からの筋電図を誘導

（日本体育協会スポーツ科学研究室に於ける筆者・本文「行射中主に使われる主働筋の左・右差」参照）

この度（昭和五十年九月）全日本弓道連盟から、射場出入りの要領、第一次審査における行射の要領、順序、審査運行のための間合い、および競技運行の間合いなど発表されたが、審査の間合いは審査をする関係上ある程度の間が必要であるので、競技の間合いとは違っている。競技は近年弓道人口の増加とともに出席者も多く限られた試合時間内に、どうしたら無理なく多くの人に充分な競技を行わせることができるか、などを中心に研究されたものである。

審査五人立入場の要領

一、五人は、あらかじめ立順に従って入口の近くに集まり、射場運行管理者の指示に従うこと。

二、前の組の三番の乙矢の弦音を聞いたならば、一番は敷居をまたぎ入場し、一歩進んで足を揃《そろ》え、吸う息で屈し、吐く息で直る（二息の礼）をする。終わって踏み出す足に合わせて二番は入場し、一歩進んで前者の如く礼をする。以下三番、四番、五番は前者の動作に準ずる。

この方法で行えば各射手の歩行間隔は三歩となり、一番がその射位の線に達した時、五番も五番の射位に達する。

審査における行射の要領

第一次

一、服装は弓道衣、もしくは和服（和服の場合はあらかじめ肌をぬいでおく）。

二、射場に入る時は、順次、礼（揖《ゆう》）を行う（退場の場合も同じ）。

三、行射の順序

1、本座に進み跪坐し揃《そろ》って揖を行い射位に進む。

2、甲矢の場合射位に跪坐し一斉に弓を立て矢を番《つが》え、一番より順次定めの如く行射すること。

立順 / 甲乙の別	甲矢	乙矢
1	間をおかずに行射	四番の弦音で弓を立て五番の弦音で立ち行射
2	一番の胴造りの終る頃立ち一番の弦音でとりかけ打起し行射	一番と同時に弓を立て矢を番えて待ち一番の胴造りの終る頃立ち一番の弦音でとりかけ打起し行射
3	一番の弦音で立ち二番の弦音でとりかけ打起し行射	射終れば直に弓を立て矢を番えて待ち一番の弦音で立ち二番の弦音でとりかけ打起し行射
4	二番の弦音で立ち三番の弦音でとりかけ打起し行射	射終れば直に弓を立て矢を番えて待ち二番の弦音で立ち三番の弦音でとりかけ打起し行射
5	三番の弦音で立ち四番の弦音でとりかけ打起し行射	射終れば直に弓を立て矢を番えて待ち三番の弦音で立ち四番の弦音でとりかけ打起し行射

3、射終わったら一番より順次退場すること。
4、控えの射手は、前の立（五人立の場合）の三番の乙矢の弦音で入場し跪坐して待ち、最後の射手の弦音で揖を行い、弓倒しで立って射位に進む（弓道教本・171ページ）。

第二次　錬士の部

1、定めの座をとる（四十五度の礼をする）。
2、本座に進み肌をぬぐ。
3、射位に進み、一番は間のびしないこと。
一番が射終わり的正面に向きをかえ足踏みを閉じるのと、二番が立って足が揃うのが同時である（弓道教本・165ページ、一つ的射礼に準ずる）。ただし一番が本座に戻ると同時に二番が打起しをする。三番以下これに準ずる。一番は乙矢を射終われば本座に跪坐して待つ。全員射終って本座において肌を入れ、立った後、二歩乃至《ないし》三歩さがり、一同揃《そろ》って礼（揖）をして退場する。
4、次の立は前の立が肌入れをなし、的正面に向きをかえると同時に入場する。

第二次　教士、七段、八段の部

1、一つ的坐射礼「三人の場合」を行うを原則とする。
2、介添えをつけた射礼（弓道教本・149ページ）巻藁射礼（弓道教本・141ページ）を行うこともある。

競技における行射の要領

競技は全日本弓道連盟の定める弓道競技規則による。

競技といえども弓道は「礼に始り礼に終わる」べきものであるから、射場内の出入りに際しては射手は礼（揖）を行うこととする。

一、競技の種類、射場の条件、参加人員、運営時間等を勘案して、射場運行管理者の指示によって礼（揖）の位置、時期を決める。

二、射手は進行の間合について留意する。特に一番の射手はその立ち全体が間のびにならぬよう心掛けて行射する。

三、競技に当たっては、弓道教本「射手の心構えの項」（168ページ）「多数演武の項」（169ページ〜117ページ）に沿って行射する。

行射の順序

1、射場に入る時は、順次礼（揖）を行う（退場の場合も同じ）。

2、本座に進み跪坐し揃って揖を行い射位に進む。

3、甲矢の場合射位に跪坐し一斉に弓を立て矢を番《つが》え、一番より順次定めの如く行射すること。

甲乙の別／立順	甲矢	乙矢
1	間をおかずに行射	三番の弦音で弓を立て四番の弦音で立ち五番の弦音で打起し行射
2	一番の胴造りの終る頃立ち一番の弦音で打起し行射	一番と同時に弓を立て矢を番えて待ち一番の胴造りの終る頃立ち一番の弦音で打起し行射
3	一番の打起しで立ち二番の弦音で打起し行射	射終れば直に弓を立て矢を番えて待ち一番の打起しで立ち二番の弦音で打起し行射
4	二番の打起しで立ち三番の弦音で打起し行射	射終れば直に弓を立て矢を番えて待ち二番の打起しで立ち三番の弦音で打起し行射
5	三番の打起しで立ち四番の弦音で打起し行射	射終れば直に弓を立て矢を番えて待ち三番の打起しで立ち四番の弦音で打起し行射

4、射終ったら一番より順次退場すること。

5、控えの射手は、前の立（五人立の場合）の三番の乙矢の弦音で入場し跪坐して待ち、最後の射手の弦音で揖を行い、弓倒しで立って射位に進む。

ただし以上は**弓道教本の改正でも訂正でもなく**、あくまで弓道教本を基本として審査や競技の動作の間をいかにして詰めたらよいかを研究の結果発表されたもので、これによって弓道教本の多数演武の場合より、はるかに時間を短縮することが可能となったのである。

むすびに

本書編纂に際しては、小笠原流宗家清信範士、石黒三郎、市川五郎各先生方の助言並びに写真、挿図輯集に協力された小畑義雄、山本健一君等諸氏の御厚意によったものが多かったことを銘記、感謝の意を表したい。

昭和五十一年春

唐沢光太郎

参考文献

弓道教本　全日本弓道連盟
弓道誌　〃
小笠原流歩射指南書　小笠原流伝書
日置流講談秘書　日置流伝書
解剖学Ⅱ　日本医書出版株式会社
人体解剖図譜　メジカルフレンド社　小田島梧郎著
弓道技術の筋電図的分析　全日本弓道連盟　日本体育協会スポーツ科学研究室
弓道教範　博文館　内山勗著
現代弓道講座　雄山閣
現代弓道小事典　春原平一郎著
広辞苑　岩波書店

著者の弓歴

一、日置流印西派

大正　二　年三月　入　門

昭和　三　年三月　目　録

昭和　五　年七月　印　可

昭和　七　年七月　鳴弦蟇目

昭和十三年五月　免許皆伝相続

二、大日本武徳会

昭和　六　年九月　二　段

昭和　七　年十月　三　段

昭和十一年七月　四　段

昭和十五年七月　錬　士

昭和十八年五月　五　段

昭和二十年四月　達　士

三、全日本弓道連盟

昭和二十六年五月　七　段

昭和二十八年四月　教　士

昭和四十三年五月　八　段

昭和四十五年五月　範　士

四、小笠原流

昭和　十　年八月　入　門

昭和十一年三月　一本継指

昭和十二年二月　二本継指

昭和十六年十月　修善弓

昭和十九年五月　相位弓

昭和三十六年八月　重籐弓

五、日本射徳会（東京）

昭和　七　年四月　入　門

昭和　八　年三月　四　段

昭和　九　年五月　五　段

昭和十三年三月　六　段

昭和十五年七月　師範席に列す

昭和　五　年四月　横浜市中区本牧町に日置流印西派横浜弓道場新設す

昭和十一年十一月　神奈川県営武道館開設師範となる

昭和十二年〜二十年　北支華北交通入社弓道師範、中国北部での指導並びに中央鉄路学院弓道師範、一八〇〇部隊、北京大使館、華北電々、華北開発等弓道師範嘱託

昭和十五年三月　大日本武徳会天津支部師範

昭和十五年三月　大日本武徳会天津支部幹事

昭和十八年三月　北京大日本武徳会理事

昭和十八年三月　華北大日本武徳会弓道部専門委員長
昭和二十三年二月　神奈川県弓道連盟副会長
昭和二十三年八月　横浜市体育協会発足、弓道協会長
昭和二十四年三月　東部日本弓道連盟連合会理事
昭和二十五年六月　日本弓道連盟評議員
昭和二十五年十一月　神奈川県弓道連盟会長
昭和二十六年六月　日本弓道連盟常任理事
昭和二十七年四月　横浜市弓道協会顧問
昭和二十八年五月　神奈川県弓道連盟顧問
昭和三十二年十月　神奈川県教錬士会会長
昭和三十五年一月　東京オリンピック対策委員会指導委員科学委員
昭和三十五年四月　県立武道館再開、弓道部顧問、師範
昭和三十六年三月　関東学院大学弓道部師範
昭和三十七年五月　神奈川県学生弓道連盟を設立し会長就任
昭和三十七年五月　全日本弓道連盟審査委員会委員兼幹事
昭和三十七年六月　全日本弓道連盟競技委員会委員
昭和三十八年四月　横浜市立大学弓道部師範
昭和三十八年四月　神奈川歯科大学弓道部師範
昭和四十一年五月　全日本弓道連盟指導委員会委員並に幹事
昭和四十一年十二月　右委員会内遠的部会委員
昭和四十二年四月　〃（オランダ）世界選手権派遣委員会委員
昭和四十六年四月　46年～48年　全日本弓道連盟中央審査員
昭和四十八年四月　48年～50年　全日本弓道連盟中央審査委員
昭和五十年三月　51年～52年　全日本弓道連盟中央審査委員
この他毎年　引き続き全日本弓道連盟評議員
昭和五十三年五月　全日本弓道連盟理事
昭和五十五年五月　全日本弓道連盟参与

表彰

昭和三十二年五月二日　事業振興功労賞　全日本弓道連盟
昭和四十二年七月一日　横浜市体育功労賞　横浜市
昭和四十五年十一月六日　横浜市社会教育功労賞　同右
昭和四十六年七月十六日　五大都市体育振興功労賞　同右
昭和四十八年十月二十八日　神奈川県体育功労賞　神奈川県

本書は一九七六年四月十日に読売新聞社より刊行された書籍を復刻したものです。
本文中の写真に不鮮明なものがありますがご理解ください。

（編集部）

弓道読本《きゅうどうどくほん》
——復刻版《ふっこくばん》

2024年4月10日　初版発行
2024年7月5日　3版発行

著　者　唐沢光太郎《からさわこうたろう》
発行者　安部順一
発行所　中央公論新社
〒100-8152　東京都千代田区大手町1-7-1
電話　販売 03-5299-1730　編集 03-5299-1740
URL https://www.chuko.co.jp/

DTP　ハンズ・ミケ
印　刷　TOPPANクロレ（本文）
大熊整美堂（カバー・表紙）
製　本　大口製本印刷

Published by CHUOKORON-SHINSHA, INC.
Printed in Japan　ISBN978-4-12-005775-5 C0075